Georg Langenhorst

Gedichte zur Bibel

Georg Langenhorst

Gedichte zur Bibel

Texte – Interpretationen – Methoden
Ein Werkbuch für Schule und Gemeinde

Kösel

Gewidmet meinen evangelischen und
katholischen Theologie-Kollegen in Weingarten,
dankbar für vier fruchtbare Jahre.

ISBN 3-466-36565-1
1. Auflage 2001

Druck und Bindung: Kösel, Kempten
Umschlaggestaltung: Elisabeth Petersen, München
Umschlagmotiv: Mildred Thompson/Superstock Bildagentur, München

Inhalt

Hinführung 11

Acht Typen literarischer Bibelrezeption 14

1. Paraphrasierung oder Nacherzählung 14
2. Psychologisierend-historisierende Ausmalung 15
3. Dramatisierung 16
4. Perspektivische Verfremdung 17
5. Verfremdung durch Umdeutung 18
6. Verfremdung durch Sprache 19
7. Aktualisierung 19
8. Frei-assoziative Ausgestaltung 20

Didaktische Einordnung 22

1. Bibeldidaktik heute. Ein Kampf gegen Windmühlen? 22
2. Wider die bloße Verzweckung literarischer Texte 25
3. Chancen und mögliche Gewinndimensionen 28

Methodische Orientierungslinien 36

1. Grundmodelle 37
2. Methodische Leitlinien 38
3. Zum Aufbau dieses Buches 43

ERSTER TEIL

Altes Testament

Altes Testament 47

Erste Abteilung: Urgeschichte(n) 47

1. Adam und Eva: Freispruch für Liebe und Leben 48
   Rose Ausländer: Adam 48
   Christa Peikert-Flaspöhler: Freispruch für Eva 51

2. Kain und Abel: Urbild für Vergebung 54
   Christine Busta: Abel verteidigt Kain 54
   Walter Helmut Fritz: Kain 56

3. Noach und die Arche: Von der Sintflut, die kommt 59
   Horst Bienek: Avant nous le déluge 59
   Günter Kunert: Vor der Sintflut 63

4. Vom Turmbau zu Babel: Selbstüberschätzung und Sprachlosigkeit 65
   Johannes R. Becher: Turm von Babel 65
   Rose Ausländer: Lehmbrot 68

Zweite Abteilung: Männer, die Geschichte(n) schrieben 71

5. Abraham: Von Verheißung und Gehorsam 72
   Else Lasker-Schüler: Abraham und Isaak 73
   Nelly Sachs: Abraham 75

6. Mose: Vom Gesetz aus Stein und Geist 79
   Uriel Birnbaum: Moses auf dem Sinai 80
   Eva Zeller: Moses 83

7. Saul: Von Tragik und Gottesverzweiflung 85
   Ricarda Huch: Saul 87
   Else Lasker-Schüler: Saul 91

8. David: Gottestänzer zwischen Erwählung und Schuld 93
Nelly Sachs: David 94
Albrecht Goes: Davids Traum 97

Dritte Abteilung: Frauen, die Geschichte(n) schrieben 100

9. Mirjam: Verkannte Prophetin 101
Uriel Birnbaum: Wie Mosis Schwester 102
Ingeborg Bachmann: Mirjam 105

10. Rut: Überlebenskünstlerin und Königsurmutter 109
Schalom Ben-Chorin: Ruth 110
Drutmar Cremer: Lichtgehörn am Tor von morgen 112

11. Ester: Retterin ihres Volkes 116
Rainer Maria Rilke: Esther 117
Gertrud Kolmar: Esther 122

12. Judit: Tyrannenmord in göttlichem Auftrag 125
Dagmar Nick: Judith 127
Lioba Happel: Judith 128

Vierte Abteilung: Propheten, Männer mit Durchblick 131

13. Propheten: In Dienst genommene Narren 132
Jochen Klepper: Der Prophet 2 132
Erich Fried: Ein Prophet 134

14. Jeremia: Von der unerträglichen Last der Drohbotschaft 136
Rainer Maria Rilke: Jeremia 136
Eva Zeller: Jeremiade 138

15. Jona: Prophetie in trostloser Zeit 142
Dietrich Bonhoeffer: Jona 142
Günter Kunert: Jonah 145

Fünfte Abteilung: Weisheit in der Krise ... 148

16. Psalmen: Vergänglichkeitsgebete ... 148
    Peter Huchel: Psalm ... 149
    Paul Celan: Psalm ... 152

17. Hiob: Urbild des Leidens ... 155
    Johannes R. Becher: Hiob ... 156
    Peter Henisch: Hiobs Psalm ... 158

18. Kohelet: Nichtigkeit und Hoffnung ... 161
    Christine Busta: Über dem Buch des Predigers Salomo ... 162
    Heinz Piontek: Der Prediger Salomo. Das 12. Kapitel ... 164

ZWEITER TEIL

Neues Testament ... 167

Sechste Abteilung: Herkunftsdeutungen ... 167

19. Weihnacht: Heutige und damalige Nächte ... 168
    Erich Fried: Weihnachtslied ... 168
    Christine Lavant: Es geht der Stern von Bethlehem mir nah ... 171

20. Herodes: Kindermörder ohne Skrupel ... 174
    Christine Lavant: Am Tag der Unschuldigen Kinder ... 174
    Georg Maurer: Herodes ... 176

21. Drei Weise: Unglückliche Heilssucher ... 179
    T. S. Eliot: Die Reise aus dem Morgenland ... 180
    Adam Zagajewski: Die drei Könige ... 184

22. Johannes der Täufer: Wegweiser mit tragischem Schicksal ... 187
    Christian Morgenstern: Der Täufer ... 187
    Johannes Kühn: Johannes der Täufer ... 189

Siebte Abteilung: Lebensspuren in Galiläa 192

23. Jesus: Lebenslauf 193
    Kurt Marti: jesus 193
    Robert Schneider: Wo steht? 196

24. Maria: Begleiterin Jesu von Anfang bis Ende 199
    Bertolt Brecht: Maria 199
    Reinhold Schneider: An die Mutter des Herrn 202

25. Maria Magdalena: Sünderin oder Emanze? 205
    Agnes Miegel: Magdalena 206
    Christa Peikert-Flaspöhler: Maria aus Magdala 209

26. Petrus: Versager oder Held? 212
    Heinz Piontek: Der Jünger 213
    Rudolf Otto Wiemer: Der Hahn 216

Achte Abteilung: Deutungen von Passion und Auferweckung 219

27. Am Kreuz: Marterzeichen und Hoffnungssymbol 220
    Hilde Domin: Ecce homo 220
    Reiner Kunze: Auf dem Kalvarienberg bei Retz 223

28. Judas: Verratener Verräter? 226
    Schalom Ben-Chorin: Judas Ischariot 227
    Peter Maiwald: Judas-Versionen 231

29. Pilatus: Gerichteter Richter? 233
    Georg Heym: Pilatus 234
    Kurt Marti: sub pontio et pilato 236

30. Ostern: Auferstehungsspuren heute? 238
    Marie Luise Kaschnitz: Auferstehung 238
    Ingeborg Drewitz: Ostern 242

Neunte Abteilung: Auf dem Weg zur Weltreligion 244

31. Paulus: Jude bis zuletzt 244
    Konrad Weiß: Wie Saulus 245
    Franz Werfel: Der Tod des Paulus 247

32. Apokalypse: Blick auf das Ende 249
    Hugo Ball: Das ist die Zeit 250
    Hans Magnus Enzensberger: Vom Leben nach dem Tode 253

Nachwort 257

Anhang 259

Anmerkungen 259
Literaturverzeichnis 273
Verzeichnis der Autoren und Gedichte 276
Verzeichnis der Gedichtanfänge 278

Hinführung

Die Bibel – selbst ein literarischer Klassiker – enthält »einen ungeheuren Stoff für einen Schriftsteller«[1], so *Stefan Heym* in einem Interview mit *Karl-Josef Kuschel* aus dem Jahr 1984. Kein Wunder deshalb, dass sie »wohl das am meisten literarisch ausgeschöpfte Buch«[2] überhaupt ist. Denn was für Geschichten sind dort aufbewahrt: Erzählungen um Liebe, Schuld und Scham (Adam und Eva), um Eifersucht und Brudermord (Kain und Abel), um Massensterben und Rettung (Noach), um Größenwahn und Sprachverwirrung (Turmbau zu Babel), um Segen und Betrug (Isaak und Jakob), um Selbstaufopferung und Tyrannenmord (Ester und Judit), um Liebe, Klugheit und Vertrauen (Rut), um Menschwerdung und Rettungstod (Jesus), um Treue und Verrat (Petrus), um Berufung und Mission (Paulus) – und damit sind nur wenige Erzählhöhepunkte dieser einzigartigen Menschheitsbibliothek namens Bibel schlaglichtartig benannt.

Wahrlich – was für Stoffe für Schriftstellerinnen und Schriftsteller! Umso mehr, da die Bibel diese Geschichten erzählt, aber nicht ausschöpft. Diese Erzählungen sind voller Leerstellen und Fragezeichen, ihnen fehlen psychologische Feinzeichnung und dramaturgische Vollendung: Wie dachten die dem sicheren Tod entgegensehenden Opfer über die sich langsam auf dem Wasser erhebende Arche? Wie fühlte sich der Nazarener Josef angesichts des ihm anvertrauten Kindes? Warum beging Judas letztendlich seinen Verrat? So viele Fragestellen, die sich an die Erzählepisoden der Bibel anschließen, an Geschichten, die gleichzeitig vertraut und fremd wirken, die weiter zu erzählen, auszudeuten, fortzuspinnen sind. Das macht den Reiz der Bibel als Stoff für Schriftstellerinnen und Schriftsteller aus: Von ihr aus kann man Geschichten erzählen, die aus tiefen Menschheitserfahrungen geronnen sind, die Urprobleme, Tiefenerfahrungen und überzeitliche Lebensperspektiven in Sprache bringen. Und dass diese Geschichten mit der menschlichen Erfahrung und Deutung, ja: nach biblischem Selbstverständnis mit der Selbstoffenbarung des einzigen, einen Gottes unlösbar verbunden sind, erhöht Reiz, Provokation und Herausforderung. Biblische Erzählungen sind und bleiben Grundzeugnisse der »Gottesbeziehung«[3] *(Albert Biesinger).*

Das spannungsreiche Verhältnis von Bibel und Literatur hat in den letzten Jahren verstärktes Interesse gefunden, dokumentiert in zahlreichen Veröffentlichungen. Die wichtigsten – und für Religionsunterricht und Religionspädagogik fruchtbar zu machenden – Titel aus den letzten Jahren sind in der Bibliographie genannt. 1999 erschien unter Federführung des Salzburger Religionsphilosophen *Heinrich Schmidinger* ein sehr empfehlenswertes zweibändiges Werk zur Rezeption der Bibel in der deutschsprachigen Literatur des 20. Jahrhunderts[4], das den aktuellen Forschungsstand in kompaktem Überblick bündelt.

Unter welchen *Zielvorgaben* ist aber das vorliegende Buch verfasst? Der in *Schmidingers* Sammelwerk dokumentierte reichhaltige, immer wieder exemplarisch bezeugte Befund, dass die Bibel die wohl ergiebigste literarische Quelle für Schriftstellerinnen und Schriftsteller auch und gerade im 20. Jahrhundert gewesen ist, wird für dieses Buch zum Ausgangspunkt. Es fragt jedoch weiter: Für Menschen, die sich aus unterschiedlichsten Gründen mit der Bibel befassen – als Grundschrift unserer Kultur, als Urschrift der jüdisch-christlichen Religion, als Grundlage ihres persönlichen Glaubens – birgt der weitergehende Blick auf solche literarische Texte, die direkt von der Bibel her inspiriert wurden, einen vielfachen Reiz. Hier wird biblisches Erbe weitergetragen, fortgeschrieben, aktualisiert, gegen den Strich gebürstet, problematisiert, zurückgewiesen oder widerlegt. Gerade für den Religionsunterricht und die religiöse Erwachsenenbildung bietet dieser Bereich Chancen, die bislang zwar immer wieder ansatzweise beleuchtet wurden, eine systematische religionspädagogische Grundlegung fehlt aber genauso wie eine exemplarisch arbeitende und doch flächendeckende Texterschließung.

Diesem Anspruch stellt sich das hier vorliegende Buch. Es soll *einen* Bereich des Spannungsfeldes von »Theologie und Literatur« herausgreifen: jene Gedichte des 20. Jahrhunderts, in denen direkt und unmittelbar die Bibel aufgegriffen und literarisch rezipiert wird. Exemplarische Texte aus dieser Tradition werden vorgestellt, gedeutet und auf ihren möglichen religionspädagogischen Wert befragt. Zunächst soll dazu der allgemeine didaktische Rahmen eines Einsatzes literarischer Texte in Religionsunterricht und Katechese sorgsam erschlossen werden. Von hier aus wird dann ein

Blick auf die konkreten didaktischen und methodischen Einsatzchancen der einzelnen Gedichte möglich. Zum Einsatz können die aufgenommenen Texte in den Klassen der Sekundarstufe I kommen, vor allem jedoch in der gymnasialen Oberstufe. Darüber hinaus ist ein Arbeiten mit diesen Gedichten ohne Frage auch in der kirchlichen Erwachsenenarbeit oder in der universitären Ausbildung von Theologiestudierenden denkbar. Das Buch konzentriert sich jedoch in seinen didaktisch-methodischen Ausführungen auf den schulischen Bereich.

Bevor die Gedichte zur Bibel im Einzelnen vorgestellt, gedeutet und religionspädagogisch betrachtet werden, soll zunächst der grundlegende hermeneutische Ort des Bereichs von »Literatur und Theologie«, speziell: die didaktisch relevante Beziehung von »Bibel und Literatur« geklärt werden. Dazu orientiere ich mich an den folgenden drei Leitfragen: Welche Grundformen der literarischen Bibelrezeption lassen sich aufzeigen, wie also gehen Schriftstellerinnen und Dichter mit den biblischen Quellen um? Wie lässt sich das Feld »Bibel und Literatur« bibeldidaktisch verankern, wo also liegen Chancen, Grenzen und Ziele des Einsatzes solcher Texte im Religionsunterricht? Mit welchen methodischen Ideen lassen sich schließlich diese Gedichte mit Schülerinnen und Schülern – oder in der Erwachsenenbildung – bearbeiten? Eilige und ausschließlich an der Praxis orientierte Lesende können sich selbstverständlich gleich auf die Gedichte selbst stürzen.

Acht Typen literarischer Bibelrezeption

Wie greifen Schriftstellerinnen und Schriftsteller unserer Zeit auf die Bibel zurück? Idealtypisch lassen sich acht Modelle[5] aufzeigen, die das Verhältnis von Bibeltext und modernem literarischen Text – übertragbar aber auch auf jede andere Form der Rezeption, etwa im Bereich von Kunst oder Film – charakterisieren. In der Praxis verschwimmen diese Modelle ineinander, finden sich Mischformen und Zweifelsfälle. Fast jeder Einzeltext greift zudem auf mehrere derartige Rezeptionstechniken zurück. Das folgende Ordnungsraster soll jedoch die grundsätzlich möglichen Formen veranschaulichen, die für die literarische Bibelrezeption allgemein gelten, sich aber auch konkret in den hier vorgestellten lyrischen Texten wieder finden. Diese Idealtypen kann man also – auch gemeinsam mit Schülerinnen und Schülern oder Erwachsenen – identifizieren, konkret veranschaulichen und auf ihren Erkenntnisgewinn befragen. In der Anordnung der acht Typen beginne ich mit jener Form, die dem biblischen Original am nächsten ist, um dann zu jenen überzugehen, die sich immer mehr von den Vorgaben des Quellentextes entfernen.

Für die Religionspädagogik zusätzlich interessant: Die benannten künstlerischen Formen sind auch aus der katechetischen Praxis vielfach bekannt. Auf anderem Niveau finden sie täglich in Religionsunterricht und Gemeindekatechese ihre Entsprechungen. In der aufgezeigten Systematik können so durchaus auch Anregungen zur kreativen Umsetzung zu finden sein.

1. Paraphrasierung oder Nacherzählung

Der erste, am wenigsten künstlerisch durchgestaltete Typ kann Paraphrasierung oder Nacherzählung genannt werden. Hier werden biblische Erzählungen oder Episoden lediglich zusammengefasst und in eigenen Worten meist vereinfacht wiedergegeben. In diesen Paraphrasierungen werden die biblischen Geschichten auf einen selbst gewählten Erzählhöhepunkt, ein vom

Nacherzähler oder der Nachdichterin angestrebtes Erkenntnisinteresse hin ausgerichtet. So geht es vor allem um verdeutlichende, aber texttreue Um-Schreibung, um bündelnde Zusammenfassung, zielgerichtete Elementarisierung oder bewusste Konzentration. Im Sinne einer narrativen Theologie oder einer auf Erzählung aufbauenden Katechese hat diese Form der Bibelrezeption ihren unverzichtbar wichtigen Platz. Als literarische Form mit eigenem künstlerisch-ästhetischen Anspruch können derartige katechetische Gebrauchstexte jedoch weniger angesehen werden, da von ihnen kaum formal-innovative Kraft, künstlerisch-kreative Leistung oder neue theologische Herausforderung ausgeht.

2. Psychologisierend-historisierende Ausmalung

Tatsächlich gehen die meisten der so konzipierten Nacherzählungstexte auch bereits in den zweiten Idealtypus über, in den Bereich der psychologisierend-historisierenden Ausmalung. Auch hier stellt die biblische Erzählung das Grundgerüst, doch werden die möglichen Leerstellen und Unklarheiten der Vorlage fantasiereich aufgefüllt und ausgestaltet. Der vorgegebene Text wird dabei zum einen nach innen psychologisch ausgedeutet. Biblische Charaktere werden etwa nach ihren inneren Beweggründen und Gefühlen ausgeleuchtet: Was trieb Judas dazu, seinen Verrat an Jesus zu begehen? Wie fühlte sich Hiob, als ihn seine drei Trösterfreunde mit Vorwürfen überhäuften? Es kann jedoch auch sein, dass der Ausgangstext im Rahmen der strukturellen Vorgaben nach außen erweitert wird. Man fragt zurück, etwa nach den verborgenen Jahren Jesu zwischen Geburt und öffentlichem Auftreten, man spekuliert über das Weiterleben der Maria Magdalena nach dem Tod Jesu. Oder man lässt neue, im biblischen Text nicht benannte Nebenfiguren auftreten, die in lyrischer Verdichtung das Geschehen aus ihrer Sicht schildern. Ein ägyptischer Soldat berichtet vom Versinken der Armee im Schilfmeer, ein Bewohner Jerusalems erzählt davon, wie er das apostolische Sprechen in vielen Sprachen am Pfingsttag erlebt hat.

So entsteht eine literarische Komposition, die sich an der Machart historischer Romane neuzeitlichen Strickmusters orientiert. Deswegen werden solche Texte häufig auch mit historisierenden Zügen versehen: Hinweise auf das geschichtliche Umfeld, die Lebensgewohnheiten der Menschen in der jeweiligen Kultur, Seitenbezüge zu gleichzeitig stattfindenden welthistorischen Ereignissen sorgen für ein verlässlich wirkendes Gesamtbild. Mit diesem Verfahren wird einerseits die Neugier der Lesenden befriedigt, gleichzeitig wird das Geschilderte direkt in ihren quasi sinnlich wahrnehmbaren Erfahrungsraum hineingeholt. Als grundlegend akzeptierte Vorgabe dieses Verfahrens gilt jedoch, dass die Erzählvorgaben der Bibel treu einzuhalten und zu bestätigen sind. Hier wird ausgemalt, bestenfalls hinzugemalt, die Grundrisszeichnungen der Malvorlage werden aber nicht verändert.

Keine Frage, auch derartige Texte haben ihren eigenen Gewinn, bleiben jedoch – ästhetisch betrachtet – zu eng den Vorgaben der biblischen Vorlage und der bisherigen Rezeptionsgeschichte verhaftet. Hier handelt es sich vorwiegend um die traditionell kirchlich gebundene Form der Illustration, nicht um eigenständige Auseinandersetzung. So konzipierte Texte setzen die inhaltliche Idee zu schablonenhaft in (nur bedingt kreative) sprachliche Form um, als dass sie wirklich herausfordernde eigene Zugänge zu den biblischen Texten ermöglichen könnten. Erst mit dem folgenden Typus beginnt deshalb – zumindest im Blick auf unsere Gegenwart – die durch schriftstellerische Kreativität wirklich *herausfordernde* Bibelrezeption in der Literatur.

3. Dramatisierung

In der Bibel findet sich kein ausgestaltetes Drama, gibt es keine für das Theaterspiel entworfenen Szenen. Die Bühne als Ort dramaturgischer Handlungen ist dem alten Judentum fremd, findet erst über die hellenistische Kultur Einzug in den christlichen Geistesraum. Viele Figuren- und Handlungskonstellationen, viele Erzählungen enthalten freilich spannendes, dramatisches Potenzial. Dieses Potenzial wird deshalb in der literarischen Rezeption sehr häufig aufgegriffen und ausgestaltet, sei es in Form tatsächlicher Theaterstücke, sei es in dramatisierenden Szenen in Lyrik oder Prosa – etwa die Dialoge das alten David auf dem Sterbebett mit der ihm als letzter Gespielin anvertrauten Abischag von Schunem; der Wortwechsel des Petrus mit der Magd, die ihn als Jesusanhänger zu erkennen glaubt; das Gleichnis vom »barmherzigen Samariter« in szenischer Abfolge – dramaturgische Ausformungen und Weiterdeutungen bieten sich bei zahllosen biblischen Figuren und Erzählungen an.

4. Perspektivische Verfremdung

Die folgenden Idealtypen der literarischen Bibelrezeption lassen sich unter den Sammelbegriff der Verfremdung fassen. Gemeinsam ist ihnen der auf Bertolt Brechts Verfremdungstheorie aufbauende Versuch, Konventionelles unkonventionell, Bekanntes durch eine perspektivische oder sprachliche Brechung in neuem Licht zu betrachten. So werden reizvolle Doppeldeutigkeiten, Anstößigkeiten und Verwunderungen geschaffen, wird bewusst ein Spannungsraum divergierender Deutungen eröffnet. Verfremdung kann mit dem evangelischen Religionspädagogen *Horst Klaus Berg* verstanden werden als »Bearbeitung, die mit sprachlichen Mitteln die Neutralisierung der Bibel durch Gewöhnung und einseitiges Verstehen aufheben« und so »zu einer aktiven Auseinandersetzung motivieren und zu produktiver Veränderung stimulieren«[6] will. Im Gegensatz zur psychologisierend-historisierenden Ausmalung werden hier die Vorgaben der Erzählung an genau ausgesuchten Stellen begründet gesprengt, verändert, erweitert oder umgestellt, um einen eigenen Zugang zu schaffen.

Als wichtigste Spielart ist hier die perspektivische Verfremdung zu nennen. Dazu wird das häufig biblisch bezeugte Geschehen aus der bewusst individuellen und so in sich stimmigen Perspektive einer – sei es biblischen, sei es fiktiven – Nebenfigur neu betrachtet. Einerseits ist dabei die Versetzung in diese Figur hinein beliebt, die also aus der Ich-Perspektive heraus spricht: Da kann Josef etwa schildern, dass Jesus sehr wohl sein leiblicher Sohn sei, warum es aber später notwendig geworden sei, von einer jungfräulichen Geburt des nun als solchen erkannten Messias zu sprechen. Da kann Judit zugeben, dass ihre mörderische Rettungstat keineswegs auf eigenen Mut zurückzuführen gewesen sei, sondern dass sie von den Ältesten der Stadt dazu gezwungen worden sei. Möglich ist aber auch die Konzentration auf eine Nebenfigur, die von außen betrachtet wird. Da kann ein Erzähler das Leben Davids Revue passieren lassen, in welcher dieser keineswegs durch Gottes Fügung zum strahlenden König wurde, sondern als berechnender Despot seine Macht geschickt und skrupellos ausbaute im Bewusstsein, dass eine religiöse Rechtfertigung seines Tuns seinen mörderischen Siegeszug nur begünstigen könne. Gemeinsam ist diesen beiden Varianten jedoch: In dieser Annäherung vom Rand her stellt sich eben manches anders dar, als es aus den biblischen Texten bekannt ist.

Variiert werden können diese Formen der perspektivisch verfremdeten Bibelrezeption noch einmal dadurch, dass nicht eine einzelne Blickrichtung auf die Ereignisse entfaltet, sondern ein ganzes Bündel von montagehaft zusammengefügten Einzelblicken wie in einer Collage verbunden wird. So können etwa unterschiedlichste bruchstückhafte Zeugnisse von Zeitgenossen Jesu Erinnerungsbilder an die Ereignisse um den Mann aus Nazaret entwerfen, die – weil perspektivisch – widersprüchlich sind und Fragment bleiben.

Ziel dieser perspektivisch gebrochenen Verfremdungsverfahren ist die Aufsprengung der gewohnten Wahrnehmungen, die Relecture unter neuen Gesichtspunkten. Hier soll bewusst das vorgegebene Erzählmuster an wenigen entscheidenden Stellen gegen den Strich gelesen und neu akzentuiert werden. Literarisch in sich stimmige Varianten werden der bekannten – oder neu zu entdeckenden – biblischen Version entgegengestellt. Nicht um eine radikale Neudeutung geht es dabei, sondern um eine Deutungsvariante, die gerade durch die Nähe zur biblischen Vorlage an entscheidenden Punkten eigene Akzente setzt.

5. Verfremdung durch Umdeutung

Die fünfte formale Möglichkeit der literarischen Bibelrezeption geht einen Schritt weiter: Sie kann, muss aber nicht zwangsläufig mit einer perspektivischen Verfremdung verbunden sein. Im Verfahren der Umdeutung wird nicht nur eine durch Veränderung des Blickwinkels anders akzentuierte Version der biblischen Vorlage präsentiert, vielmehr wird eine eigenständige Geschichte mit einer anderen Sinnspitze gestaltet. Ziel dieses Ansatzes ist die scharfe Kontrastierung, deutliche Akzentverschiebung oder Neudeutung der biblisch geschilderten Erfahrungen. Die Richtung dieser Umdeutung kann sich zurückbeziehen auf die biblische Zeit selbst oder aber eine bewusst andere Aussage für unsere Gegenwart anzielen. Der Dichter, die Schriftstellerin greift hier auf die Bibel zurück, deutet sie jedoch in ihrer zentralen Aussage aus seiner/ihrer Erfahrung und Weltsicht um.

So kann eine Geschichte von Jesus erzählt werden, in der Jesus gar nicht am Kreuz stirbt und nur seine Jünger die Lügenlehre seiner Auferstehung verbreiten[7]. Oder Hiob rebelliert nicht gegen Gott, sondern gegen den leeren Kosmos, weil er am Ende erkennt, dass es keinen Gott gibt. In beiden Fällen handelt es sich nicht um eine perspektivische Verschiebung, sondern um eine grundsätzliche Umdeutung der biblischen Tradition. Hier geht es um eine andere Lesart, um Provokation als Herausforderung. Umdeutung kann sich deshalb in die Formen von Satire oder Parodie kleiden.

6. Verfremdung der Sprache

Eine weitere Verfremdungsmöglichkeit liegt in der Verfremdung der Sprache. Ein bewusster, eigenständiger, vom Alltagsgebrauch abgehobener Umgang mit Sprache zeichnet Literatur grundsätzlich aus. Die Bibel ist zum einen selbst eine unausschöpfliche Quelle von Sprachmacht und Wortwucht, zugleich aber ein sperriges, schwieriges Sprachwerk, und dies in mehrfacher Hinsicht: Einerseits wirkt sie in ihrer Schwerfälligkeit und Sperrigkeit oft altertümlich und unverständlich, andererseits in ihrer katechetischen Wiederholung und kirchlichen Verzweckung langweilig, nichts sagend und abgeschliffen. Durch den Einsatz verschieden konzipierter guter Übersetzungen lassen sich diese Effekte höchstens etwas abmildern.

Literatur jedoch kann im Rückgriff auf die biblische Sprache kreative Gegensignale setzen – sei es durch Parodie und Satire, sei es durch Veränderungen der Sprachvariante, sei es durch Veränderung der Textart, sei es durch metaphorische Verschlüsselung in die Vieldeutigkeit. Da kann man einen Text schreiben, der Metrum, Rhythmus und Grundstimmung aus den Psalmen aufruft, jedoch ganz »allerweltliche« Inhalte thematisiert. Da kann eine Gleichniserzählung in einer Ballade wiedergegeben werden. Da kann man die Geschichte der Geburt Jesu im Jugendjargon erzählen und ihr so den süßlich-legendarischen Zimtduft nehmen. Da kann man eine biblisch geronnene Erfahrung mit eigener Erfahrung zusammenbringen, indem man eine neue lyrische Bildmetapher erfindet, die sich eindimensionaler Definition und Auflösung entzieht. Gute literarische Texte werden sich in jedem Fall durch eine bewusste Verfremdung der Sprache auszeichnen.

7. Aktualisierung

Ein weiterer Idealtyp literarischer Bibelrezeption lässt sich mit dem Schlagwort Aktualisierung erfassen. Hierbei geht es um die erkennbare Übertragung einer biblischen Erzählung oder Figur in die Gegenwart. Die wesentlichen Handlungs- oder Charakterisierungselemente bleiben gleich, werden aber in einen völlig neuen Zeit- und Gesellschaftskontext hineingestellt. Mehrere Unterarten dieses Verfahrens lassen sich finden. Einerseits kann eine Figur aus heutiger Zeit in einen imaginären Austausch mit einer biblischen Gestalt treten, sodass sich die Zeitebenen von damals und heute vermischen. Oder eine biblische Figur wird tatsächlich wie mit einer Zeitmaschine direkt in die Gegenwart versetzt, eine Idee, der sich zahlreiche Jesusromane und -gedichte in der Form des »Jesus redivivus« verschreiben. Solche Texte entfalten fantasievoll die Antwort auf die Frage, wie Jesus wohl in unserer Zeit wieder geboren würde, wo, mit welchem Aussehen und Charakterprofil, mit welcher Botschaft und welchem Schicksal.

Am häufigsten verwenden solche Aktualisierungen jedoch Transfigurationstechniken. Dabei geht es nicht um die tatsächliche Wiedergeburt biblischer Charaktere in der Gegenwart, vielmehr werden realistische Charaktere unserer Zeit mit Zügen versehen, die an biblische Figuren erinnern. Dazu zwei genauso klassische wie fragwürdige Beispiele: Sünderinnen werden pauschal mit Maria Magdalena verglichen, Verräter mit Judas. Jenseits solcher schablonenhaft indirekter Vergleiche gibt es jedoch auch kreative Ausgestaltungen. Menschen unserer Zeit wirken etwa auf ihre Mitmenschen so, dass jesuanische Züge deutlich werden. In jedem Fall prägt ein Grundzug die Aktualisierungstechnik: Biblische Erzählungen bleiben nicht Berichte über ein Damals, sondern werden zur direkten Deutekategorie für unser Heute.

8. Frei-assoziative Ausgestaltung

Die letzte Form der literarischen Bibelrezeption löst sich noch weiter von den textlichen Vorgaben. Hier kann man von einer frei-assoziativen dichterischen Gestaltung sprechen. Biblische Figuren, Stoffe oder Motive werden hier als Sprungbrett für ganz eigene Aussagen aufgegriffen, ohne dass etwa das Erzählgerüst einer biblischen Episode oder die Charakterzeichnung einer biblischen Gestalt in erkennbarer Weise übernommen würde. Der Bezug zur Bibel beschränkt sich vielmehr auf die Funktion der Chiffre, des Deutungssymbols oder der »tiefenstrukturellen Entsprechung«[8]. Die Bibel wird assoziativ aufgerufen, um der selbst geprägten Erzählung oder den frei formulierten Gedanken Tiefenschärfe zu verleihen.

Im Bereich des Jesusromans findet sich diese Technik bei bewusst weit ausgestalteten Transfigurationstechniken. Der »Jesus redivivus« wird hier zum »Jesus inkognito«. Heutige Menschen werden lediglich im Blick auf spezifische Charaktereigenschaften mit Jesus verglichen und parallelisiert. In der Lyrik begegnet diese Form der Bibelrezeption vor allem im assoziativen Verweis, im als Vergleich aufgenommenen Einzelsymbol. Diese Chiffren werden freilich nur wie ein Blitzlicht kurz angetippt, werden nicht zur dichten, dem gesamten Text zugrunde liegenden Deutungsebene. Sie haben eine andere Funktion: Die eigenständigen, an keines der benannten biblischen Vorbilder direkt angelehnten Gedanken erhalten durch die biblischen Verweise ihre nur kurz aufleuchtende Tiefenschärfe und werden so in den Kontext archetypischer Urerfahrungen hineingestellt.

Zusammenfassend gesagt: Acht verschiedene Idealtypen der literarischen Rezeption biblischer Stoffe, Motive, Figuren und Sprachspuren lassen sich herausarbeiten. Ich lasse dabei bewusst die indirekte Motivverwandtschaft oder Aussageparallelität biblischer und literarischer Text außer Acht, wie sie sich etwa zwischen dem Hiobbuch und Schriften von Franz Kafka in gemeinsamer Atmosphäre und Stimmung aufzeigen lassen. Solche Verwandtschaften beruhen nicht auf wirklicher, direkter Rezeption – zumindest lässt sich das nicht nachweisen und bleibt oft bloße Spekulation kluger Interpreten. Der Vergleich derartig indirekt-ähnlicher Texte kann zwar zweifelsohne ebenfalls ein reizvolles Unternehmen darstellen, soll aber in diesem Buch ausgeklammert bleiben.

Die genannten acht Techniken stehen als idealisierte Koordinatenpunkte, innerhalb derer sich ein dichterischer Text im Rückgriff auf die Bibel bewegen kann. Der Reichtum der unterschiedlichen Mischformen wird an den Beispieltexten deutlich werden.

Didaktische Einordnung

Was aber hat der Aufweis von Techniken literarischer Rezeption mit Bibeldidaktik, Religionspädagogik und Glaubensvermittlung zu tun? Warum sollten sich ReligionslehrerInnen mit solchen literarischen Texten befassen? Was ist der mögliche Gewinn einer Beschäftigung mit literarischen Texten, spezifisch mit solchen Texten, die auf biblische Traditionen zurückgreifen?

Der Boom an religionspädagogischer Literatur zur Bibelarbeit, der sich in den letzten Jahren abzeichnet, weist vor allem auf eine Krise hin: Bibelarbeit ist mit Schülerinnen und Schülern der Sekundarstufen ein mühseliges, vielfach äußerst kompliziertes Unterfangen.

1. Bibeldidaktik heute. Ein Kampf gegen Windmühlen?

Horst Klaus Berg hat das Problem in drei Schlagworten zusammengefasst, mit denen sich diese Krise verdeutlichen lässt: »Erfahrungsverlust«, »Relevanzverlust« und »Effektivitätsverlust«[9] – eine Trias, der man vielleicht noch die Kategorie »Wissensverlust« voranstellen könnte. Denn dass das rein faktische Wissen, die Kenntnis von biblischen Gestalten, Erzählungen und Ereignissen in der Schülergeneration immer weiter zurückgeht, ist ein schon lange zu beobachtender Prozess. Einerseits als Bedingung, andererseits als Resultat dieses Prozesses lässt sich der Erfahrungsverlust ansehen. Denn selbst wenn die Bibel noch als Sammlung traditioneller religiöser Schriften gekannt und anerkannt wird, ist für viele Menschen nicht einsehbar, was das mit ihren gegenwärtigen Erfahrungen und Problemen zu tun haben könnte. Immer weniger Menschen in den westlichen Gesellschaften sehen die Bibel als Orientierungsschnur für heute gelingendes Leben (Relevanzverlust). Und dass die Bibel tatsächlich wirksam wäre als Inspiration für ethisches und spirituelles Leben, würden immer weniger Zeitgenossen bejahen (Effektivitätsverlust). So kann man schließlich fünftens auch von einem »Realitätsverlust« der Bibel sprechen, die für viele Menschen als »ein aus der Realität ausgesparter Bereich«[10] erscheint. Gerade für die Mehrzahl der Schülerinnen und Schüler, die heute am Unterricht teilnehmen, stimmt dieser Befund und sorgt für übergreifende Bibelmüdigkeit, von der sich auch viele Unterrichtende anstecken lassen.

Gegen diese »Verlustzonen« müssen alle in der Religionspädagogik Tätigen arbeiten. Dazu bieten sich verschiedene Wege an, wie sie Horst Klaus Berg in seinem bibeldidaktischen Standardwerk »Ein Wort wie Feuer« anschaulich geschildert hat. Der hier von mir vorgeschlagene Weg – die Einbeziehung von Literatur, die sich mit biblischen Figuren und Themen befasst – versucht eine eigene Strategie, die sich weder mit der von Berg so benannten »wirkungsgeschichtlichen Auslegung« noch mit der »Auslegung durch Verfremdung«[11] deckt. Sie lehnt sich vielmehr an das Konzept der »dialogischen Exegese« an, das der katholische Religionspädagoge *Franz W. Niehl* als »vielschichtigen hermeneutischen Weg« beschrieben hat und das drei Ebenen korrelativ verbindet: »den biblischen Text und seine Entstehungsgeschichte«, »seine Wirkungsgeschichte in Kirche und Kultur« (hier vor allem: im Bereich der Lyrik des 20. Jahrhunderts), schließlich »seine Bedeutung für heutige Hörer und Leser«.[12]

Wie kann man im Rahmen einer dialogischen Exegese mit literarischen Texten den genannten Verlustzonen entgegenwirken?

- Gegen *Wissensverlust*: Durch den Einsatz von Gedichten mit biblischen Themen wird gerade im Blick auf eher unbekannte Gestalten (etwa Frauen der Bibel wie Mirjam, Rut, Ester, Judit oder die tragischen Gestalten Saul und Hiob) deutlich, welcher Reichtum an Erfahrungen und Deutungen in die Bibel eingeflossen ist. Diesen Reichtum gilt es zunächst einmal überhaupt wahrzunehmen. Das mag über die literarischen Texte indirekt oft leichter sein als in der direkten Konfrontation mit der für viele als »out« geltenden Bibel. Vom Gedicht aus kann die Motivation, doch einmal in die Bibel selbst hineinzuschauen, größer sein.
- Gegen *Erfahrungsverlust*: In der Beschäftigung mit den Gedichten kann deutlich werden, dass hinter den aufgerufenen biblischen Gestalten grundmenschliche Tiefenerfahrungen verborgen sind: Wunsch nach Anerkennung (Kain/Abel), Schuld (Adam/Eva), Machtgier (David), Leid (Hiob), Hoffnung (Jesus) und viele mehr. Weil es um menschliche Erfahrungen geht, lassen sich Bezüge zu ähnlich gelagerten Erfahrungen in unseren Lebensbereichen herstellen.

- Gegen *Relevanzverlust:* Das hier vorgestellte Panoptikum deutschsprachiger Schriftstellerinnen und Schriftsteller des 20. Jahrhunderts vereinigt bedeutende Namen: Rainer Maria Rilke und Bertolt Brecht, Nelly Sachs und Paul Celan, Peter Huchel und Günter Kunert, Marie Luise Kaschnitz und Christine Lavant, Eva Zeller und Kurt Marti, um nur einige zu nennen. Offensichtlich ist die Bibel doch kein unwichtig-frommes Buch, mit dem sich bestenfalls Kirchgänger und Kirchenblattdichter befassen. Vielleicht kann Schülerinnen und Schüler die Tatsache zum Nachdenken bringen, dass sich Menschen auch unabhängig von der Frage, ob sie sich als Gläubige verstehen oder nicht, mit der Bibel befassen. Die bleibende kulturelle Relevanz der Bibel kann hier deutlich werden.

- Gegen *Effektivitätsverlust:* Einige der aufgerufenen Schriftstellerinnen und Schriftsteller betrachten die Bibel freilich darüber hinaus als Grundlage für ihr persönliches Leben. Das kann entweder aus den Texten selbst oder aber durch Einbeziehung ihrer Biografie deutlich werden. Die bleibende Wirksamkeit der Bibel kann an solchen Vorbildern – ohne jegliche Idealisierung – aufgezeigt werden.

- Gegen *Realitätsverlust:* Aus den genannten Gründen lässt sich zeigen und entdecken, dass die Bibel nicht nur das »Buch der anderen«, nur das »Buch der Kirchgänger« ist, sondern für Menschen verschiedenster geistiger Heimat Anlass ist, über ihr Leben und ihre Gesellschaft nachzudenken. Gedichte zur Bibel sind direkte Zeugnisse dafür, dass die Bibel etwas mit unserer Realität zu tun hat.

Mit diesen Ausführungen soll nicht behauptet werden, durch den Einsatz literarischer Texte sei die vielerorts bemerkbare Bibelmüdigkeit im Religionsunterricht problemlos zu überwinden. Ich möchte den Ansatz dieses Buches als *eine* Möglichkeit verstehen, solchen Tendenzen entgegenzuwirken. Damit komme ich jener Forderung nach, die der evangelische Religionspädagoge *Henning Schröer* unlängst als Desiderat benannte: der Ertrag von Spurensuche in säkularer Poesie müsse »auch in bibeldidaktischen Entwürfen praktisch und theoretisch genügend«[13] berücksichtigt werden.

2. Wider die bloße Verzweckung literarischer Texte

Allgemein lässt sich feststellen, dass in den letzten Jahren ein neues Interesse am Verhältnis von Bibel und Literatur gewachsen ist. Diese Beobachtung passt zu der deutlich wahrnehmbaren Tendenz, dass sich gerade die Ästhetik mehr und mehr als aktuelle Bezugswissenschaft der Theologie, vor allem der Religionspädagogik herausbildet. Der Art und Weise, wie Menschen ihre Umwelt wahrnehmen und nach welchen Prinzipien und Formmustern dieser Prozess der Wahrnehmung abläuft und gestaltet wird, kommt für Glaubensvermittlung in unserer Zeit immer mehr Bedeutung zu – und die Erkenntnisse der Ästhetik helfen Theologinnen und Theologen, ihr eigenes Feld unter dieser Perspektive neu zu reflektieren.[14] Dies hat offensichtlich auch die Deutsche Katholische Bischofskonferenz erkannt, wenn sie in ihrem bemerkenswerten Dokument »Kunst und Kultur in der theologischen Aus- und Fortbildung« von 1993 fordert: »Theologen, Katecheten und Religionslehrer müssen in die Lage versetzt werden, verantwortungsbewusst mit künstlerischen Fragestellungen und Entscheidungen umzugehen.«[15] Auf praktisch-konkrete Konsequenzen aus dieser Forderung wartet man freilich bislang noch vergeblich.

Im Gesamtfeld der Ästhetik kommt dem Bereich der Literatur das besondere Nähe stiftende Spezifikum zu, sich im gleichen Medium wie die Theologie zu realisieren, in Sprache. Theologie und Dichtung sind – so der evangelische Theologe *Christoph Gestrich* – »seit alters verschwägert«, gerade weil sie »in der Sache dadurch verbunden« sind, »dass sie es beide mit den Quellen der Sprache zu tun haben«[16]. Insofern hat sich seit etwa dreißig Jahren die Betrachtung der Beziehung von Theologie und Literatur allgemein zu einem eigenen fruchtbaren Forschungszweig entwickelt.[17] Innerhalb dieses Dialogs stellt die Betrachtung von Bibel und Literatur wiederum einen Spezialfall dar, da es hier stets um direkte Rezeption und Ausgestaltung geht. Der Vergleich von Urbild (Bibeltext) und künstlerischer Gestaltung (literarischer Text) ist besonders reizvoll und herausfordernd. Angesichts dieses Befundes soll in den folgenden Ausführungen versucht werden, die Chancen und Möglichkeiten des Bereiches »Bibel und Literatur« im Hinblick auf die Religionspädagogik, konkret: auf den Einsatz in Schule und Erwachsenenbildung, auszuleuchten.

Vor allem gilt es, von vornherein einige mögliche Missverständnisse auszuräumen. Zunächst hat das Lesen von Literatur stets den von konkreter Verwertbarkeit freien Selbstzweck, »zu bilden«, »Spaß zu machen«. So sehr in der pädagogischen Vermittlung arbeitende »PraktikerInnen« immer gleich versucht sind, mögliche Einsatzchancen von neuen »Materialien« zu überlegen, sollte doch immer der Freiraum bleiben, gerade Literatur um ihrer selbst willen zu lesen. Literatur darf nicht einfach zum »Hilfsobjekt«[18] verkommen. Trotzdem ist es in einem zweiten Schritt natürlich legitim, zu überlegen, ob – und wie – man mit derartigem »Material« auch mit anderen Menschen »arbeiten« kann.

Die erste Grundregel für einen angemessenen Umgang mit literarischen Texten liegt darin, sie vorbehaltlos als eigene Kunstwerke zu akzeptieren. *Dorothee Sölle* hat in ihrer literaturtheologischen Basisstudie »Realisation« von 1973 mehrfach auf diesen Punkt verwiesen, wenn sie die Anerkennung der prinzipiellen »Autonomie der Dichtung«[19] einfordert. Daraus folgt als didaktisch-methodische Vorgabe für den Umgang mit literarischen Texten: Sie dürfen weder als Steinbruch noch als reiner Stichwortfundus missbraucht werden. Sie sind nicht bloß interesseheischende Aufhänger, an der sich eine religiöse Deutung profilieren kann, die ohnehin schon von vornherein feststeht. Sie dienen der Theologie keineswegs ausschließlich dazu, das Eigene noch einmal neu zu sehen. Der Gefahr, den Zweck von »Bibel und Literatur« so eng zu bestimmen, unterliegen selbst einige neuere religionspädagogische Ansätze, wenn zum Beispiel als vorrangiges Ziel angegeben wird, »ein vertieftes und erneuertes Verständnis des biblischen Kerygmas«[20] erreichen zu wollen, oder wenn man von einer »propädeutischen Funktion der Literatur für das Bibelverständnis«[21] spricht. Vor einer derart einseitigen Betrachtung hatte schon 1967 *Friedrich Hahn* in seinem Klassiker »Bibel und moderne Literatur« gewarnt, als er schrieb, es dürfe nicht darum gehen »die moderne Literatur dazu (zu) missbrauchen, dem heutigen Menschen ein besseres Verständnis der Bibel zu ermöglichen«, vielmehr gehe es »in der alten Bibel und in der neuen Literatur« gleichberechtigt »um die großen, im Leben des einzelnen Menschen und der Völker niemals auszuschöpfenden Fragen«[22]. Und *Henning Schröer* stellte 1972 mit bleibender Gültigkeit fest: Die »Herausforderung zwischen Literatur und Theologie heute« lässt sich »nicht in dem einfachen Schema von Frage und Antwort fassen«[23]. Vorschnelle Funktionalisierungen und Einengungen der literarischen Texte sind unbedingt zu vermeiden, schon deshalb, weil sie die tiefer gehenden religionspädagogischen Möglichkeiten verstellen.

Wenn im Folgenden also vom »Einsatz« literarischer Texte im Unterricht gesprochen wird, dann in dem Sinne, Gedichte nicht vorschnell verzwecken zu wollen. Umgekehrt geht es aber auch nicht darum, sie mit dem Bibelwort einfach auf eine Stufe mit gleichem Verbindlichkeitscharakter zu stellen. Vielmehr sollen sie zwar ernst genommen, für sich und als solche gewürdigt werden. Gleichwohl werden sie jedoch – ganz transparent – in einem bestimmten Kontext (Religionsunterricht) und unter einer bestimmten Perspektive betrachtet: Sie werden einerseits auf den Bezug zu jener biblischen Vorlage befragt, die sie selbst ausdeuten. Andererseits werden sie mit der Lebenswirklichkeit heutiger Schülerinnen und Schüler konfrontiert, die sich dialogisch mit diesen Gedichten, den darin gespiegelten Erfahrungen und Wirklichkeitsdeutungen auseinander setzen können.

Doch noch eine weitere mögliche kritische Nachfrage an das Gesamtkonzept dieses Buches soll an dieser Stelle vorweggenommen werden. Ist eine solche Herangehensweise nicht ein Schritt zurück in der wissenschaftlichen Auseinandersetzung von Theologie und Literatur? Wird hier nicht schon wieder dem alten Vorwurf des »Inhaltismus« Munition frei Haus geliefert? Davor hat etwa *Dietmar Mieth* wiederholt gewarnt, so auf dem Tübinger Symposion zu »Theologie und Literatur« von 1984, als er monierte, »religiöse Motivsuche, die sich rein an thematischen Querverbindungen orientiert und etwa Themen der Theologie aus der Literatur rekonstruiert« sei »außerordentlich problematisch«[24]. In einer theologisch-literarischen Untersuchung von 1997 äußert die Österreicherin *Brigitte Schwens-Harrant* ähnliche Kritik: Im theologisch-literarischen Dialog werde auf »immer dieselben« Schriftstellerinnen und Schriftsteller zurückgegriffen, »deren Werke religiöse Motive aufweisen bzw. die als religiöse Personen bekannt sind«[25].

Diese Kritik ist als Warnstimme berechtigt, als allgemeine Position jedoch überzogen. Selbstverständlich ist auch solche Literatur theologisch und religionspädagogisch relevant, die sich nicht direkt mit der Bibel beschäftigt, die nicht selbst religiös oder christlich inspiriert ist. Trotzdem bleibt der direkte Rückgriff von Dichterinnen und Dichtern auf die Bibel ein einzigartig interessanter Sonderfall, der theologisch und vor allem im Blick auf den Religionsunterricht äußerst Gewinn bringend betrachtet werden kann und noch keinesfalls erschöpfend erforscht und didaktisch-methodisch aufbereitet ist. Hier liegt der Schwerpunkt dieses Buches.

3. Chancen und mögliche Gewinndimensionen

Worin liegen nun die besonderen Möglichkeiten und Chancen im Einsatz von Gedichten mit biblischen Themen im Religionsunterricht? Fünf religionsdidaktische Gewinndimensionen[26] lassen sich idealtypisch benennen: Textspiegelung, Sprachsensibilisierung, Erfahrungserweiterung, Wirklichkeitserschließung und Möglichkeitsandeutung.

Textspiegelung

Dem ersten Aspekt, der Textspiegelung, kommt gerade bei der Rezeption biblischer Texte besonderes Gewicht zu. Literarische Verarbeitungen biblischer Stoffe, Motive, Figuren oder Themen verweisen stets auf die Bibel selbst zurück. Verfremdung richtet die Aufmerksamkeit zugleich auf den verfremdenden literarischen Text wie auf das nun mit geschärftem Blick betrachtete, verfremdete Original. Nicht selten blättert man nach der Beschäftigung mit literarischen Werken noch einmal in der Bibel nach, um dort die »Vorlage« noch einmal ganz neu zu lesen. Die genaue Kenntnis des biblischen Originals ist dabei keineswegs schon Voraussetzung für die Lektüre. Der Leseweg kann verschieden verlaufen: Im Sinne der Chronologie und Entstehungslogik von der Bibel hin zur literarischen Bearbeitung; oder von dem in sich reizvollen Gedicht zurück zur Bibel als Vertiefung und Erarbeitung des Hintergrundes; oder auch im mehrfachen Wechsel zwischen literarischem und biblischem Text. Auch bei Schülerinnen und Schülern lässt sich über literarische Texte ein ganz neues Interesse dafür erzeugen, was denn die Bibel selbst eigentlich sagt. So gewinnt man neben dem literarischen Text einen neuen Blick für den ursprünglichen Text der Bibel.

Sprachsensibilisierung

Die zweite und spezifisch durch die Literatur gegebene Chance liegt in der Sprachsensibilisierung. Literaten reflektieren intensiv über die zeitgemäßen Potenziale und Grenzen von Sprache. »Niemand« – so *Hilde Domin* in ihrem epochalen Essay »Wozu Lyrik heute?« von 1968 – »niemand aber ist eine feinere Waage für die Worte als der Lyriker.«[27] Wenn man im Blick auf die theologische Literatur der letzten Jahre ganz allgemein von einer »Hinwendung zur poetisch-imaginativen Symbolsprache« sprechen kann, so spricht daraus das »Verlangen, dichter zu denken, als es in der monologen, einsilbig reinen Worttheologie«[28] möglich ist. Literarische Werke sind Produkte einer feinfühligen Gegenwartserspürung, die sich kaum festlegen lässt, eher in Fragerichtungen formuliert werden kann: Wo sagt die verstummende Pause in Gedichten mehr als der ausführliche Bericht? Wann ist die symbolisch verschlüsselte Andeutung hilfreicher als eine klare Definition? Wie öffnen sich Tiefendimensionen, die sich den Lesenden erschließen? Wo deuten literarische Texte mit ihrem nie einholbaren metaphorischen Sinnüberschuss bereits selbst über sich hinaus? Und schließlich: Was lernen wir aus dem Umgang mit literarischen Texten unserer Zeit über den literarischen Charakter der Bibel?

In diesen Fragen – nicht grundsätzlich und allgemein gültig zu beantworten, vielmehr als gemeinsame Richtungsweiser zu verstehen – spüren Schriftstellerinnen und Schriftsteller wie Seismographen oft sehr genau, was Sprache kann und darf. In diesem Zusammenhang ist an ein berühmtes Diktum *Karl Rahners* zu erinnern: Die »Fähigkeit und die Übung, das dichterische Wort zu vernehmen, ist eine Voraussetzung dafür, das Wort Gottes zu hören ... Der Umgang mit der Dichtung ist auf jeden Fall ein Stück Einübung in das Hörenkönnen des Wortes des Lebens.«[29] Doch zugegeben: Sicherlich sind literarischer Stil und Ausdruck – manchmal hermetisch, elitär, nur Spezialisten zugänglich – von Theologinnen und Katecheten nicht einfach zu übernehmen. Das Nachspüren der sprachlichen Besonderheiten zeitgenössischer Lyrik als »Arbeit an der Erneuerung der Sprache«[30] *(Alex Stock)* kann jedoch zur Reflexion über den eigenen sorgsamen Sprachgebrauch in der Religionspädagogik anregen.

Erfahrungserweiterung

Die dritte Chance der Beachtung von »Literatur und Theologie« liegt in der Erfahrungserweiterung. Hinter diesem Stichwort verbirgt sich ein doppelter Betrachtungszugang: Einerseits erfahren Schriftstellerinnen und Schriftsteller sich selbst, ihre Zeit und ihre Gesellschaft und lassen diese Erfahrungen in ihren Sprachwerken gerinnen. Andererseits ist dabei zu beachten: Lektüre ermöglicht keinen direkten Zugriff auf Erfahrungen, Erlebnisse und Gedanken anderer, handelt es sich doch stets um gestaltete, »gefilterte«[31], gedeutete, geformte Erfahrung. Über den doppelten Filter der schriftstellerischen Gestaltung einerseits und meiner stets individuellen Deutung andererseits ist aber zumindest ein indirekter Zugang zu Erfahrungen anderer möglich.

Literarische Texte spiegeln aber nicht nur die Erfahrung ihrer AutorInnen, sie ermöglichen darüber hinaus für die Lesenden selbst neue Erfahrungen im Umgang mit diesen Texten. Gerade biblische Figuren und Erzählungen – in ihrem oft archetypischen, im Menschheitswissen festgesetzten Gehalt – dienen häufig der Selbst- und Zeitdeutung. Mit ihnen lässt sich die symbolische Verdichtung von Erlebnissen oder Einsichten in die Gegenwart hinein übertragen. Gegen den Versuch der wissenschaftlichen Objektivität fungieren literarische Texte geradezu als »Anwalt der Subjektivität«, leuchten sie doch vor allem die ›Innenseite‹ von Problemfeldern«[32] aus. Vor allem diese bewusste Subjektivität bündelt menschliche Erfahrungen und bietet so die Möglichkeit des Anknüpfens und der Identifikation. *Clauß Peter Sajak* spricht zusammenfassend völlig zu Recht von der zentralen Funktion von Literatur als »Erfahrungsverdichtung, Erfahrungsdeutung und Erfahrungsweitergabe«.[33] Auseinandersetzung mit dieser Erfahrungsdimension von Literatur ermöglicht eigenes Identitätswachstum.

Wirklichkeitserschließung

Als weitere Gewinndimension ist die Wirklichkeitserschließung zu nennen. Während die Erfahrungserweiterung eher zurückschaut auf die hinter den Texten liegende Erfahrung der Schriftstellerinnen und Schriftsteller, blickt diese Perspektive eher nach vorn, auf die mit dem Text für die Leserinnen und Leser möglichen Erfahrungen und Auseinandersetzungen. *Hilde Domin* formuliert hier erneut treffend: Jedes Gedicht »hilft, die Wirklichkeit, die sich unablässig entziehende, benennbar und gestaltbar zu machen«.[34] »Literatur« – so *Horst Klaus Berg* – »kann die Fähigkeit fördern, die Mehrdimensionalität von Wirklichkeit wahrzunehmen«[35]. Literarische Texte setzen in den Lesenden Gedanken und Gefühle frei, die im religionspädagogischen Gespräch aufgenommen werden können. Für die Theologie können literarische Texte so »ein Mittel gegen den drohenden Wirklichkeitsverlust«.[36] werden.

Ein zweiter Aspekt: Theologie wie Literatur bemühen sich darum, in Sprache und mit Sprache Wirklichkeit zu beschreiben und herzustellen. Literarische Texte erschließen als konkurrierende Wirklichkeitsdeutungen eigene Realitätsebenen. Hier werden oft genug Bereiche menschlichen Daseins angesprochen, die innerkirchlich kaum Gehör finden. Hier kommen andere Stimmen zu Wort, deren Klang für Gemeindemitglieder oder Schülerinnen und Schüler ungewohnt, provokativ, im positiven Sinne herausfordernd sein kann, ja: in denen sich möglicherweise gerade Lernende eher wiederfinden können als in den traditionellen Sprachspielen von Theologie, Katechese und Liturgie. So vermutet auch *Sigrid Mühlberger*, dass gerade »zeitnahe Sprache, zeitnahe Fragestellungen« der zeitgenössischen Literatur Jugendliche »viel unmittelbarer ansprechen, als die gewohnte Form der Verkündigung und Katechese«[37].

Möglichkeitsandeutung

Literatur lebt schließlich nicht nur von erfahrener, erschriebener und erschlossener Wirklichkeit, sondern vor allem vom »Möglichkeitssinn«, von der »Sehnsucht nach dem Unendlichen«[38], von der Vision dessen, was sein *könnte*. Die grundsätzliche Polyvalenz poetischer Sprache, aber auch die »Reserve des Ungesagten«[39] (Hilde Domin) erzeugen die dadurch fiktional entworfene Sehnsucht nach anderen Möglichkeiten. Gerade diese Sehnsucht zeichnet die besondere Faszination literarischer Texte aus. Das gilt auch für die Gedichte, die sich mit der Bibel befassen, denn gerade die Urkunde des jüdisch-christlichen Glaubens wird hier auf ihre Möglichkeiten, Hoffnungsspuren und Visionen befragt. Ob die somit angedeuteten Möglichkeiten erkannt und gegebenenfalls umgesetzt werden, hängt von den einzelnen Lesenden ab.

Wichtig ist: Es darf dabei nicht zu einer Verwischung der Sprachebenen kommen. Sicherlich weisen biblische und literarische Sprache große Gemeinsamkeiten auf: Beide verdichten Wirklichkeit und weisen über sich selbst hinaus, »transzendieren« also Wirklichkeit durch ihre polyvalente Metaphorik. Dennoch gibt es vom Selbstanspruch her einen zentralen Unterschied, den der evangelische Religionspädagoge *Peter Biehl* in Bezugnahme auf *Paul Ricoeur* deutlich benennt: »Dichterische wie religiöse Sprache haben *offenbarenden Charakter*, sie eröffnen nämlich von sich her das Angebot einer Welt, in die hinein ich meine eigensten Möglichkeiten entwerfen kann. Religiöse Sprache *modifiziert* diesen offenbarenden Charakter dichterischer Sprache dadurch, dass sie den allgemeinen Charakteristika der Dichtung die Verbindung eines Ur-Bezugspunktes – ›Gott‹ – hinzufügt und damit zu einer Sinnverwandlung dichterischer Sprache führt.«[40]

Zunächst teilen literarische und religiöse Texte allgemein also den Transzendenzanspruch im Sinne von *Ernst Blochs* »Transzendieren ohne Transzendenz«[41], eines Sich-Selbst-Überschreitens, ohne dass es eine jenseitige Macht geben müsse, welche diesen Prozess ermöglichen würde. Doch entscheidend ist: Im Selbstanspruch ist der Transzendenzbezug biblischer und allgemein religiöser Sprache keineswegs ausschließlich ein menschliches Sich-Selbst-Überschreiten, sondern ein von Gott gewährter Prozess des Sich-Öffnens auf Gott hin. Unter diesem Selbstanspruch steht biblische Sprache, unter diesem Anspruch schreiben jedoch auch solche Schriftstellerinnen und Schriftsteller, die sich explizit als religiöse Autoren verstehen und sich unter den Anspruch eines »poetischen Apostolates« gestellt sehen. Ob Schülerinnen und Schüler die Differenzierung dieser zwei Ebenen letztlich akzeptieren, kann ihrer Entscheidung überlassen bleiben. Die Ebenen jedoch überhaupt zu erkennen wäre ein wichtiges Ziel im Umgang mit biblischen Texten auf der einen und literarischen Texten auf der anderen Seite.[42]

Ein Beispiel

Fünf Gewinndimensionen, fünf Chancen der Beschäftigung mit »Bibel und Literatur«. Nicht zwingend scheint mir der von *Stefan Heil* in den Diskurs eingebrachte Vorschlag als zusätzliche Dimension die »Handlungsorientierung« anzufügen, da »der in Praxis stehende Text an den Rezipienten appelliert, der sich dazu verhalten muss«[43]. Der hier vorausgesetzte Handlungsbegriff bleibt zu vage und somit wenig erkenntnisfördernd. Wie soll sich jemand auf ein Gedicht zur Bibel handelnd verhalten in einer Art und Weise, die in den vorherigen Begriffen noch nicht angesprochen wäre? Die von mir theoretisch umrissenen Konzepte lassen sich am besten an einem konkreten Beispiel veranschaulichen. Ich wähle dazu einen kurzen lyrischen Text, der sich auf die Passion Jesu bezieht. Das folgende Gedicht[44] entstammt dem bemerkenswerten Band »Fremder Sommer«, 1994 von *Rainer Prachtl* veröffentlicht:

Am Steinkreuz
– Friedhof in Parchim –

JESUS im Fadenkreuz
Fußspuren dunkel
im Schattenspiel

Versteinerte Müdigkeit
die gebeugte Schulter endet
in der offenen Hand

Prachtl, Jahrgang 1950, vor der »Wende« bekennender katholischer Christ in der DDR, dann mehrere Jahre Präsident des Landtags von Mecklenburg-Vorpommern, ist einer der wenigen bekannteren christlichen Lyriker der mittleren Generation im deutschsprachigen Raum. In diesem kurzen Text über das Kreuz als christliches Grundsymbol schildert er ein eigenes spirituelles Erlebnis (Stichwort »Erfahrungserweiterung«). Der äußere Rahmen wird konkret benannt. Der Ort des Erlebnisses ist genau angegeben, ein Steinkreuz auf dem Friedhof in Parchim im Bezirk Schwerin. Die Tageszeit kann man zumindest erschließen, Abenddämmerung. Sechs karg hingetupfte Verse reichen aus, um die Tiefe des Erfahrenen auszudrücken. Das Nicht-Gesagte, vom Lesenden zwischen den Zeilen durch Einfühlung Mitzudenkende ist genauso wichtig wie der tatsächliche Text, der nur die Grenzmarken setzt, innerhalb derer sich die Gedanken kristallisieren (Stichwort »Sprachsensibilisierung«).

Im Zentrum des Gedichtes steht die Begegnung mit dem Kreuz, mit dem Gekreuzigten, direkt angesprochen und drucktechnisch durch Großbuchstaben hervorgehoben am Anfang des Gedichtes: Jesus im Zielfeld der Aufmerksamkeit, wie im Fadenkreuz eines Präzisionsfernrohrs, gesucht, gefunden und scharf gestellt. Um ihn herum oder auf ihn zu »Fußspuren«, in der Dämmerung nicht genau erkennbar, im Dunkel verwischt, welche die Konzentration auf ihn, die Mitte, nur verstärken. Die zweite Versgruppe nimmt Jesus genauer in den Blick, betrachtet den Korpus am Steinkreuz. Doch nicht um Qual und Leiden, nicht um die Meditation eines konkreten Bibeltextes zur Passion (Stichwort »Textspiegelung«) geht es dem Betrachter: »Müdigkeit« kennzeichnet die Haltung dieses Jesus. Seines Lebens müde beugt sich die Schulter, doch nicht in den Tod, sondern in die offene, einladende Hand: eine Geste der angebotenen Aufnahme ins Leben. Das Kreuz erscheint hier weder als Martersymbol noch als Jenseitszeichen. Es erscheint vielmehr als Symbol der Hinwendung des leidenden Jesus zu den Menschen und der Einladung ins gemeinsame Leben (Stichwort »Wirklichkeitserschließung«). Diese Aussage wird jedoch so nicht ausdrücklich festgelegt, ist vielmehr vom Lesenden selbst zu erschließen, bietet sich ihm als Angebot an (Stichwort »Möglichkeitsandeutung«).

Korrelation von Bibel und Literatur

Fünf Gewinnchancen in der Beschäftigung mit literarischen Texten zur Bibel: Textspiegelung, Sprachsensibilisierung, Erfahrungserweiterung, Wirklichkeitserschließung, Möglichkeitsandeutung. Zusammen betrachtet ermöglichen sie im Idealfall etwas, wovon Religionsdidaktiker, -theoretiker und

-praktiker seit langem träumen: Sie ermöglichen »Korrelation«. *Theodor Eggers* schreibt im Vorwort zu einer für den Religionsunterricht zusammengestellten Anthologie literarischer Erzähltexte, er erhoffe sich »eine Art korrelativer Pendelbewegung zwischen der Bibel und den ziemlich biblischen Geschichten«[45], wie er die von ihm ausgewählten literarischen Texte nennt. Kurz in Erinnerung gerufen: Korrelation meint »eine kritische, produktive Wechselbeziehung (...) zwischen dem Geschehen, dem sich der überlieferte Glaube verdankt, und dem Geschehen, in dem Menschen heute (...) ihre Erfahrungen machen«[46].

Dieser Korrelationsbegriff und die sich auf ihn stützende Korrelationsdidaktik sind in den letzten Jahren in die Kritik geraten[47], ohne freilich bislang von »besseren« Konzepten ersetzt worden zu sein. Die Kritik entzündete sich nicht nur an der in der Praxis oft kurzschlüssigen Gleichsetzung von Didaktik mit Methodik, in der allzu platt heutige Erfahrungen mit in der Bibel geronnenen Erfahrungen in Verbindung gebracht wurden – Erfahrungen, die sich eben nicht gegenseitig durchdringen und spiegeln, sondern als unverbundene Blöcke nebeneinander, oft gegeneinander stehen bleiben. Die Kritik erkannte außerdem jenseits solcher methodischen Engführungen viel grundsätzlicher, dass die Voraussetzung des Modells immer weniger zutrifft, dass nämlich Schülerinnen und Schüler heute überhaupt auch nur ansatzweise vergleichbare Erfahrungen machen. Dieses religiöse Erfahrungsdefizit bringe das Korrelationsmodell aus dem Gleichgewicht.

Gerade hier bietet der Einsatz literarischer Texte einen möglichen Ausweg. Das Geschehen, in dem Menschen heute ihre Erfahrungen machen, muss ja nicht aus der unmittelbaren Erfahrung der Lernenden abgerufen werden. Es kann auch von anderen erlebte und gestaltete Lebenserfahrung sein, eben zum Beispiel in Form literarischer Texte. *Franz Wendel Niehl* spricht so von der Notwendigkeit einer »Analyse der korrelierenden Erfahrungen«, zu der in einem »möglichst breiten Diskurs« unter anderem zu erheben sei, was Literatur »Erhellendes zur Eigenart der jeweiligen Erfahrung zu sagen«[48] habe. Den einen Pol der angestrebten wechselseitigen Durchdringung bilden also in unserem Fall die biblischen Texte, der andere Pol besteht aus literarischen Texten unserer Zeit. Dieses Modell setzt auf die Hoffnung: Im – distanziert und indirekt möglichen – Durchdenken und Mitfühlen beider Spannungsbögen, im Auffinden »struktureller Analogien«[49] und »produktiver Kollisionen«[50] können sich Menschen unserer Zeit in den Deutungs- oder gar Identifikationsprozess von biblischen Gestalten und Erzählungen sowie ihren literarischen Ausgestaltungen des 20. Jahrhunderts einschalten. Eggers beschreibt den so möglichen korrelativen Prozess wie folgt: »Lesen und vergleichen, Unterschiede und Gemeinsamkeiten entdecken, sich probeweise in der einen und der anderen Erzählung und ihrer Perspektive ansiedeln, ihre jeweils eigentümliche Spannung aushalten, sich schließlich aus beiden zurückziehen und sich fragen, um welche Erfahrungen welcher Text bereichert hat, den eigenen Standort neu definieren, es bis zum nächsten Mal mit der neuen Erfahrung versuchen.«[51] Eine bleibend sinnvolle Möglichkeit von Korrelation ist mit diesem didaktischen Modell beschrieben.

Methodische Orientierungslinien

Wie kann man konkret methodisch mit literarischen Texten im Rahmen von Katechese und Religionsunterricht – gegebenenfalls und idealerweise im fächerverbindenden Unterricht – arbeiten? Zunächst eine Ermunterung: Man muss nicht Literaturwissenschaft studiert haben, um Gedichte im Unterricht sinnvoll und angemessen einsetzen zu können. Auch die Methoden der Literaturwissenschaft sind in sich bereits Verengungen, Festlegungen, Eingrenzungen – und nicht immer fühlen Schriftstellerinnen und Schriftsteller sich von den LiteraturwissenschaftlerInnen am besten verstanden. Natürlich ist ein literaturwissenschaftliches Instrumentarium hilfreich, aber nicht Voraussetzung. Wenn *Gerhard Röckel* in seinem Grundlagenbuch »Die Arbeit mit Texten im Religionsunterricht« von 1973 schrieb, dass im Religionsunterricht nur »selten lyrische Gedichte« behandelt würden, ist ihm durchaus Recht zu geben. Tatsächlich sollte das auch nicht zu oft erfolgen. Dass jedoch dafür »in die Theorie und Praxis der Gedichtinterpretation« einzuführen sei, was gewiss »zu den schwierigsten Aufgaben« gehöre und deshalb »ruhig dem Deutschunterricht überlassen bleiben«[52] solle, ist ein Ansatz, dem das vorliegende Buch entschieden widerspricht. Röckels Position geht von einer eindeutig »richtigen«, analytisch arbeitenden, spezifisch wissenschaftsorientierten Gedichtinterpretation aus, die im traditionellen Deutschunterricht eingetrichtert wird. Wie vielen Schülergenerationen hat gerade dieser Umgang mit Gedichten das Feld Lyrik auf ewig verleidet!

Die Deutschdidaktik hat inzwischen viel freiere, kreativere Zugänge zu literarischen Texten entdeckt, die eher als Vorbild für den Umgang mit Gedichten im Religionsunterricht gelten können. Auch darf, ja soll sich die Art der Behandlung lyrischer Texte hier durchaus vom Zugang im Deutschunterricht unterscheiden. Nicht um die lückenlose Analyse eines solchen Textes nach einem bestimmten Formschema darf es im Religionsunterricht gehen, hier ist ein freierer Zugang möglich, in dem Einzelaspekte des Textes – sei es formaler, sei es inhaltlicher Art – im Vordergrund stehen dürfen. Vor allem die Chance, auf die sprachlichen Besonderheiten einzugehen und mit anderen Textsorten des Unterrichts in Beziehung zu setzen, sollte man sich aber nicht entgehen lassen.

1. Grundmodelle

Dass sich Literatur und Theologie im selben Medium, in Sprache realisieren, ist zugleich Vor- und Nachteil für den Einsatz im Religionsunterricht. Dem Vorteil der Nähe und Entsprechung (Analogie und Kollision) steht der in der Praxis vielfach zu beobachtende Nachteil der »Übertextung«[53] des Unterrichts gegenüber. Das auf den ersten Blick sympathische Plädoyer von *Brigitte Schwens-Harrant* für »Mehr Literatur im Religionsunterricht«[54] muss deshalb differenziert werden. Es ist wichtig, literarische Texte nicht zu häufig, sondern gezielt einzusetzen, daneben aber nicht-textlichen Medien genug Spielraum zu lassen. *Wenn* man sich freilich für den Einsatz literarischer Texte mit biblischem Bezug entscheidet, stehen zahlreiche gut aufbereitete – und hier im jeweiligen Textzusammenhang genannte – Anthologien zur Verfügung. Grundsätzlich lassen sich die im Folgenden vorgestellten Texte durchaus schon in Klassen der Sekundarstufe I einsetzen. Erst im Oberstufenunterricht wird man aber verstärkt auf sie zurückgreifen.

Verschiedene Grundmodelle eines Einsatzes von literarischen Texten mit biblischen Bezügen sind denkbar. Zunächst ist es durchaus legitim, solche Texte als Einstieg aufzugreifen, mit dessen Hilfe man vor allem einen zentralen Aspekt herausstellt, der an anderen Medien vertieft wird. Ein solcher Einstieg ist auch mit Bildern möglich und legitim, solange ein solches Verfahren nicht zur mehrfach wiederholten »Masche« degeneriert. Dann nämlich nimmt man diese Gedichte oder Bilder letztlich doch nicht ernst und beraubt sich ohne Not der oben genannten tiefer gehenden Möglichkeiten. Schülerinnen und Schüler erkennen eine solche Geringschätzung schnell und werden die Texte dementsprechend auch nicht wirklich ernst nehmen. Man sollte sich und den Gedichten also im Normalfall mehr Zeit lassen. Sie bieten uns – so *Hilde Domin* programmatisch – »die Pause, in der Zeit still steht«[55]. Auch für die Behandlung von Gedichten im Unterricht sollte diese Vorgabe prägend bleiben.

Gerade wenn man sich einer konkreten biblischen Gestalt näher widmet – Jesus, Judas, Maria Magdalena, Petrus, Hiob, Abraham oder anderen –, sind dabei zwei Richtungen denkbar: Vom literarischen zum biblischen Text und umgekehrt. Nimmt man sich zunächst den literarischen Text vor, so kann dies die Neugier auf das biblische Original steigern. Beginnt man mit der Bibel, konzentriert sich die Fragerichtung mehr auf die Art und Weise der Bearbeitung, der Akzentuierung und Neuaussage. In beiden Fällen wird der

Vergleich zwischen Original und Bearbeitung interessant sein: Wie greift eine Schriftstellerin auf die Bibel zurück? Warum tut sie das? Was übernimmt sie? Was ändert sie? Welche sprachliche Form der Aussage wählt sie? Hierbei können die oben benannten Idealtypen der Rezeption ein hilfreiches Orientierungsmodell (s. S. 14–21) sein. Je nach Texttyp wird man auch auf eine der fünf »Gewinndimensionen« näher eingehen (s. S. 28–32). Nimmt man zudem auch noch entsprechendes Bildmaterial[56] hinzu, so wird die biblische Gestalt oder Erzählung zu vieldimensionalem Leben[57] erwachen. Auch der Weg in die eigene kreative Rezeption (in Text, Bild, Plastik oder Musik), der Versuch einer »Werkstatt Verfremden«[58] kann sich anschließen und die gelungene Abrundung einer Unterrichtseinheit oder -sequenz darstellen.

Eine andere Möglichkeit besteht darin, literarische Texte einzusetzen, ohne den Bezug zur Bibel durch einen Textvergleich zu intensivieren. Gerade innerhalb thematischer Reihen kann ein einzelner literarischer Text mit biblischem Bezug für sich allein stehen: etwa in einer Reihe zur Theodizee ein Hiob-Gedicht; in einer Christologie-Sequenz lyrische Annäherungen an Jesus; in einer Folge über Eschatologie ein moderner Psalmtext – und viele ähnliche Möglichkeiten mehr. Ein ganz eigener, sicherlich äußerst anspruchsvoller und nur im Idealfall zu realisierender Einsatz literarischer Texte könnte schließlich in der angedeuteten Hinführung auf »Transzendenz« liegen, in welcher das Über-sich-selbst-hinaus-Verweisen von Literatur oder Kunst allgemein eine Hinführung zum religiösen Transzendenzbegriff sein könnte.

2. Methodische Leitlinien

Was folgt aus diesen Rahmenbedingungen für die ganz konkrete methodische Form der Arbeit mit literarischen Texten?[59] Hilfreich sind hier Anregungen aus der Deutschdidaktik im Blick auf den kreativen Umgang mit Texten.[60] Bei aller Wertschätzung und allem Respekt vor biblischen und auch literarischen Texten basiert dieser Ansatz auf der Vorgabe, dass es legitim ist, sich mit Texten auf unterschiedlichste Weise auseinander zu setzen.

Die unterrichtliche Arbeit mit einem Text lässt sich in drei – für Planungsschritte unbedingt zu beachtende – große Abschnitte unterteilen: *Textpräsentation – Textanalyse – Textvariation.* Alle drei bieten in sich Chancen und Möglichkeiten, die man in der Praxis nie allesamt gleichberechtigt an einem Medium ausprobieren wird. Für jeden Text sollte man sich aber – so eine hilfreiche Faustregel – nach sinnvoller didaktischer Prüfung einen der drei Bereiche herausgreifen und ausgestalten. Das kann nach den folgenden Kriterien geschehen:

Textpräsentation

Häufig beginnt die Begegnung von Schülerinnen und Schülern mit einem Text schlicht nach dem Motto: »Hier teile ich euch einen Text aus, lest ihn durch, dann sprechen wir darüber«, oder: »Schlagt bitte euer Buch auf und lest den Text auf Seite x«. Damit wird jedoch erstens die für die Motivation wichtigste Phase ausgeblendet und zweitens auch ein zentraler Teil der Textanalyse verschoben in das so schwierige, monotone und unbeliebte Frage-Antwortspiel zwischen LehrerInnen und SchülerInnen.

Wie sieht demgegenüber eine didaktisch-methodisch wirklich genutzte Textpräsentation aus? Zunächst ist eine Vorbedingung zu bedenken. Kreative und motivationsstarke Formen der Textpräsentation sind mit fertig vorliegenden und oft von den SchülerInnen schon flüchtig zur Kenntnis genommenen Schulbuchtexten kaum möglich. Dennoch ist die Arbeit mit Schulbuchtexten schon aus rein pragmatischen Gründen sinnvoll. Lehrende sollten sich für den kreativen methodischen Umgang in diesem Fall eher auf die anderen Phasen der Textarbeit konzentrieren. Das im Folgenden Vorgeschlagene versteht sich also nicht als »Pflichtvorgabe«, sondern als ab und zu einsetzbare Ergänzung.

Die zentrale Grundidee der kreativen Textpräsentation beruht auf der didaktischen Erkenntnis, dass im Prozess einer *verlangsamten Texterschließung*[61] ein wesentlicher Teil der Textanalyse bereits implizit und motivationsgestützt erfolgen kann. Erster Grundsatz dieser Methode ist deshalb: Die Schülerinnen und Schüler bekommen nicht gleich den fertigen Text, sondern bauen ihn selbst zusammen. Um ihn aber zusammenbauen zu können, müssen sie sich intensiv mit ihm auseinander setzen. Dadurch kann der immer wieder zu beobachtenden Tendenz entgegengesteuert werden, dass Lernende einen Text einmal oberflächlich lesen und davon ausgehen, ihn verstanden zu haben, sodass jede weitere Texterschließung und Nachfrage als lästige, eher der Lehrkraft zuliebe erfolgende Pflicht und eigentlich nicht mehr als innere Notwendigkeit angesehen wird.

Drei derartige Methoden möchte ich hier nennen und in aller Kürze beispielhaft skizzieren: den beliebten »Lückentext«, das »Textpuzzle« sowie den »abgebrochenen Text«.

Lückentext

Den Schülerinnen und Schülern wird ein Textblatt ausgeteilt, in dem an a) wenigen und b) zentralen Stellen Textbausteine fehlen, die von ihnen als *ihrer Meinung nach* stimmige Bausteine eingefügt werden sollen. Es geht hier also nicht um ein Ratespiel, bei dem Zufallstreffer einen Gewinner gegenüber anderen Verlierern herausstellen sollen. Die Schülerinnen und Schüler sollen den Text so genau lesen, dass sie das nach ihrem Vorwissen und ihrem Gefühl Stimmige eintragen können. Bei Gedichttexten bieten Reim, Rhythmus und Metrum zudem Hilfsstrukturen, die ein Sich-Einfühlen in den Text erleichtern. Als – vereinfachende – Variante kann der Lehrer auch jeweils drei mögliche Lösungsvorschläge anbieten, aus denen die Schülerinnen und Schüler das ihrer Meinung nach am besten Passende heraussuchen können.

Aus dem Panorama der Schülerlösungen heraus wird der Blick auf den Originaltext umso spannender; nicht, weil er nun die »Lösung« brächte, sondern weil er anzeigt, was der Autor des Textes als seine Version vorgibt und sich die anschließende Erarbeitung um Klärung bemüht, warum er das tut.

Methodisch ist hier zu beachten: Erstens: Nicht zu viele Lücken – das verwirrt nur, artet leicht zu einem Ratespiel aus und fördert das Textverständnis gerade nicht. Zweitens: Der Ort der Lücken muss didaktisch wohlgeplant sein. Zentralbegriffe, Hauptzielpunkte des Textes eignen sich besonders. Im Kontext muss den Schülerinnen und Schülern aber ein sinnvolles Füllen möglich sein.

Textpuzzle

Das zweite Verfahren beruht auf der Idee des »Zerschneidens und wieder Zusammensetzens«. Ein Text wird in Einzelbausteine aufgeteilt (zugegeben: das erfordert eine etwas intensivere Vorarbeit), die den Schülerinnen und Schülern in gemischter Folge ausgeteilt werden. In Partnerarbeit werden die einzelnen Bausteine zunächst gelesen und dann möglichst wieder zum Originaltext zusammengesetzt. Das Auseinanderschneiden muss dabei so sorgsam erfolgen, dass nicht ein Zusammensetzen nach Randmuster und Form möglich ist, schließlich geht es nicht um ein Puzzlespiel. Auch bei diesem Verfahren kann es mehrere sinnvolle Ergebnisse geben, im Normalfall zielt diese Methode aber auf eine originalgetreue Rekonstruktion. Der didaktische Ort dieser Methode ist deshalb ein anderer als bei den Lückentexten: Ging es dort um eine mögliche Deutungsvielfalt und um eine von daher gespannte Konzentration auf die Deutungsvariante des Autors selbst, so geht es hier um ein verstehendes Erfassen eines gerade so vorgegebenen Textes. Dieses Verfahren kann deshalb als motivationsfördernder »Wettbewerb« gestaltet werden – sofern man derartige Methoden im Religionsunterricht befürwortet.

Gerade das Gespür für die Besonderheiten der poetischen Form kann durch das Textpuzzle geschärft werden. Dabei empfiehlt es sich, das Verfahren selbst vorher auszuprobieren, um nicht zu schwere – und dann frustrierende – Aufgaben zu stellen. Im Reimschema freie Texte sollten in nicht mehr als sechs bis acht Bausteine zerlegt werden. Sonette oder andere in Reim oder sonstiger Form eindeutig gegliederte Texte können auch in noch mehr Abschnitte geteilt werden.

Ineinander geschobene Texte entflechten

Eine Variante der Methode der Textpuzzles ist das »Ineinanderschieben« zweier motivisch verwandter Gedichte, etwa der in diesem Buch präsentierten Gedichtpaare zu jeder biblischen Gestalt. Die Verse der beiden Ausgangstexte werden dabei unregelmäßig aneinander gereiht. Ziel ist es, aus dem in der Reihenfolge richtig geordneten Gesamttext die beiden Originaltexte herauszulösen. Hier eignen sich besonders in der Form relativ freie lyrische Texte.

In all diesen Verfahren der Textpräsentation wird das Prinzip der rein aufnehmenden Texterfassung verlangsamend und intensivierend durchbrochen durch ein Einbinden der Schülerinnen und Schüler in die Möglichkeiten der Textproduktion selbst. Die Aufgabe der Lehrenden liegt dabei im Bewahren der rechten Balance zwischen der »Würde« des Originaltextes, dem Recht einer Deutung durch die Rezipienten und dem Ausschluss der völligen Beliebigkeit.

Textanalyse

Eine gut gewählte Textpräsentation leistet bereits hilfreiche Vorarbeit für die Textanalyse. Das detaillierte »Erarbeiten« des Textes kann stimmig aus der gewählten Präsentation erwachsen als Vergleich, Vertiefung oder Strukturierung des schon davor Erarbeiteten oder Benannten. Das eng dem klassischen Deutschunterricht entlehnte systematisch-analytische Erarbeiten eines Textes mit vierfarbiger Unterstreichung, wie es vor allem *Röckel* empfiehlt, wird sicherlich als Texterschließungsmethode seine Bedeutung behalten, ist aber in der Einübung vor allem Aufgabe des Deutschunterrichts. Eine schwerpunktmäßige Betonung solcher Textarbeit führt – auch in der Oberstufe – zu einer einseitigen Intellektualisierung des RU und zudem zu einem Profilverlust im Vergleich zu anderen, gerade so arbeitenden Fächern. Hier sind motivationssteigernde Verfahren als Ergänzung wichtig. So wichtig die traditionellen Schritte der Analyse also sind, sie müssen keineswegs automatisch im Zentrum der Textarbeit stehen. Das Textverständnis der Lernenden kann sich sowohl in der vorangehenden Textzusammenfügung als auch in der folgenden kreativen Textarbeit ausdrücken.

Im Blick auf Bibeltexte und ihre literarischen Bearbeitungen legt sich analytisch in den meisten Fällen ein *Vergleich* nahe: Wie verändert das moderne Gedicht den Bibeltext? Was wird übernommen, was ausgespart, was ergänzt? Wird die Grundintention aufgegriffen oder verändert? Welche Formunterschiede finden sich zwischen Original und Bearbeitung? Welcher Text überzeugt uns heute mehr? Der Vergleich kann auch auf mehrere Gedichte erweitert werden: Was unterscheidet die Bearbeitungsmethoden der Lyriker? Welche Motive, Interessen und Zielrichtungen lassen sich aus den jeweils verwendeten Rezeptionsformen erschließen? Welches Gedicht wird eher der biblischen Vorlage, welches eher der heutigen Zeit gerecht?

Textvariation

Wenn mit der Texterfassung bereits der Schlusspunkt gesetzt wird, verschenkt man meistens beträchtliche Chancen. Eine affektive wie kognitive Annäherung an einen Text und seine Deutungen wird für Schülerinnen und Schüler gerade durch sich an die Textbegegnung anschließende Phasen wie Transfer, Verfremdungen, Gegenspiegelungen und Vertiefungen möglich. Und diese Phase darf sich schon in der Grundschule nicht auf den Impuls beschränken: »Nun malt einmal ein Bild zu der Geschichte ...« Ideen dazu gibt es genug: *Ludwig Rendle* und seine MitautorInnen nennen in ihrem Buch »Ganzheitliche Methoden im Religionsunterricht« eine breite Palette von »Varianten kreativen Schreibens«[62], denen *Franz Wendel Niehl* und *Arthur Thömmes* in ihrer Fundgrube »212 Methoden für den Religionsunterricht«[63] noch weitere hinzufügen, die hier nicht alle wiederholt werden können.

So legt es sich etwa nahe, gleichfalls mit Bibelvariationen zu arbeiten. Wenn man die acht oben kurz skizzierten Idealtypen der Bibelrezeption erarbeitet hat (s. S. 14–21), kann man diese ja auch als kreativen Gestaltungsplan entdecken. Also: Selbst Texte zur Bibel verfassen, die sich nach den Idealtypen richten. *Alex Stock* hat im Blick auf eine Untersuchung von *Uwe Johnsons* kurzem Prosatext »Jonas zum Beispiel« fünf allgemeine Lerndimensionen erhoben, die aus guten literarischen Bibelbearbeitungen gewonnen werden können. Diese Lerndimensionen sind aber nicht nur – rückwärts gewandt – Erkenntnisse über die Arbeit der Literaten, sondern zugleich – vorwärts gewandt – Impulse für eigene kreative Schreibversuche. Lernen könne man:

1. Wie man einen Text reduzieren kann, ohne ihn zu verdünnen. Nicht zusammenfassen, sondern auskämmen.
2. Wie man einen Text aktualisieren kann, ohne ihn slangartig anzubiedern.
3. Wie man einem Text einen Vorspann geben kann, der hinführt statt vorwegzunehmen (...).
4. Wie man durch einen Zusatz eine Geschichte öffnet und in den Zustand der Möglichkeit bringt.
5. Wie die Frage, wofür ist diese Erzählung ein Beispiel, wofür kann sie zum Beispiel werden, Umerzählen möglich und erforderlich macht.[64]

Kreatives Schreiben muss nicht in der vorgegebenen Textform – also Lyrik – erfolgen. Auch ein Umwandeln des Texttypus kann reizvoll sein.

Doch mit dem kreativen Schreiben müssen die Möglichkeiten der Textvariation noch nicht erschöpft sein: Da gibt es Collagen aus Bibel und literarischem Text, vielleicht zusätzlich versehen mit Bildmaterial; das inszenierte Vorlesen von Bibeltexten und ihren Bearbeitungen – warum nicht mit musikalischer Begleitung in Zusammenarbeit mit dem Musikunterricht; das Anlegen einer Bibelmappe, in der jede/r ein Blatt gestaltet, usw.

3. Zum Aufbau dieses Buches

In dieser Textsammlung werden ausschließlich Gedichttexte berücksichtigt. Abgesehen von der Beobachtung, dass die literarische Bibelrezeption gerade im Bereich der Lyrik außerordentlich fruchtbar ist, bietet der Texttyp »Gedicht« ganz spezifische Chancen für den Unterricht:

- Gedichte sind meist kurz, überschaubar, mithin als »Ganzschrift« unverfälscht und ungekürzt zu lesen.
- Als am stärksten verdichtete Sprachform, als Königsform der Literatur spiegeln Gedichte in besonderem Maße Zeitströmungen, Erschütterungen, persönliche wie gesellschaftliche Entwicklungen auf hohem poetischen Sprachniveau.
- In ihrem metaphorischen Verweis-Charakter, in ihrem ständig größeren Sinnüberschuss deuten gerade Gedichte auf den Transzendenzbezug biblischer Texte hin.

Bei der Auswahl der Gedichte wurden verschiedene Kriterien berücksichtigt:

- Es sollten Texte aus dem Bereich des ganzen 20. Jahrhunderts in möglichst ausgewogener Verteilung aufgenommen werden. Dadurch wird ein Vergleich der Entwicklungstendenzen über die Jahrzehnte hinweg möglich.
- Es wurde versucht, sowohl jüdische und christliche als auch evangelische und katholische Autorinnen und Autoren gleichmäßig zu berücksichtigen, um auch hier eine möglichst breite Streuung der gesellschaftlichen Hintergründe zu erzielen. Auch Schriftstellerinnen und Schriftsteller, die sich von ihrem religiösen Hintergrund losgesagt haben, sind vertreten. (Wichtig: Die aufgenommenen Texte können in einigen Fällen keineswegs als repräsentativ für das Gesamtwerk ihres Autors oder ihrer Autorin stehen. Sie entstanden manchmal in besonderen biografischen Situationen, die nicht als typisch gelten können. Im Kommentar zu den einzelnen Gedichten wird darauf hingewiesen.)
- Es wurden Texte aufgenommen, die entweder repräsentativ für die Rezeption einer bestimmten Figur sind – oder aber besonders eigenständige, in ihrer Individualität herausragende Gedichte. Diese doppelte Zugangsmöglichkeit hat einen – zum Teil deutlichen – literarischen Qualitätsunterschied zwischen einzelnen Texten zur Folge. Gerade in der Arbeit mit Schülerinnen und Schülern können diese Qualitätsunterschiede aber interessante Diskussionen hervorrufen. Ist der literarische Qualitätsmaßstab wirklich so eindeutig?
- Das Qualitätsgefälle zwischen den Texten zeigt sich tendenziell im Blick auf die Behandlung von Themen des Alten und Neuen Testaments. Bei den Gedichten zum Alten Testament finden sich Texte von höherer poetischer Qualität, auch deshalb, weil hier die deutsch-jüdischen Dichter zahlreiche herausragende Texte beisteuern. Deshalb wurden im Bereich des Neuen Testamentes zwei bestens übersetzte Gedicht von nicht-deutschsprachigen Autoren hinzugenommen. Die Anfrage bleibt jedoch: Ist die christliche Tradition grundsätzlich weniger fähig, ihr spezifisches biblisches Erbe literarisch zu verarbeiten als die jüdische Tradition?
- Die Entscheidung, nur bis zu zwei Gedichte je AutorIn aufzunehmen, hat zu harten Kompromissen geführt: So liegen etwa von Rilke, Lasker-Schüler, Sachs, Ausländer, Busta, Zeller oder Marti zahllose weitere interessante Texte mit biblischen Anklängen vor.
- Insgesamt wurde versucht, eine Mischung zu erreichen aus einerseits – Fachleuten – bereits bekannten (weil in ihrer Originalität herausragenden)

Texten, die sich zum Teil auch schon in anderen Anthologien finden; andererseits aus neuen, unverbrauchten oder bislang eher unbekannt gebliebenen Gedichten.

Gerade in der Vielfalt, in der unterschiedlichen Verarbeitung biblischer Vorgaben im Rahmen der acht oben skizzierten Typen liegt der angestrebte Reiz dieser Zusammenstellung. Jenseits der genannten Kriterien bleibt aber natürlich eine gewisse subjektive Vorliebe bestehen.

Die Zusammenstellung selbst ist folgendermaßen aufgebaut: Wir werden uns dem Gesamtschatz der biblischen Tradition in neun thematisch bestimmten »Abteilungen« annähern, in denen jeweils zwei bis vier biblische Figuren oder Erzählzusammenhänge aufgenommen sind. Diese werden zunächst auf ihre elementaren Strukturen befragt: Was zeichnet diese Figur aus? Worin liegt das Besondere dieser biblischen Erzählung? Welche didaktisch spannende Fragestellung lässt sich damit verbinden? In aller Kürze schließt sich ein Blick auf die literarische Rezeption an, aus der sich eine Begründung für die Wahl der jeweils aufgenommenen zwei Gedichte erschießt. Zu den einzelnen Gedichten werden knappe Informationen gegeben: gerade so viel, wie Lehrerinnen und Lehrer erfahrungsgemäß in ihrer alltäglichen Vorbereitung tatsächlich aufnehmen können. Natürlich könnte – manche werden einwenden: müsste – viel mehr zu den Texten und ihren Kontexten gesagt werden. Ich orientiere mich hier jedoch pragmatisch an dem Primat der praktischen Verwendbarkeit. So wird jeweils kurz der Autor/die Autorin vorgestellt im Hinblick darauf, was zum Verständnis des Textes und für seine Deutung absolut notwendig erscheint. In der Regel werden keine weiterführenden Lesehinweise angeführt, für Interessierte bieten die germanistischen Nachschlagewerke entsprechende Information.

Die Gedichte selbst werden jeweils im Blick auf ihre sprachliche Struktur und ihre inhaltliche Ausrichtung gedeutet. Danach erfolgt zunächst eine didaktische Einordnung: Wie, wo, warum und mit welchen Lernchancen kann dieser Text im Religionsunterricht sinnvoll eingesetzt werden? Schließlich werden konkrete methodische, in der Praxis erprobte Ideen direkt zur unterrichtlichen Umsetzung kurz beschrieben. Sie verstehen sich als Anregung. Ziel des Buches ist es, dass Lehrende wie Lernende mit Freude und Gewinn sich den vorgestellten literarischen Texten annähern und an ihnen und in ihnen biblische Erfahrungen von »Gottesbeziehung« heute spürbar werden lassen.

ERSTER TEIL

Altes Testament

Erste Abteilung: Urgeschichte(n)

Am Anfang der Bibel stand das Wort, und das Wort war Erzählung, und in Erzählung verhüllen sich Erfahrungen der Menschen mit Gott. Die in Gen 1–11 erzählten biblischen Urgeschichten verdichten elementare Urerfahrungen und über Menschheitsgenerationen geronnene Deutungen von Grundfragen: Woher stammt der Kosmos, das Leben, der Mensch? Warum lebt der Mensch in einer ihm unheimlichen, nur mühsam zu bearbeitenden Umwelt? Wieso widerstreiten im Menschen die Anlage zum Guten und die Anfälligkeit für das Böse? Wie lassen sich die Entfremdungen zwischen den verschiedenen Gruppen der Menschheitsfamilie erklären? Und wo lassen sich in den damit aufgezeigten Dimensionen Spuren Gottes oder anders gesagt: Spuren der menschlichen Erfahrung mit Gott aufzeigen?

All diese Fragen werden im Buch Genesis nicht historisch-naturwissenschaftlich beleuchtet, sondern in Mythen und Legenden verdichtet und narrativ entfaltet. So werden gerade diese Urgeschichten zur biblischen Sprachschule: Sie wollen zuallererst erzählt werden. Und als Erzählungen wollen sie Weiterentwicklungen, vielleicht Gegengeschichten provozieren. Der Austausch über diese Grundfragen wird narrativ gerade nicht abschließend beantwortet, sondern kreativ und erfahrungsbezogen angestoßen. Als didaktische Orte der folgenden Gedichte sind deshalb zahllose Kontexte für alle Klassen der Sekundarstufe denkbar. Formal betrachtet erschließen sie ein Gespür für den sprachlichen Charakter der zugrunde liegenden Texte als aus Menschheitserfahrung abgeleiteten Mythen oder Legenden. Inhaltlich beleuchten sie die komplexen Zusammenhänge von Schöpfung, Menschenbild, Schuld, Liebe, Aggression, Gewalt und Entfremdung.

1. Adam und Eva: Freispruch für Liebe und Leben

Das erste Menschheitspaar der Bibel – Adam und Eva – ist in den archetypischen Vorstellungsschatz der Menschheitskultur eingegangen. Die jahwistische Erzählung vom idealen paradiesischen Anfang, vom Schuldigwerden durch die dem Menschen nicht zugedachte Erkenntnis dessen, was gut und böse ausmacht, schließlich vom Bannfluch der Vertreibung und dem Schuldmal der Ursünde gehört zu jenen Grunddeutungen der menschlichen Wirklichkeit, die im Unterbewusstsein zahlloser Menschen prägend bleiben – unabhängig von ihrer religiösen Praxis. Diese Geschichte von Sehnsucht und Angst, Gehorsam und Versuchung, Scham und Schande, Zuwendung und Verwerfung stellt die Grundfrage nach dem tiefsten Wesen des Menschen.

Kein Wunder deshalb, dass die Weltliteratur voll ist von Nacherzählungen, Ausschmückungen, Ausdeutungen, Gegenvisionen gerade dieser Gestalten. In der neueren Literatur überwiegt dabei der letztgenannte Punkt: SchriftstellerInnen verstehen sich vor allem als FürsprecherInnen von Adam und Eva. Die in der christlichen Rezeptionsgeschichte so belastete Idee der Erbsünde wird zurückgewiesen, um die lebenszugewandte Botschaft der biblischen Erzählung wieder neu zu betonen. Das wird gleich im ersten hier aufgenommenen Gedicht deutlich.

Rose Ausländer: Adam

Rose Ausländer (1901–1988) zählt zu den großen deutsch-jüdischen Lyrikerinnen des 20. Jahrhunderts. Aus der Bukowina stammend, lebte sie lange Jahre im amerikanischen Exil, zunächst von 1921 bis 1931, dann wieder von 1946 bis 1964. Ihr letztes Heim wurde das Nelly-Sachs-Haus der jüdischen Gemeinde in Düsseldorf, wo sie von 1972 an lebte, die letzen zehn Lebensjahre aus eigenem Entschluss ständig bettlägerig. Diese – in gröbsten Strichen gezeichneten – Lebensfelder[1] prägen ihr lyrisches Schaffen, das in Deutschland erst mit Verzögerung, vor allem seit den frühen achtziger Jahren rezipiert wurde. Ihre zentralen Themen sind die Verwurzelung im Judentum, Vertreibung, Rückkehr, bleibende Heimatlosigkeit, Unbehaustheit und Fremdheit in der Welt, Krankheit und Todesverfallenheit des Menschen.

In Rose Ausländers mit zunehmenden Jahren knapper, genügsamer und karger werdenden Gedichten finden sich immer wieder verschiedenste biblische Chiffren, Bilder oder Themen, vor allem aus dem Bereich der Urgeschichte, da hier allgemein menschliche Grundfragen verhandelt werden. Das hier abgedruckte Gedicht »Adam«[2] entstand zwischen 1977 und 1979, ist also der Text einer Endsiebzigerin.

ADAM

Tiere
zahm auch die wilden
Blumen Früchte
vom Geist erdacht
gewillt ihm zu dienen

Lebendige Luft
Vögel in Fülle

Alles

Aber
Adam
unwissend ewig
unwissend einsam
hatte noch nicht begonnen
da zu sein

bis die Gefährtin
aus seiner Rippe
sprang
um ihn zu lieben
und
sterblich zu machen

Der Blick der Dichterin richtet sich ganz auf Adam, den Menschen. Die ersten frei gesetzten Verse tupfen bewusst nur assoziationsstarke Fragmente auf eine imaginäre Leinwand, die jede/r leicht mit eigenen Bildern füllen kann. Sehnsuchtsziel Paradies, als Mosaik angedeutet bis hin zum abschließenden und zusammenfassenden »Alles«: Tiere, Blumen, Früchte, Luft, Vögel – die ideale Schöpfung; keine Spur von Gewalt, zahm auch jene Tiere, die wir heute als »wild« bezeichnen. Und all das »vom Geist erdacht« – nur hier wird die göttliche Dimension direkt angesprochen. Dass alles Geschaffene dabei »gewillt« ist, ihm – doch wohl auf den im Gedichttitel genannten Menschen Adam bezogen – »zu dienen«, kann verstanden werden als Kommentar zur Aussage der priesterschriftlichen Schöpfungsgeschichte, der zufolge die Menschen herrschen sollen »über die Fische des Meeres, die Vögel des Himmels, über das Vieh, über die ganze Erde und über alle Kriechtiere auf dem Land« (Gen 1,26).

Der zweite Teil des Gedichtes, eingeleitet durch das den Umbruch anzeigende »Aber«, deutet in wenigen Worten an, dass der idealtypische paradiesische Zustand für Adam keineswegs so war, wie man glauben mag: Das war noch kein Leben für ihn, unwissend und einsam wie er war. Leben begann für ihn erst, als er in Eva – der Lebendigen und Leben-Schaffenden, so die ursprüngliche Bedeutung des Namens – die liebende Gefährtin bekam. Dasein als Leben im Vollsinn beginnt erst mit der Liebe – so deutet Rose Ausländer an. Liebe aber zieht immer Sterblichkeit nach sich. Der Preis für die Vollendung des Lebens in der Liebe ist der Tod – nur so aber ist Adam wirklich da, nur so erfüllt sich das Leben. Auf den ersten Blick paradox, auf den zweiten aber konsequent: Indem Eva durch Liebe das Leben schafft, schafft sie auch den Tod. Rose Ausländer lässt ihr Gedicht bei dieser Umdeutung der biblischen Erzählung enden, ohne die auf die Begegnung von Adam und Eva folgende Sündenfallgeschichte mit all ihren Konsequenzen und Schuldtheorien bedenken zu müssen. Nicht um Sünde geht es für sie in der »Adam-und-Eva-Erzählung«, sondern um die Würde des Daseins als Mensch.

Christa Peikert-Flaspöhler: Freispruch für Eva

Einen inhaltlich ähnlichen, formal freilich ganz anderen Ansatz findet die christliche Dichterin *Christa Peikert-Flaspöhler* (*1927). Die zahlreichen Gedichte, lyrischen Gebete, meditativen Bibel- und Glaubensreflexionen der gebürtigen Schlesierin sind meist bewusst als »Gebrauchslyrik« konzipiert, als Texte, die besonders in kirchlichen Frauenkreisen weit verbreitet und oft ganz konkret für spezielle liturgische Anlässe verfasst worden sind. Eines ihrer bekanntesten Gedichte aus den 80er-Jahren trägt den Titel »Freispruch für Eva«[3].

FREISPRUCH FÜR EVA

Eva, Frau in der Frühe der Zeit,
so schön und so gut bist du, dass Adam dich
anschaut und liebt, du freust dich unbefangen
an deiner und seiner Liebe, Geschenke von Gott,
und die Schlange, Heilkraft der Göttin
verkörpernd, wohnt neben eurem Lager

Eva, Mutter aller Lebendigen,
ich sehe dich nicht mehr mit den Augen
verwundeter Männer, mit Augen, geblendet
von Machtsucht und Stolz
Eva, ich bin deine Tochter und Schwester,
begabt mit Brüsten und Schoß, beschenkt mit
Seele und Geist, durchströmt von Sehnsucht und
Liebe, erfüllt von Staunen und Hoffen,
verschwistert mit allem, was lebt

Eva, du hast nicht den Tod zu den Menschen
gebracht, Mutter aller Lebendigen,
nicht die Schuld vererbst du an uns, du
schenkst die Kraft und Bereitschaft weiter,
ganz für das Leben zu sein

Eva, ich spreche dich frei,
ich weise den Rufmord zurück, der Ehre und
Freiheit dir abschnitt im Dienste männlicher
Herrschlust dich zum Freiwild erklärte und
zur stimmlosen Magd bis zum heutigen Tag
Zur Ganzheit sind wir geboren als Töchter
Gottes

Christa Peikert-Flaspöhler hat immer wieder gerade den biblischen Frauen lyrische Stimme verliehen. Ihr Anliegen ist dabei eindeutig jener feministischen Theologie verpflichtet, die für Frauen wie Männer im Blick auf die viel zu lange verdeckten weiblichen Traditionen in Bibel und Gottesbild Ganzheitlichkeit schaffen will. Frauen der Bibel sind ihr wichtig geworden als »Glaubensmütter und Schwestern weiblicher Lebenserfahrung«, die helfen können nach eigenen »religiösen Wurzeln«, nach der eigenen »religiösen Berufung und Begabung zu fragen und sie zu entdecken«[4]. Im Vorwort eines ihrer neueren Bücher führt sie programmatisch aus: »Wir singen die lange verschwiegenen, begrabenen, nicht gewagten ›anderen‹ Lieder«[5].

Das vorliegende Gedicht ist als ein solches »Gegenlied« konzipiert. Das wird schon in der gleichzeitig perspektivisch verfremdenden wie aktualisierenden Anlage des Textes deutlich: Viermal spricht das lyrische Ich Eva direkt dialogisch an. Zunächst wird Evas Schönheit gerühmt und die Unbefangenheit ihrer Liebe zu Adam gepriesen, die hier direkt als Gottesgeschenk gedeutet wird. An die Seite dieses Gottes tritt freilich die weibliche, heilkräftige Göttin, symbolisiert in der Schlange. Erste Bildrede gegen biblische Tradition also: Dem Bild von der Schlange als satanischer Versucherin wird das Bild der Schlange als Verkörperung der weiblichen Göttin – übersetzbar als: Bild der weiblichen Züge Gottes? – gegenübergestellt. In der zweiten Strophe bringt sich die Sprecherin des Textes selbst mit ein als heutige Deuterin der biblischen Erzählung. Sie hat den patriarchal-unterdrückenden Blick abgelegt, entdeckt in ihrer »Mutter« oder »Schwester« Eva ein Vorbild für stolze Freude am weiblichen Körper und Geist, ganz ausgerichtet auf das Leben. Die zweite Bildrede gegen biblische Tradition: eine Absage an den machtgierigen und stolz verblendeten Blick einer rein männlichen Deutetradition. Die dritte Versgruppe besteht nun vollends aus der Zurückweisung von zwei traditionellen Deutungen Evas. Sie ist gerade nicht Todesbringerin, nicht Erbschuldbegründerin, vielmehr Fürsprecherin des Lebens. Die vierte Strophe formuliert den konsequenten Schluss: Eva wird freigesprochen von falschen Überlagerungen. Mit ihr werden aber auch alle »Töchter Evas« – alle Frauen – als ganzheitliche Töchter Gottes rehabilitiert.

Didaktische Verortung

Beide Texte betonen die Rückweisung der traditionellen theologischen Deutemuster der Paradiesgeschichte. Sie rehabilitieren die Liebe als menschliche Macht der Lebensvollendung und Eva als zentrale Spenderin dieser Liebe und damit des Lebens. Ihre inhaltliche und damit auch ihre mögliche didaktische

Zielausrichtung ist jedoch verschieden: Im Gedicht von Rose Ausländer wird vor allem die Erbsündentheologie zurückgewiesen. Gerade mit älteren Schülerinnen und Schülern lässt sich mithilfe dieses Textes nach dem bleibenden mythologischen Sinn der Paradieserzählung jenseits einer Verengung auf die Erbsündenproblematik fragen. Der zweite Text richtet sich vor allem an – wohl auch hier ältere – Schüler*innen*. Ganz selten nur werden im Religionsunterricht positive weibliche Identifikationsfiguren für Mädchen bereitgestellt, mit deren Hilfe eine Annäherung an die biblische Gotteserfahrung möglich wird. Traditionell steht gerade Eva für die Sünderin, für ein typisch negatives Deutemuster des Weiblichen. Diese Tradition wird hier durchbrochen und explizit zurückgewiesen. Eva wird als positive weibliche Identifikationsfigur und als theologische Vorbildgestalt im Rahmen anthropologischer Selbstdeutung profiliert.

Methodische Vorschläge

Methodisch bietet es sich bei beiden Texten an, zunächst die biblischen Schöpfungs- und Paradiestexte zu betrachten und ihre übliche Auslegungstradition zu beleuchten. Nur gegen diese Deutung profilieren die beiden Gedichte ihre eigene Sinnspitze. Ausländers Gedicht lässt sich dabei – wie oben angedeutet – direkt mit der priesterschriftlichen Schöpfungserzählung vergleichen: Was greift die Dichterin auf, was lässt sie aus, was setzt sie neu hinzu? Bei Peikert-Flaspöhlers Text kann man der Lerngruppe den Titel des Gedichtes »Freispruch für Eva« vorgeben: »Was für einen Text erwartet ihr? Welche Aussagen? Wie begründet?« So kann man ein Vorverständnis abrufen, in dem sich bereits eigene Auseinandersetzung mit der biblischen Tradition zeigt, die im Blick auf das tatsächliche Gedicht dann bestätigt, konterkariert, erweitert oder vertieft werden kann. Eine für Schüler und vor allem Schülerinnen spannende Nachfrage: Überzeugen diese literarischen Rehabilitierungsversuche? Werden sie der mythischen Grundaussage der Bibel gerecht? Welche sprachliche Variante wirkt – für wen – passender? Die karge Andeutung, der Chiffrenstil von Rose Ausländer, oder die sentenzenhafte, alles direkt aussprechende und unmittelbar benennende Redeform von Peikert-Flaspöhler? Und welchen »Sitz im Leben« haben die jeweiligen Texte?

2. Kain und Abel: Urbild für Vergebung

In der jahwistischen Grundschrift der Genesis folgt auf den Sündenfall und die Vertreibung aus dem Paradies unmittelbar der Blick auf die Konsequenzen. Erst jetzt beginnt das Leben als Kreislauf von Geburt und Tod. Kain und Abel werden geboren, doch Geburt bedeutet sofort Konkurrenz, Eifersucht, Angst, Hass und mörderische Gewalt. Kain erschlägt den ahnungslosen Bruder, wird jedoch nicht gleichfalls mit dem Tod bestraft, sondern zum rast- und ruhelosen Erdendasein verdammt, einzig geschützt durch das Kainsmal. Die Erzählung bleibt rätselhaft, wird zum frühestmöglichen Ansatz der Theodizeefrage, wenn man sie ihres mythologischen Charakters entkleidet und die Rückfrage an Gott richtet, warum er nur Abels Opfer annahm, Kains Opfer aber verwarf. Die Erzählung legt diese Rückfrage zwar nahe, ist aber in ganz anderer Zielrichtung komponiert. Hier wird wohl vielmehr – historisch durchaus richtig – der soziologische Wandel in der Frühzeit des jüdischen Volkes in zwei Deutefiguren bildhaft nachvollzogen. Abel, der Viehhirt, steht für das Nomadentum der Frühzeit, das tatsächlich von den sesshaft werdenden Ackerbauern bald völlig abgelöst, »ermordet« wurde. Gleichzeitig verdichtet diese Erzählung jedoch die alte Menschheitserfahrung, dass Menschen einander unbarmherzig verfolgen und bestialisch abschlachten können. Die Erkenntnis des Bösen führt zu bösen Taten – diese Einsicht wird in der Weltgeschichte von der Frühzeit bis in die unmittelbare Gegenwart leider immer wieder nur zu drastisch bestätigt. Zusätzlich verdient der Hinweis von tiefenpsychologischen Auslegungen Beachtung, die hervorheben, dass Kain und Abel als gegensätzliche Kräfte des Unbewussten eines jeden Menschen gesehen werden können.

Christine Busta: Abel verteidigt Kain

In der Literatur, die sich wie Adam und Eva auch Kain und Abel immer wieder in besonderem Maße widmete, wird vor allem ein Aspekt herausgestellt: die Ent-Suhnung des Kain, seine Ent-Schuldigung. Kain erscheint als Urvater der Menschheit, dessen biblisch überlieferte Mordtat heute in einem anderen Licht betrachtet wird. Ein typischer Text aus dieser Traditionslinie stammt von der österreichischen Lyrikerin *Christine Busta* (1915–1987). Sie verstand sich, ähnlich wie Christa Peikert-Flaspöhler (vgl. S. 51), durchaus als christliche Lyrikerin. Ihre Texte haben dennoch einen völlig anderen

Charakter. Sie entstanden nicht als »Gebrauchslyrik«, nicht als öffentliche, zum Teil liturgische und gemeinsam zu lesende und meditierende Texte, sondern als auf sich selbst bezogener Ausdruck eines individuellen, christlich geprägten Lebens. Deshalb ist der Stil ihrer Gedichte eher mit der verknappten, kargen, assoziativen Verssprache von Rose Ausländer (vgl. S. 48) vergleichbar. Wie diese lebte Christine Busta eher unscheinbar und zurückgezogen, fernab von literarischem Modebetrieb und aktueller Lesungsöffentlichkeit. Der Reichtum an biblischen Motiven, Bildern und Themen im Werk von Christine Busta ist dabei genauso wenig aufgearbeitet, wie ihr Werk überhaupt der breiteren Rezeption noch harrt. Die Entstehung des für unsere Fragestellung zentralen Gedichtes »Abel verteidigt Kain«[6] hat sie selbst durch Datierung festgehalten: Es entstand am 7. Mai 1986, ein Jahr vor ihrem Tod.

ABEL VERTEIDIGT KAIN

Ein Rauchzeichen hat ihn verwirrt.
Jagt ihn nicht! Er jagt sich selber.
Er hat nicht verstanden, dass ich nichts
als sein Bruder sein wollte, nicht sein Rivale.

Helft ihm lieber, bis Gott
es ihm selber erklärt,
warum er sein Opfer nur schwelen ließ.

Tut es mir zuliebe! Lasst mich
weiterleben für ihn in euch.
Sagt ihm, er hat in mir
nur sein Böses getötet.

Ich erwarte ihn heil als Geheilten
an einem rauchlosen Ort.

In modernen literarischen Texten zu Kain und Abel tauchen verschiedene Sprecher auf: In *Erika Mitteres* Gedicht »Entsühnung des Kain« (1974) etwa spricht Eva ihren Sohn von der Schuld des Brudermordes los; *Dagmar Nick* lässt in »An Abel« (1969) Kain selbst zu Wort kommen, der Abel vorwirft, das leichtere Schicksal gewählt zu haben; in *Hilde Domins* breit bekanntem und deshalb hier nicht aufgenommenen Gedicht »Abel steh auf« (geschrieben 1953, veröffentlicht 1970) schließlich spricht die Dichterin selbst aus heutiger Perspektive als »Kind Abels« in der Hoffnung auf eine Wiederholung der Brudergeschichte mit diesmal besserem Ausgang. Anders hier: Dem Mordopfer Abel wird eine Verteidigungsrede für seinen Bruder und Mörder in den Mund gelegt. Die Rede richtet sich an uns, jene Menschen, die Kain verurteilen und »jagen«.

Die Entschuldigung Kains durch die Stimme des Opfers wird hier verbunden mit einer Verlagerung der Schuldfrage auf Gott hin. Tatsächlich lässt die biblische Erzählung ja völlig offen, warum Gott das Opfer Abels annahm, das von Kain aber zurückwies. Diese rätselhaft bleibende Zurückweisung wird als unmittelbares Motiv der Mordtat präsentiert. In der Sprache der Lyrikerin: Diese Zurückweisung, dieses »Rauchzeichen«, hat Kain »verwirrt«. Christine Busta deutet sein Tatmotiv als Verwirrung, als missverstandene Deutung von Brüderlichkeit als Rivalität. In diese Entschuldigung wird aber nicht nur die Bitte um Vergebung eingeschlossen (um Abels, um des Opfers willen), sondern eine Hoffnungsperspektive. Die Lyrikerin greift hier ein Motiv der tiefenpsychologischen Deutung dieser Urgeschichte auf: Wenn Kain mit der Mordtat nur das Böse in sich selbst getötet hat, dann gibt es Hoffnung auf eine Zukunft. An einem Ort, wo es keine Rauchopfer und Rauchzeichen mehr gibt, wo diese Formen des Opferkultes endgültig überwunden sind, wartet Abel auf Kain, um sich mit ihm zu versöhnen. Typisch für das Aufgreifen biblischer Motive bei Christine Busta: Sie bestärken den Appellcharakter ihrer Gedichte, die »den christlichen Leser zu geschichtlicher und sozialer Verantwortung« aufrufen im Sinne eines »Widerspruchs zu einem kultbezogenen und wohlstandsorientierten Christentum«[7]. Hier wird Vergebung an die Stelle von Verurteilung gesetzt.

Walter Helmut Fritz: Kain

Während Christine Busta die Kain-und-Abel-Erzählung aufgrund tiefenpsychologischer und opferkritischer Erwägungen in eine Hoffnungs- und Versöhnungsgeschichte umdeutet, wählt der Karlsruher Lyriker *Walter Helmut Fritz* (*1929) in seinem »Kain«[8] betitelten Gedicht – entstanden um 1970 – die Form der Aktualisierung. Wie sieht er aus, der Kain unserer Tage?

KAIN

Er geht nicht mehr
als Ackermann über die Felder,
braucht keine Keule.

Er fragt nicht mehr
in anmaßender Weise,
ob er der Hüter sein sollte
seines Bruders.

Er ist nicht mehr
unstet und flüchtig.

Er trägt Masken,
dem eigenen Gesicht
aus dem Gesicht geschnitten.
Eine heißt Gleichgültigkeit.

Walter Helmut Fritz veröffentlicht seit 1956 regelmäßig unprätentiöse Gedichtbände, in denen sich seine Lebens- und Zeitreflexionen nachlesen lassen. Der »Mystiker des Alltäglichen« (Peter Hamm) beschreibt in seinen knappen Versen immer wieder seine Wahrnehmungen von Natur, Liebe und Sterblichkeit. Bezüge zu direkt religiösen Themen oder zur Bibel sind eher die Ausnahme. Anders in diesem stillen, langsam zu lesenden Gedicht. Die drei ersten Versgruppen beginnen jeweils mit einem parallel gestalteten Verweis (»Er ... nicht mehr«) auf die Veränderungen vom damaligen Kain zu den heutigen Transfigurationen: Er ist nicht mehr Ackermann, trägt keine Keule, weist nicht anmaßend seine Schuld zurück, ist nicht mehr Flüchtling und rastlos Vertriebener. In diesen Negationen wird in aller Knappheit indirekt der Schattenriss eines Porträts des biblischen Kains gekennzeichnet. Der Schwerpunkt des Textes zielt jedoch auf die letzte Versgruppe, auf die Zeichnung des Porträts des heutigen Kain: »er trägt Masken, / dem eigenen Gesicht / aus dem Gesicht geschnitten.« Mit dem »eigenen Gesicht« dürfte das Gesicht des Autors, der Lesenden gemeint sein. Kain trägt unsere Gesichter, wir selbst sind Kain. Was aber macht uns dazu? Eine der Masken, eine der Verhaltensweisen, die uns zu Kain macht, heißt »Gleichgültigkeit«. Die biblisch bezeugte Rückfrage Kains an Gott: »Bin ich der Hüter meines Bruders?« (Gen 4,9) wird zur Grundhaltung der Gegenwartsmenschheit. An die Stelle des Mordwerkzeuges Keule ist in der feinfühligen Aktualisierung der Kainsgeschichte bei Fritz die Gleichgültigkeit getreten.

Didaktische Verortung

Didaktisch lassen sich die beiden Gedichte zunächst in einer Linie mit den vorherigen Texten zu Adam und Eva als Anfragen an eine biblizistische Lesart der Urgeschichte betrachten, indem sie die Wortwörtlichkeit der Erzählungen in Frage stellen und so zugleich neu auf den mythologischen Charakter verweisen. Mehrere Themen werden hier angerissen: die Frage der Geschwisterbeziehungen, die Frage nach Herkunft und Gestalt von Aggression und Gewalt, die Perspektive der Versöhnung. Beide Texte eignen sich dabei in ihrer eher einfachen Formgebung durchaus schon für die erste Sekundarstufe.

Methodische Vorschläge

Die beiden Kain- und Abel- Gedichte lassen sich methodisch vielfältig einsetzen. Bei dem Gedicht von Fritz ist es sinnvoll, das letzte Wort »Gleichgültigkeit« zunächst wegzulassen. Die SchülerInnen ergänzen das Gedicht so, wie es ihnen sinnvoll erscheint. So erreicht man nicht nur ein genaues Lesen des Textes, sondern erhält oft ein erstaunliches Spektrum an Antworten, was denn heute Menschen zu »Kain« macht. Und der Blick auf die Wortwahl des Dichters – nicht als »richtige Lösung«, sondern als Variante – wird so umso spannender ... Das Gedicht von Busta regt dazu an, selbst kreative Gegenversionen zur Kain-und-Abel-Geschichte zu schreiben. Man kann die Klassen in vier oder fünf Gruppen einteilen, jede Gruppe schreibt Texte aus der Perspektive einer der beteiligten Personen (Adam, Eva, Kain, Abel, eventuell Gott). Am Ende entsteht so eine Vielfalt, in der die Ausgangserzählung mehrfach gespiegelt und gebrochen wird. Die bleibende Rätselhaftigkeit und Sperrigkeit der biblischen Erzählung darf darin gerade bestehen bleiben.

3. Noach und die Arche: Von der Sintflut, die kommt

In fast allen Hochkulturen der Menschheit finden sich Erzählungen über eine katastrophale Urflut, der weite Teile der menschlichen Erdbevölkerung und Tierwelt zum Opfer fielen.[9] Häufig verbindet sich dieses Ausgangsmotiv mit der Erzählung, dass ein Menschenpaar mit ausgesuchten Vertretern der Tierwelt diese Katastrophe der Frühzeit in einem Boot überlebt, um von hier aus das Leben neu einzurichten. Die biblische Erzählung um Noach und die Arche ist also »nur« eine Variante in einem interkulturellen Erzählkranz. Das Spezifikum der biblischen Erzählung in ihrer über Jahrhunderte gewachsenen Endgestalt ist die Sinnspitze der Bundeszusage Gottes. Im Zeichen des Regenbogens verpflichtet sich Gott: »Nie wieder soll eine Flut kommen und die Erde verderben« (Gen 9,11). Der erste der drei Bundesschlüsse, in denen die Priesterschrift das Verhältnis von Gott und Mensch besiegelt sieht, gilt dabei der ganzen Schöpfung, allen Lebewesen.

Horst Bienek: Avant nous le déluge

Ihre besondere Brisanz entfaltet diese Erzählung im 20. Jahrhundert durch die Verbindung mit dem Motiv der Apokalypse. Kann nicht der Bundesschluss Gottes mit Noach als Absage an den Gedanken des von Gott initiierten Weltendes verstanden werden? Schließt die Bundesidee nicht die Idee der Apokalypse aus? An dieser Gedankenverbindung von Sintflut und Apokalypse reiben sich die meisten der zahlreichen literarischen Texte unserer Zeit, die sich mit Noach und der Erzählung von der Rettungsarche[10] befassen. Das wird schon an unserem ersten Beispieltext deutlich. Er stammt von dem – vor allem als Erzähler über seine oberschlesische Kindheit und Jugend hervorgetretenen – Schriftsteller *Horst Bienek* (1930–1990). Das 1957 veröffentlichte Gedicht »Avant nous le déluge«[11] – dem Sprichwort zuwider also »*Vor* uns die Sintflut« – ist in Stil und biblischer Motivik absolut untypisch für Bienek, inhaltlich jedoch mit seinen sonstigen Werken verbunden. Seine Hauptthemen Gefangenschaft, Haft, Isolation und Bewahrung der menschlichen Würde unter widrigsten Umständen sind ein Reflex einer mehrjährigen Inhaftierung (wegen »antisowjetischer Umtriebe« in der damaligen DDR) im sibirischen Arbeitslager Workuta. Diese albtraumartige Erfahrung bildet auch den Hintergrund des hier vorgestellten Gedichtes.

AVANT NOUS LE DÉLUGE

Sie wussten längst,
dass kein Platz mehr für sie
in der Arche war.
Sie zogen traumentflammt
in die Ödnis der Berge
und ließen sich dort
als Fliehende registrieren.

Sie lehrten noch
ihre Kinder das Beten
und dass es besser sei,
auf dem Gipfel zu sterben,
als unten im Dunkel.

Dann warten sie
auf das Steigen der Flut.
Sie wuschen zuerst darin
ihre Füße in Demut
und waren erschrocken,
als sie erkannten,
dass sie im Blut gebadet hatten.

Das machte ihr Sterben so furchtbar,
dass sie im Blut ertrinken sollten.

Bieneks Gedicht ist ein typisches Beispiel für das literarische Verfahren des Perspektivenwechsels. Die normalen Bilddarstellungen der Arche zeigen diese als Rettungsinsel – auf dem Wasser schwimmend, Heim gebend und Schutz für Überlebende aus Menschen- und Tierwelt. Auch die biblische Erzählung ist ganz auf die Überlebensperspektive hin konzipiert. Anders in diesem Gedicht: Hier geraten allein die Opfer in den Blick, diejenigen, die tatsächlich die Sintflut unmittelbar *vor* sich haben. Ihr Verhalten, ihre Strategien der Hinauszögerung des eigenen Sterben-Müssens stellt Bienek in den Mittelpunkt. Von Anfang an wird dabei deutlich, dass es sich zugleich um ein aktualisierendes Gedicht handelt. Wie den Opfern der Sintflut ergeht es auch den Opfern des 20. Jahrhunderts. Wie jene damals leben auch heute Menschen im Bewusstsein, nicht in der Zeit nach einer Sintflut zu leben, sondern davor.

Wie verhalten sich die dem Tod geweihten Opfer der Geschichte, die wissen, dass es für sie keine wundersame Rettung auf der Arche geben kann? Erstes Verhaltensmuster: Flucht. Sie versuchen durch Flucht in wenig besiedeltes Land den Untergang hinauszuzögern. »Traumentflammt« sind sie, das mag eine Anspielung auf letzte verbleibende Überlebenshoffnung sein. Sie lassen sich als Flüchtlinge »registrieren«, als könne allein die Bestätigung durch eine Institution (welche?) einen weiteren Hoffnungsfunken zünden. Zweites Verhaltensmuster: Suche nach Überlebensnischen. Vor allem die zweite Strophe rückt diesen Aspekt ins Zentrum. Denn wohin führt die Flucht? Dorthin, wo die Vernichtung am spätesten erwartet wird, in die Berge. Lieber später sterben, lieber sehenden Auges sterben, als »unten im Dunkel«. Drittes Verhaltensmuster: Beten. Und wenn es die letzte Lernaufgabe für die Kinder ist: Not lehrt beten. Offensichtlich haben die Kinder dies vorher noch nicht gelernt. Nur hier wird im Gedicht eine indirekte Anspielung auf Gott als möglichen Adressaten des Gebetes aufgenommen. Ansonsten spielt sich das Beschriebene ohne Gott ab.

Mit diesen drei Verhaltensmustern, beschrieben in den ersten beiden Strophen, sind die menschlichen Handlungsmöglichkeiten erschöpft. Nun bleibt ihnen nur noch das Warten auf die ansteigende Flut. Doch die letzte Demutsgeste – das Waschen der Füße – wird zur grauenvollen Erkenntnis: Womit bezahlen sie ihr kurzzeitiges Überleben? Mit der Einsicht, »im Blut gebadet« zu haben. Das Wasser, das ihnen langsam bis zum Hals steigt, ist das Todeswasser der Opfer, die bereits vor ihnen gestorben sind. Wie zur Bestätigung wiederholt der Schlussdoppelvers nochmals diese Erkenntnis.

Didaktische Verortung

Bieneks Sintflutgedicht schildert das Sterben der Flutopfer als überzeitliches Verhaltensmuster. Gnade oder Rettung haben in dieser Vision genauso wenig Platz wie die direkte Erwähnung Gottes. Didaktisch betrachtet geht es hier um die Themen der Schöpfungsbedrohung, um den Überlebenskampf von Menschen in Not, schließlich um die Auseinandersetzung mit der Apokalypse als Untergang der uns bekannten Welt. Für Schülerinnen und Schüler (ab Klasse 7) weist die perspektivische Verfremdung des Bienek-Gedichtes auf die Ernsthaftigkeit der Sintflutgeschichte, die hier aller bunt gemalten Kindergartenromantik mit paarweise geretteter Tierwelt entkleidet wird. Die Wiederholung dieser bekannten Perspektive führt nur zu Langeweile und Relevanzverlust. Durch den Gegenreiz kann die Abgründigkeit der biblischen Erzählung neu beleuchtet werden.

Gustave Doré, Die Aussendung der Taube

Methodische Vorschläge

Hier legt sich methodisch ein vergleichender Blick auf den beklemmenden »Sündflut-Bildzyklus«[12] des Franzosen *Gustave Doré* (1832–1883) nahe. In seinen naturalistischen, illustratorisch angelegten und dennoch sehr wohl eigen deutenden Bildern rückt er, genau wie Bienek im viel später entstandenen Gedicht, die Perspektive der Opfer ins Zentrum. Kein Blick in die Arche, kein Blick auf die Arche, sondern sich an den letzten Erhebungen festklammernde Tiere und Menschen, schließlich der Leichenberg rund um die gestrandete, endlich sicher gelandete Arche. Wenn sich von hierher der Blick schließlich auf den Titel des Gedichts richtet, gerät die apokalyptische Dimension der Flut *vor* uns in den Mittelpunkt. Die Erzählung der Errettung von Noach und den Seinen wird so vollends zur Frage der Gegenwart: Vor welchen möglichen Sintfluten stehen wir? Wie reagieren wir angesichts dieser Bedrohung?

Günter Kunert: Vor der Sintflut

Solche Krisengedanken fanden in Deutschland besonders in den achtziger Jahren weite Verbreitung. Ausgelöst durch die ökologische Krise, die Diskussion um die atomare Bewaffnung, schließlich bestätigt durch den Reaktorunfall in Tschernobyl wurde vielen bewusst, nicht in einer Epoche *nach*, sondern *vor* einer Sintflut zu leben. Doch anders als früher wurde nicht mehr Gott, sondern der Mensch selbst als direkter Verursacher der möglichen Katastrophe gesehen. In einem Gedicht von *Günter Kunert* (*1929) – in dessen Gesamtwerk immer wieder apokalyptisches Gedankengut aufgenommen und gestaltet wird – aus seinem Band »Abtötungsverfahren« von 1980[13] wird dieses Grundgefühl besonders eindrücklich benannt.

Aus einem in den Anfangsversen fast noch romantisch gestimmten Naturgedicht wird eine apokalyptische Besinnung. Die im ersten Gedichtteil gefühlvoll geschilderte Abendstimmung mündet in die Frage, ob »das der Abschied sei«. Der zweite Gedichtteil schlägt dann um in die Untergangsvision: »die Erde versinkt« – »das ist klar«; »nichts geht mehr auf«; es bleibt allein »ein fahriger Widerschein« allen Lebens: Mit diesen Sprachtopoi fängt Kunert das Grundgefühl dieser Jahre ein. Unser Leben als ein Leben *vor* der Sintflut, wie es der Titel des Gedichts sagt: Diese Einschätzung und Daseinsdeutung schlug sich in zahllosen literarischen Texten der achtziger Jahre nieder. *Paul Konrad Kurz* konnte so mit gutem Recht seinen Überblicksband über die Literatur der mittleren achtziger Jahre mit dem Topos »Apokalyptische Zeit«[14] betiteln.

VOR DER SINTFLUT

In den Abendbäumen
Gebilde aus purer Luft
lang gezogen wie Rufe
aus weiter Ferne
und ich frage mich
ob das der Abschied sei
oder sonst ein Zeichen
des Endes

Denn die Erde versinkt
hinter ihrem Horizont
nichts geht mehr auf
das ist klar
und es bleibt
ein fahriger Widerschein
von uns allen
noch eine Weile
bestehen

Methodische Vorschläge

Methodisch kann es bei diesem Gedicht reizvoll sein, den Titel zunächst wegzulassen und die SchülerInnen selbst einen ihrer Meinung nach passenden Titel suchen zu lassen. Der – sicherlich überraschende, weil im Text selbst motivisch nicht aufgenommene – Titel, den Kunert fand, stellt das Gedicht noch einmal unter die neue Perspektive der Apokalypse. Um welche Sprachform handelt es sich in diesem Gedicht – um resignative Erkenntnis, schlicht konstatierende Mahn- und Warnrede oder indirekten Appell zum Einsatz gegen das Eintreffen des visionär geschilderten Zustandes? Diese Frage kann im Zentrum des Gesprächs um dieses Gedicht stehen. Sintflutgedichte als Deutetexte der Gegenwart: Gerade hier lässt sich zeigen, dass die biblischen Urgeschichten nicht so sehr rückwärts gewandte Erklärungen liefern wollen, sondern mitten in die Gegenwart hinein zielen.

4. Vom Turmbau zu Babel: Selbstüberschätzung und Sprachlosigkeit

Die Geschichte vom Turmbau zu Babel bildet den Abschluss der alttestamentlichen Urgeschichte. In einem letzten Mythos wird – wie schon bei Adam und Eva – erzählt, wie die Menschen über das ihnen entsprechende Maß hinausgreifen. Getrieben von Selbstüberschätzung versuchen sie, einen Turm »mit einer Spitze bis zum Himmel« zu bauen, um sich damit »einen Namen« zu machen (Gen 11,4). Doch auch hier zieht die Hybris des Menschen Vertreibung, Zerstreuung über die Erde, Störung der reibungslosen sprachlichen Verständigung nach sich. Genau hier liegt wohl auch die Grundabsicht dieser legendarischen Erzählung: Sie will das Faktum erklären, dass sich die Menschen in verschiedene Völker unterteilen, die sich über die ganze Erde verteilen und eigene Sprachen, Sitten und Gebräuche pflegen.

In der Rezeption gilt der – wohl unter anderem auf historische Vorbildbauten im Babylon unter Nebukadnezzar II. (605–562 v. Chr.) zurückgehende[15] – Turm von Babel als Mahnmal menschlicher Selbstüberschätzung. Häufig wird diese Bedeutung in die jeweilige Gegenwart hinein aktualisiert. Wenn man über den Turm von Babel schreibt, dann nicht über das damalige gigantomanische Bauprojekt, sondern über Tendenzen in der gegenwärtigen Gesellschaft. Das wird in den beiden hier aufgenommenen Beispielgedichten deutlich.

Johannes R. Becher: Turm von Babel

Johannes R. Becher (1891–1958) gehörte zu den prägenden Figuren der expressionistischen Lyrik. Früh hatte sich der gebürtige Münchner dem Kommunismus zugewandt, der fortan zum bestimmenden Element in seinem Leben und Schreiben werden sollte. Nachdem er die Nazidiktatur in Russland überlebt hatte, wurde er zu einer der maßgebenden Gestalten der neu aufblühenden Kulturszene in der DDR. Er war Präsident des Kulturbundes, Gründer und Herausgeber der zentralen Kulturzeitschrift »Sinn und Form«, schließlich von 1954 bis 1958 der erste Minister für Kultur in der DDR. Der literarische Stellenwert seines vor allem lyrischen Werkes wird heute eher skeptisch eingeschätzt. Viele seiner zeit- und gesellschaftsbezogenen Texte wirken in der Tat wenig überzeugend. Es finden sich aber immer wieder Texte, die grundlegende anthropologische Themen ansprechen: Liebe, Sterblichkeit oder die Vergeblichkeit menschlichen Strebens.

Im Rahmen solcher Fragen finden sich bei Becher auch immer wieder biblische Motivspuren. In den expressionistischen Frühtexten spürt man zudem eine starke Gottessehnsucht, die sich freilich für den Atheisten später als vergebliche Suche herausstellt. Religiöse Fragen und biblische Motive bleiben ihm aber weiter wichtig. Das Babel-Motiv als Mahnzeichen gestaltete Becher in einem seiner programmatischen Spätgedichte[16] – entstanden in seinen letzten Lebensjahren in der DDR.

TURM VON BABEL

Das ist der Turm von Babel,
Er spricht in allen Zungen.
Und Kain erschlägt den Abel
Und wird als Gott besungen.

Er will mit seinem Turme
Wohl in den Himmel steigen
Und will vor keinem Sturme,
Der ihn umstürmt, sich neigen.

Gerüchte aber schwirren,
Die Wahrheit wird verschwiegen.
Die Herzen sich verwirren –
So hoch sind wir gestiegen!

Das Wort wird zur Vokabel,
Um sinnlos zu verhallen.
Es wird der Turm zu Babel
Im Sturz zu nichts zerfallen.

Offensichtlich geht es in diesem konventionell gebauten Gedicht (vier Strophen zu je vier Versen, in Rhythmus und Metrum gleichmäßig, Kreuzreim) nicht um eine biblische Rekonstruktion, das wird spätestens an der mit eingebauten Kain-und-Abel-Mythe deutlich. Denn dass Kain nach dem Brudermord als Gott verehrt wurde, ist den biblischen Erzählungen nicht zu entnehmen. In aktualisierender Gleichnissprache ist hier von heutigen Babeltürmen die Rede. *Hans Mayer* deutet dieses Gedicht Bechers als »Gedicht über und gegen Stalin«[17], der hier im Bilde Kains gezeichnet wird. Dann wäre der Text also als Abgesang auf den sich selbst überschätzenden, sich noch in Sicherheit wiegenden, die Wahrheit verschweigenden, aber zum Untergang verdammten Stalinismus der frühen fünfziger Jahre zu lesen. Selbstkritisch würde sich Becher – dieser Deutung zufolge – von dem real existierenden, von ihm selbst einst verherrlichten und mitgetragenen Sozialismus distanzieren. Mayer nimmt dieses Gedicht geradezu als Schlüsseltext für seinen Rückblick auf die Literatur der DDR. Nichts anderes ist sie für ihn als die Aufrichtung eines zum sicheren Scheitern verurteilten »babylonischen Turmbaus«. Bechers Gedicht ist freilich nicht im Sprachgestus der prophetischen Vision verfasst, sondern im gleichfalls prophetischen Stil der Mahnrede, die gerade deshalb den Untergang drastisch abzeichnet, weil sie ihn so vielleicht doch noch abzuwenden hofft.

Didaktische Verortung

Die kontextbezogene gesellschaftskritische Deutung von Mayer ordnet das Gedicht sicherlich treffend ein, der Text ist aber auch offen für andere, allgemeinere Deutungen. Es schildert das Schicksal vieler selbst ernannter Mächte, sei es im politischen Bereich oder im zwischenmenschlichen Alltag. Vor allem der Umgang mit Sprache – auch in der biblischen Erzählung zentral – erhält besonderes Gewicht. Was passiert, wenn Mächte selbstherrlich und diktatorisch andere unterdrücken? »Die Wahrheit wird verschwiegen«, höchstens »Gerüchte schwirren«, schließlich einprägsam formuliert: »Das Wort wird zur Vokabel«. Sprache wird der Bedeutung enthoben und zur Lauthülse, die zwar noch nachgesprochen werden kann, aber sinnlos verhallt. Genau dieser Aspekt kann auch als didaktischer Schwerpunkt im Einsatz dieses Textes im Religionsunterricht der Oberstufe betont werden: Der Turm von Babel steht als Symbol für die politischen Unrechtssysteme, die vor Gott und den Menschen letztlich nicht bestehen werden. Im Rahmen des »eschatologischen Vorbehaltes« werden sie sich nicht durchsetzen. Gerade an ihrer Sprache verrät sich ihr verfehlter Anspruch und Größenwahn. Wo finden wir heute Beispiele solcher Sprache: in der Werbung, in den Medien, in der Politik?

Methodische Vorschläge

Methodisch legt sich bei diesem Gedicht eine kreative Textvariation nahe: Nach genauer Betrachtung werden die Schülerinnen und Schüler aufgefordert, eine grafische Umsetzung des Textes zu versuchen: Wie kann man den Text des Gedichtes in eine Grafik integrieren? So lassen sich etwa die vier

Strophen wie Bausteine eines Turmes anordnen, von unten nach oben sich verjüngend wie bei einem Kühlturm. Oder: Ein schiefer Turm entsteht, dessen obere Bauelemente bereits hinabfallen. Oder: Eine ins Nirgendwo sich hinaufdrehende Textspirale ...

Rose Ausländer: Lehmbrot

Das zweite Gedicht zum babylonischen Turmbau führt uns zu einer Lyrikerin zurück, deren Adam-Text uns schon begegnet ist, zu Rose Ausländer (vgl. S. 48). In diesem Text finden sich konkrete Spuren ihrer Lebenserfahrung in den USA, wo sie mehrere Jahre mitten in der Metropole New York gelebt hat, ohne dort jemals wirklich heimisch zu werden. Die prägende Erfahrung von vergeblicher Suche nach Heimat und der Isolation des modernen Menschen durchzieht leitmotivisch ihr lyrisches Werk. Einer der nach dem Tod von Rose Ausländer erschienenen Gedichtbände trägt den Titel »Wir wohnen in Babylon«[18]. Der Titel lehnt sich an eine Zeile eines 1972 erstmals veröffentlichten Gedichts an. Darin findet sich auch das Gedicht vom »Lehmbrot«.

LEHMBROT

Häuser zusammengerückt
klettern übereinander
die Luft kann nicht atmen

Du musst wissen
wir wohnen in Babylon
Worte auseinander gewachsen

Unsere Stirnen übereinander
klettern Falten in Zeichen
wer deutet sie

Steine kauen wir
Wind legt sie uns
in den Mund

Wir bauen
Lehmbrot

Ein extrem verdichtetes, bildstark und sprachmächtig komponiertes Gedicht, das sicherlich zu den schwierigsten der in diesem Buch aufgenommenen Texten zählt. Methodisch legt sich hier nur für sprachstarke Klassen eine genaue, eng am Text orientierte Deutung der Einzelbilder nahe. Die gemeinsame Deutung ist gerade deshalb reizvoll, weil der Text nicht eindeutig ist. Wie ein Schattenriss ruft die erste kleine Versgruppe zunächst ein Großstadtbild auf: übereinander kletternde und zusammengerückte Häuser. Die Luft – Lebensenergie, im Hebräischen nicht zufällig mit der »ruach«, der weiblichen Kraft des göttlichen Geistes assoziiert – »kann nicht atmen«. Von vornherein erzeugen die wenigen Worte so eine beklemmende Atmosphäre; hier ist freies Leben nicht möglich. Die zweite Strophe bringt eine neue Dimension in den Text ein, eine präsentische dialogische Struktur. Es wird deutlich: Die nur chiffrenhaft aufgerufene biblische Geschichte von »Babylon« wird zur Folie für die eigene Gegenwarts- und Selbstdeutung. Deshalb ist hier von »wir« und dem unsichtbar bleibenden Dialogpartner »du« die Rede. Die Chiffre Babylon – gleichzeitig bezogen auf die sprichwörtliche Sündenstadt wie auf ihr bekanntestes Bauwerk, den Turm – vertieft die Beklemmung des zuvor geschilderten Bildes der modernen Stadt. Es handelt sich um eine Stadt der Sünde, der menschlichen Selbstüberschätzung, der Sprachverwirrung.

Der letztgenannte Aspekt, die vollkommen gestörte Kommunikationssituation in einer Stadt, wo die »Luft nicht atmen« kann, steht im Mittelpunkt der folgenden Zeilen. Wie die Häuser, so sind »in Babel« auch die Worte auseinander gewachsen. Und wie die Häuser übereinander hinausragen, so wachsen auch die Falten auf den Stirnen, Zeichen scheiternder menschlicher Verständigung. Hier lassen sich die grammtikalischen Bezüge gar nicht auflösen, so stark verdichtet ist die Sprache in der dritten Versgruppe. Erahnen lässt sich die Deutelinie: Die Sprachverwirrung, die mit dem biblischen Bau begonnen hat, findet in den modernen Riesenstädten ihren Endpunkt. Nicht Verständigung, sondern ungedeutete Zeichen bestimmen das Miteinander von Menschen.

Die beiden letzten Versgruppen vertiefen diese Gedanken noch einmal mit neuen paradoxalen Bildern, die dem Gedicht schließlich auch den Titel geben und sich endgültig der eindeutigen Aufschlüsselung verweigern. Nur Deuteversuche also: Normal wäre es, Brot zu kauen. Stattdessen kauen wir in diesen Städten »Steine«, welche uns der Wind – also bewegte Luft, möglicherweise erneut mit der Tiefenbedeutung »Geist« versehen – in den Mund legt. Normal wäre es, mit diesen Steinen die Städte zu bauen. Stattdessen wird »Lehmbrot« verbaut. Ist dieses Lehmbrot Produkt des Steinekauens? Oder

Bild für die Vergeblichkeit aller Baubemühungen im Angesicht des nie fertig gestellten Turms zu Babel? Oder findet sich hier vielleicht sogar eine versteckte Anspielung auf eine messianische Hoffnung im Bild von Betlehem, direkt übersetzbar als »Haus des Brotes«? Vielleicht sind die folgenden Schlüsse möglich: So wie in Babylon die Sprache verwirrt wurde, so zerrissen sind unsere Großstädte in ihrer gleichzeitigen Sprachvielfalt und Sprechisolation. So vergeblich der Versuch in Babylon war, auf ewig ein Erinnerungszeichen der menschlichen Erkenntnis aufzurichten, so vergeblich bleiben alle Werke des Menschen bis heute: Lehmbrot – paradoxer Widerspruch, Symbol des Untauglichen. Gerade in der bleibenden Nichtausdeutbarkeit behält dieses bildstarke Gedicht seinen Reiz.

Methodische Vorschläge

Die beiden Texte zum »Turm von Babel« bieten für den schulischen Religionsunterricht – vor allem in der Oberstufe – den Reiz, die Methode der literarischen Aktualisierung an zwei völlig unterschiedlichen Beispielen kennen zu lernen. Bechers politisch-gesellschaftlicher Übertragung und sprachlicher Direktheit auf der einen Seite steht die in Form wie Inhalt völlig verschlüsselnde, eher anthropologisch-grundsätzliche Deutung von Ausländer gegenüber. Beide Texte loten auf ihre Weise den biblischen Text im Hinblick auf seine mögliche heutige Bedeutung aus. Einerseits wird hier das Prinzip der bleibenden Produktivität eines Mythos anschaulich, andererseits kann diese Produktivität zu eigenen Überlegungen (und Gestaltungen) anregen, welche Aktualität eine solche biblische Ursprungserzählung einnehmen kann.

Zweite Abteilung: Männer, die Geschichte(n) schrieben

Mit dem folgenden Kapitel verlassen wir den Bereich des Mythos und wenden uns mehr und mehr Erzählungen zu, denen ein historischer Kern und zunehmend breite Stränge von historischer Zuverlässigkeit zukommen. Auch sie sind freilich legendarisch umkleidet und mythologisch angereichert. Jener Teil der Genesis, der auf die Urgeschichte folgt, wird als »Vätergeschichte« bezeichnet, schildert er doch den Weg vom allgemeinen Bund Gottes mit der Schöpfung über den Bund mit Abraham bis schließlich hin zum Bund mit dem »auserwählten Volk« Israel – und die Stationen dieses Weges werden uns als die Geschichten außergewöhnlicher, von Gott berufener Männer erzählt. Zwar spielen auch immer die Frauen eine wichtige Rolle, der Schwerpunkt der Betrachtung liegt jedoch – in einer patriarchal organisierten Gesellschaft wenig verwunderlich – auf den Männern. Die Linie beginnt bei Abraham, läuft über Isaak, Jakob und Josef zu Mose, dann zu Joshua, den Richtern und Propheten bis hin zum aufkommenden Königtum unter Saul, David und Salomo.

Vier zentrale Gestalten dieser Traditionslinie ragen heraus: Abraham als Gründergestalt und Urvater, Mose als Führer des Volkes im Exodus und als Repräsentant des Bundesschlusses am Sinai, schließlich Saul als erster, David als größter König. Sie verdeutlichen einerseits die Stationen der Volkwerdung des Judentums, andererseits – eng damit verzahnt – die allmähliche Veränderung des alttestamentlichen Gottesbildes. In diesen beiden Bereichen liegt auch ihr didaktischer Ort. Vor allem Abraham, Mose und David sind so vom ersten Schuljahr an Zentralgestalten des biblischen Unterrichts im Fach Religion. Ihre Geschichten bleiben bis in die Oberstufe hinein Gegenstand von Vermittlung, Analyse und Diskussion. Sie dienen einerseits als Zugangsfiguren zu den Erzählungen der biblischen Heilsgeschichte und werden andererseits als Identifikationsfiguren angeboten, in denen Schülerinnen und Schüler eigene Erfahrungen mit Gott gespiegelt finden. Dabei geht es vor allem um die didaktischen Leitlinien: Vertrauen auf Gott, Gehorsam gegenüber Gott,

Verlässlichkeit Gottes, Verstoß gegen Gottes Gebote und die Konsequenzen, gnädige Zuwendung Gottes. Die literarischen Texte können diese allgemeinen Vorgaben der Bildungspläne unterstützen und vertiefen. Sie können aber auch Gegenperspektiven aufzeigen und so die Tragfähigkeit der didaktischen Vorgaben hinterfragen.

5. Abraham: Von Verheißung und Gehorsam

Abraham ist der Urvater aller drei monotheistischen, oder eben auch: abrahamitischen Religionen, also Judentum, Christentum und Islam.[1] Mit ihm beginnt die spezifische Heilsgeschichte, von der die Bibel erzählt. Auch wenn man – wissenschaftlich betrachtet – über die historische Figur nicht viel sagen kann, so wird es doch einen Urvater dieses Namens gegeben haben, der als Nomade in das Land Palästina zog. Im Nachhinein haben die Israeliten ihn zur ersten großen Bundesgestalt aufgewertet, zum Träger der grundlegenden Verheißungen von Land (»Zieh weg ... in das Land, das ich dir zeigen werde«, Gen 12,1) und Volk (»Ich werde dich zu einem großen Volk machen«, Gen 12,2). Mit Abraham schließt Gott den Bund der Auserwählung: »Deinen Nachkommen gebe ich dieses Land« (Gen 15,18). Nicht diese religiös wie politisch zentralen Ereignisse werden jedoch in der literarischen Rezeption betont, sondern andere Episoden aus dem reichen Erzählkranz um Abraham.

Vor allem die letztlich nicht vollzogene »Opferung Isaaks« (Gen 22) hat Künstler und Schriftsteller fasziniert[2], gerade in ihrer Fragwürdigkeit. Da schenkt Gott – gegen alle menschliche Wahrscheinlichkeit, aber in Einlösung seiner Zusage – dem alten Abraham noch den Sohn Isaak und in ihm die einzige Möglichkeit zur Erfüllung der zentralen Verheißungen. Und dann verlangt er von Abraham, diesen Sohn als Brandopfer darzubringen. Und Abraham gehorcht ohne Widerstand, als einzigartiges Vorbild des Gehorsams. Aber: Ist das nicht hündischer Gehorsam? Will Gott willenlose Automaten, will er gar Menschenopfer? Spielt er sadistisch mit der Angst der Eltern und des Kindes? Alle beschwichtigenden Deutungsversuche dieser Episode in Betonung des von Anfang an anvisierten Happy Ends bleiben so fragwürdig wie diese biblische Erzählung selbst. Gerade das aber reizt SchriftstellerInnen zur Nachfrage.

Else Lasker-Schüler: Abraham und Isaak

Die in Wuppertal als Tochter eines jüdischen Bankiers geborene *Else Lasker-Schüler* (1869–1945) gehört fraglos zu den wichtigsten deutschsprachigen SchriftstellerInnen im Blick auf die literarische Rezeption der Bibel. Mit ihren »Hebräischen Balladen« legt sie 1913 ein erstes Kompendium lyrischer Bibeldeutung vor, das eine breite, auch nicht religiös-interessierte Leserschar erreicht. In diesen Gedichten zu fast allen wichtigen alttestamentlichen Gestalten spiegelt sich die eigene Suche nach der jüdischen Identität heute mit den biblischen Erzählungen von damals. Da die genialisch-exzentrische Dichterin neben eigenen Erfahrungen auch »die kollektiven Mythen ihres Volkes aufnimmt«[3], entsteht eine ganz eigene, visionsstarke Mischung aus Selbstdeutung, Volkdeutung und Bibeldeutung. Das wird auch an ihrem Gedicht über »Abraham und Isaak« deutlich:[4]

ABRAHAM UND ISAAK

Abraham baute in der Landschaft Eden
Sich eine Stadt aus Erde und aus Blatt
Und übte sich mit Gott zu reden.

Die Engel ruhten gern vor seiner frommen Hütte
Und Abraham erkannte jeden;
Himmlische Zeichen ließen ihre Flügelschritte.

Bis sie dann einmal bang in ihren Träumen
Meckern hörten die gequälten Böcke,
Mit denen Isaak Opfern spielte hinter Süßholzbäumen.

Und Gott ermahnte: Abraham!!
Er brach vom Kamm des Meeres Muscheln ab und Schwamm
Hoch auf den Blöcken den Altar zu schmücken.

Und trug den einzigen Sohn gebunden auf den Rücken
Zu werden seinem großen Herrn gerecht –
Der aber liebte seinen Knecht.

Man hat die Bibelgedichte von Else Lasker-Schüler als »biblisch getönte Privatgedichte« abzuwerten versucht, sie andererseits als beeindruckendes »Zeugnis von der großen Einfühlung in die biblischen Gestalten«[5] gelobt. Wichtiger als solche Wertungen ist ein genauer Blick auf die Texte, die nie leicht eingängig sind, sondern oftmals spröde erscheinen, eigenwillig, unklar in der »Aussage«. Diese Eigenwilligkeit spiegelt sich bereits in der gewählten Form. Die fünf Dreizeiler sind mit einem ungewöhnlichen Reimschema verbunden. Der unregelmäßige Rhythmus fließt ruhig auf den durch den Gedankenstrich vom ganzen Text abgesetzten Schlussvers zu. Der Satzbau ist durch Umstellungen seltsam verschlungen, entzieht den komplex verdichteten Text der Alltagssprache.

Die Eigenwilligkeit der Form entspricht dem ungewöhnlichen, gleichfalls dem Alltag enthobenen Inhalt. Lasker-Schüler aktualisiert nicht, verfremdet auch nicht die Perspektive, sondern scheint zunächst eine komprimierte Nacherzählung und Zusammenfassung der Abrahamgeschichte zu liefern. Tatsächlich bietet sie jedoch von Anfang an eine rätselhaft verfremdete Abraham-Vision, in der sich biblische Erzählung und fantasiereiche visionäre Deutung mischen. Nicht Aktualisierung, sondern Synchronisierung könnte man ihre Technik der Rezeption nennen. Bei ihr verschmelzen Vergangenheit und Gegenwart, Vorgegebenes und Eigenes zu einer in sich selbst ruhenden Dimension der Gleichzeitigkeit. Denn wo siedelt sich Abraham, der erste große »mit Gott redende« Prophet an? Der Bibel nach in Palästina, und das liegt – im Verbund mit der Urgeschichte gesprochen – »östlich von Eden«. Hier jedoch baut er sich in Eden selbst seine Stadt. Lasker-Schülers Abraham ist also eine Gestalt vor der Zeitrechnung, für die der Fall, die Ursünde und die Vertreibung aus dem Paradies noch nicht stattgefunden haben. Deshalb die paradiesischen Züge in diesem Text: Engel, die vor seinem Haus ruhen und himmlische Zeichen hinterlassen, die er einzeln erkennt – der zweite Dreizeiler spielt nicht nur auf Gen 18 und den Besuch der drei Männer bei Abraham an, hier wird vielmehr ein paradiesischer Urzustand gezeichnet.

Die dritte Strophe weist nun auf den hier ganz eigen gezeichneten Fall aus diesem Urzustand hin: Isaak spielt in seinem Versteck mit Schafböcken, quält sie als Opfertiere. Doch die Engel hören deren Schmerzenslaute im Traum. Jetzt erst und deswegen befiehlt Gott dem Abraham, seinerseits den Opferaltar zu rüsten und mit »Muscheln und Schwamm« zu schmücken. Ohne Zögern gehorcht Abraham auch hier, um »seinem Herrn gerecht zu werden«. Was dann am Opferaltar passiert, die Verschonung Isaaks, das Ersatzopfer des Schafbocks, die belohnende Erneuerung des Segens – all diese Schlusselemente der biblischen Erzählung werden hier ausgespart. Der Herr »liebte seinen Knecht«, dieser Hinweis reicht aus, um das gute Ende anzudeuten. Insgesamt schreibt Lasker-Schüler ihr Gedicht als eine Art Midrasch, als fantasiereiche Deutererzählung zum biblischen Original und stellt sich damit in die Traditionsreihe der jüdischen Bibeldeutung.

Nelly Sachs: Abraham

Ganz anders nähert sich die eine Generation jüngere *Nelly Sachs* (1891–1970) der Abrahamgestalt. Als einzige weibliche Literaturnobelpreisträgern deutscher Sprache (1966) setzt sie mit ihrem Werk grundsätzliche Maßstäbe für die Lyrik des 20. Jahrhunderts. Behütet aufgewachsen im Berliner Großbürgertum, zwingen die Nazis sie zur Auseinandersetzung mit ihren jüdischen Wurzeln[6]. Wie durch ein Wunder gelingt ihr in letzter Minute im Jahr 1940 die Flucht nach Schweden, wo sie den Rest ihres Lebens verbringen wird. Sie entkommt den Vernichtungslagern, kennt aber schon früh deren Existenz und Bedeutung. Die Auseinandersetzung mit der Shoa wird ihr Leben und Schreiben fortan prägen: Wie Mensch sein nach Auschwitz, wie Jude sein nach dem Holocaust, wie an Gott glauben nach der Massenvernichtung? Ihr einziges Rezept gegen Verzweiflung lautet Schreiben – in Sprache und mit Sprache dem Wahnsinn trotzen. So entstehen ihre szenischen Spiele und vor allem ihre Gedichte als letzte geistige Überlebensmöglichkeit.

Im Rahmen dieser Lebenserfahrungen greift sie immer wieder auf biblische Figuren zurück. Sie werden ihr zu – häufig direkt angeredeten – imaginären Gesprächspartnern, mit denen sie ihr eigenes Schicksal, das Schicksal ihres Volkes, aber auch die Beziehung von Mensch und Gott überhaupt auszuleuchten und zu verstehen sucht. Zentrale Bedeutung kommt dabei dem Gedichtzyklus »Die Muschel saust« aus dem Band »Sternverdunkelung« von 1949 zu. Die rauschende Muschel, ein altes jüdisches Symbol, gilt dabei als Erinnerungsort, in dem das Verborgene der Menschheitserfahrungen sich ansammelt und den aufmerksam Hörenden erlauschbar wird. Konkret lauscht Nelly Sachs hier anhand der Zentralgestalten der jüdischen Bibel der Geschichte des in seiner Existenz bedrohten jüdischen Volkes nach: Was zeichnet die Geschichte dieses Volkes, was seine Gottesbeziehung aus? Das erste, hier zitierte Gedicht aus diesem Zyklus ist – als Grundlegung – Abraham gewidmet.[7]

ABRAHAM

O DU
aus dem mondversiegelten Ur,
der du im Sande der abtropfenden Sintfluthügel
die sausende Muschel
des Gottesgeheimnisses fandst –

O du
der du aus dem weinenden Sternbild Babylons
den Äon des lebendigen Lebens hobst –
das Samenkorn des himmlischen Landsmannes warfst
bis in den feurigen Abend des Heute darin die Ähre brennt.

O du
der aus Widderhörnern die neuen Jahrtausende geblasen
bis die Weltenecken sich bogen im Heimwehlaut –

O du
der die Sehnsucht an den Horizont der unsichtbaren Himmel
heftete
die Engel in die Länder der Nacht berief –
die Beete der Träume bereitete
für die Schar der sich übersteigenden Propheten –

O du
aus dessen ahnendem Blut
sich das Schmetterlingswort *Seele* entpuppte,
der auffliegende Wegweiser ins Ungesicherte hin –

O du
aus Chaldäas Sterndeuterhafen
unruhige Welle, die in unseren Adern
noch immer sucht voll Tränen ihr Meer.

O Abraham,
die Uhren aller Zeiten,
die sonnen- und monddurchleuchteten
hast du auf Ewigkeit gestellt –

O dein wunderbrennender Äon,
den wir mit unseren Leibern ans Ende bringen müssen –
dort, wo alle Reife hinfällt!

Mit Abraham hatte Nelly Sachs das eigene literarische Werk eröffnet. Ihm widmet sie das ab 1943 entstehende, erst zehn Jahre später fertig gestellte szenische Spiel »Abram im Salze«[8], in dem sie versucht, Abraham als »Ur-Mensch der Ur-Sehnsucht nach dem Göttlichen«[9] darzustellen. An diesen Kerngedanken knüpft sie auch in dem vorliegenden, für ihr Werk in der Form typischen Schlüsselgedicht an. Sechsmal redet sie Abraham zu Beginn jeder freirhythmischen Versgruppe mit »O du« als Gesprächs- und Gedankenpartner an, ehe sie beim siebten Mal seinen Namen direkt nennt und in der letzten Versgruppe auf das mit ihm begonnene Zeitalter (»Äon«) und auf uns (»wir«) verweist. In dem äußerst komplexen und bildstarken Gedicht werden Vergangenheit und Gegenwart »in eins gesetzt«[10]. Es geht nicht allein um den »Abraham damals«, sondern um die Bedeutung Abrahams für das Leben jetzt und hier, konkret: als Jude nach der Shoa.

Nelly Sachs orientiert sich dabei an zentralen Punkten des biblischen Abraham-Erzählkranzes, wendet sie freilich zu völlig eigenständigen und vieldeutigen Bildfügungen. Zunächst wird Abrahams Herkunft aus Ur in Chaldäa betont. Nach der Sintflut – sei es die biblisch geschilderte, sei es aktualisierend die häufig im Sintflut-Bild erfasste Nazibarbarei – fand Abraham im Sand die »sausende Muschel des Gottesgeheimnisses«. Er wird zu jener Figur, die den Zugang zu den menschlichen Tiefenerinnerungen an die Geschichte mit Gott erschließt. So hob er – zweite Versgruppe – den »Äon des lebenden Lebens« hervor. In seinem Namen wird wahres Leben jenseits des im Zeichen der Sünde und Verruchtheit stehenden Sternbildes Babylons erst möglich. Von ihm geht – im Bild des Samenkorns – jenes Leben aus, das heute seine Endform erlebt, freilich im widernatürlichen Bilde der »brennenden Ähre«. Hier wird assoziativ die konkrete Erfahrung der Dichterin in den Nazijahren als Endpunkt der Zeit Abrahams gedeutet.

Die Zeit Abrahams steht im Zeichen von »Sehnsucht« und »Heimweh«, zwei im Gesamtwerk von Nelly Sachs zentralen Begriffen. Sie sind Ausdruck für die rückgebundene Sehnsucht nach Gott, für das Streben zu jener ursprünglichen Form von Ewigkeit, die Ziel aller diesseitigen Hoffnung ist. Hierauf zielen die Engel, hierhin träumen sich die Propheten. Wie bauen normale Menschen ihre Hoffnung auf? Die fünfte Versgruppe gibt die Antwort: Die mit dem Bild des Schmetterlings gekennzeichnete Seele, aus Abrahams »ahnendem Blut« gebildet, ist der Wegweiser des Menschen »ins Ungesicherte«, in den »Horizont der unsichtbaren Himmel«.

Die sechste Strophe weitet die Perspektive explizit auf »uns« aus. Die von Abraham angestoßene Welle pulst in »unseren Adern«. Die Suche nach dem Meer greift noch einmal das Sehnsuchtsbild auf, bebildert erneut den rückbezogenen »Heimwehlaut«, der auch heute noch hörbar und spürbar ist. So werden die Schlusszeilen vorbereitet, in denen zentrale vorherige Motive noch einmal assoziativ aufgegriffen, gebündelt und auf die Gegenwart bezogen werden. Abraham, erstmals direkt benannt, ist als Begründer des »lebenden Lebens« Herr der Zeit, hat seinen Äon unter das Zeichen der Ewigkeit gestellt. Heimweh und Sehnsucht weisen freilich auf ein Sein jenseits von Zeit, ja selbst – paradox genug – jenseits von Ewigkeit. Sein Äon, in dessen »feurigen Abend des Heute« wir leben, gelangt an sein Ende. Genauer: »Wir« – bezogen wohl auf die Juden des 20. Jahrhunderts – bringen ihn an sein Ende, ein Vorgang, der »mit unseren Leibern« geleistet wird. So wie die »reifen«, die fruchttragenden Ähren brennen, so sind die Leiber Bild für das Zuendegehen des Äons Abrahams. Das Ende steht im Zeichen der Fülle, der Reife – gerade so vollendet sich die Zeit.

Nelly Sachs' Abrahamsdeutung mutet uns eine heilsgeschichtliche Schau zu, in welcher die Shoa einen Platz hat. Vom Ur-Mensch der Ur-Sehnsucht Abraham geht das Leben, das Sein, die Zeit aus. Diese steht jedoch im Zeichen des auf den Ursprung bezogenen Heimwehs zu einem anderen Sein bei Gott. Und diese Sehnsucht wird sich erfüllen, sobald der »Abend« vorbeigeht.

Didaktische Verortung

Die Texte von Nelly Sachs fordern das Sich-Einlassen auf eine ganz eigene Bildwelt, auf eine für viele völlig fremde Daseinsdeutung ab. Gerade das macht ihren Reiz aus, gerade so werden sie – wie nur wenige Texte der deutschsprachigen Literatur des 20. Jahrhunderts – zu Herausforderungen, mit denen man nie »fertig« wird, die man nie ganz ausgedeutet hat. Schülerinnen und Schüler selbst der gymnasialen Oberstufe werden sich mit solchen Texten schwer tun – das sollen sie. Im Blick auf die Shoa, im Blick auf unbekannte Daseinsdeutungen in verdichtetster Sprache können diese Texte aber vielleicht Anstöße geben, jenseits von normalen Denk- und Sprachmustern Entdeckungen zu machen.

Methodische Vorschläge

Im Blick auf die Methodik im Umgang mit Texten von Lasker-Schüler und Nelly Sachs scheint es mir angesichts der hochkomplexen Sprachform sinnvoll, auf »Tricks« in der Phase der Textpräsentation zu verzichten. Sie finden ihren didaktischen Ort im Rahmen der Fragen nach dem biblischen Verständnis von Heilsgeschichte, nach dem Selbstverständnis des Judentums, nach der jüdischen Deutung der Shoa, gegebenenfalls im Rahmen der Theodizeefrage. Bild für Bild wird man hier die Texte gemeinsam behutsam durchleuchten und gerade so ein Gespür dafür wecken, dass sich für die Beantwortung der aufgeworfenen Fragen eben nur eine Bildsprache eignet, die sich einer klaren Auslegung entzieht. Und ebenso eindeutig wie einschränkend gesagt: Solche Gedichte werden niemals alle SchülerInnen ansprechen, aber immer einige, und die vielleicht prägend.

6. Mose: Vom Gesetz aus Stein und Geist

Mit Mose kommt der alttestamentliche Gedanke des Bundes von Gott und Mensch zu seinem Kernpunkt und Abschluss. Die Priesterschrift erschließt den Bundesgedanken wie drei konzentrische Kreise[11]: Der Noach-Bund rahmt das Verhältnis von Gott und Schöpfung. Im Abraham-Bund gerät die besondere Offenbarung Gottes in den Blick. Der dritte Bund gilt nun allein dem auserwählten Volk. Im Exodus-Ereignis und im Sinai-Bund begründet sich die besondere Geschichte Gottes mit dem jüdischen Volk. Der historische Hintergrund dieser Ereignisse lässt sich heute durchaus erfassen. Mose war wohl die Leitfigur einer Befreiungsbewegung von palästinensischen Halbnomaden, die im Nildelta festgehalten wurden, um die Prachtbauten von Ramses II. (gest. 1224 v. Chr.) mitzuerrichten. Die Befreiung aus dieser Zwangssituation war offensichtlich mit einer intensiven Gotteserfahrung verbunden, deren Hoffnungskraft bis heute ausstrahlt. Nicht nur die Hoffnung auf die rettende Geschichtsmächtigkeit Gottes, auch die verpflichtenden ethischen Grundregeln (»Zehn Gebote«) werden mit dem Ereignis dieses »Auszugs aus Ägypten« bis heute verbunden.

Das konkrete Lebensprofil der historischen Anführergestalt Mose – Urgestalt und Prototyp des Propheten – bleibt dabei im Dunklen. Ob sich hinter den dramaturgisch effektvoll gestalteten Lebensszenen des Buches Exodus Erinnerungen an tatsächliche Geschichte verbergen, lässt sich nicht belegen. In das Gesamtbild mischen sich Farben aus Erinnerung, Legenden, Lehrerzählungen, Vorbildstilisierung. Sie führen zu den zentralen Stationen: der Knabe im Schilfkorb; der jugendliche Mörder im Gerechtigkeitseifer; der Exilierte in Midian; der Empfänger der Offenbarung am brennenden Dornbusch; der Anführer des Volkes in den Befreiungsverhandlungen; der Führer des Befreiungszuges; der Empfänger der Gesetzestafeln; der umstrittene Anführer auf dem langen Irrweg durch die Wüste; schließlich der Sterbende, der die Erfüllung der Landverheißung selbst nicht mehr erleben darf.

Die theologische Bedeutung des Mose in Judentum, Christentum und Islam überragt seine Rezeption im künstlerischen Bereich. Mose scheint als Volksanführer, Prophet und Gesetzeslehrer so stark festgelegt, dass sein Nachleben in der Kunst zwar zahlreiche Zeugnisse hervorbringt, selten jedoch solche von existenzieller Tiefe und wirklich eigenständiger Auseinandersetzung. Hier herrscht eher die Illustration vor. Offensichtlich fehlt der Raum für kreative Rückfragen, bleibt weniger Spielraum für künstlerisch fruchtbare Leerstellen. Mose ist die biblische Zugangsgestalt für den Jahweglauben Israels – genau in dieser Funktion wird er in allen Lehrplänen des Religionsunterrichts behandelt. Schon in der Grundschule, spätestens aber in den ersten Klassen der Sekundarstufe wird Mose eingehend betrachtet, um in der zentralen Einheit zur Entstehung des biblischen Gottesbildes in der Oberstufe erneut aufgegriffen zu werden. In der Textauswahl sind deshalb Gedichte aufgenommen, die sich auch schon Kindern erschließen.

Uriel Birnbaum: Moses auf dem Sinai

Der erste Text stammt von einem weitgehend unbekannten deutsch-jüdischen Lyriker, von *Uriel Birnbaum* (1894–1956). Der aus Wien stammende Dichter und Maler[12], der den zweiten Teil seines Lebens im holländischen Amersfoort verbrachte, schrieb an die 6000 Gedichte, vor allem Sonette, von denen eine Auswahl erst posthum als Sammlung publiziert werden konnte. Die Mehrzahl der Gedichte, gekennzeichnet durch eine wohl »kalkulierte Verwendung traditioneller Verstechniken und artifizieller Metra«[13], widmet sich biblischen Themen und Figuren, deren Schicksal nacherzählt, psychologisiert und dramatisiert wird. Zentralgestalt ist dabei Mose, dem eigene Gedichtkränze gewidmet sind. Der folgende Titel ist ein Werk des knapp Zwanzigjährigen: »Moses auf dem Sinai«[14] erschien erstmals 1916 in einer Zeitschrift und wurde später in die Gedichtsammlung »Biblische Sonette« im Rahmen des Zyklus »Von Gottes Volk« aufgenommen.

MOSES AUF DEM SINAI

Rot brütet Wüste um erhabene Steine,
Die nackt und glühend in die Höhe ragen,
So steil und nackt und riesenhaft der eine,
Dass seine Zacken fast den Himmel tragen.

Und oben, wo die bleichen Geier jagen,
Will sich der Stein zu einem Bild gestalten,
Als hätten Blitze ihn zur Form zerschlagen:
Der Felsen Risse werden Mantelfalten.

Gewaltige steinentsprossene Arme halten
Steinerne Schläfen tief in sich gebogen.
Steinerne Augen glimmen über kalten
Steinernen Lippen, schmal in sich gesogen.

Und groß stehn Gottes Tafeln da, umflogen
Von Mosis Zornbart in versteinten Wogen.

Nur selten findet sich im Expressionismus die in gebundenem Reimschema, Rhythmus und Metrum so streng gegliederte Form des Sonetts. Und doch ist dieses Gedicht in Pathos und Bildwelt ganz dem Geist des Expressionismus verpflichtet. Es richtet den Blick auf Mose gerade in dem Moment, in dem er die Gesetzestafeln von Gott erhält (Ex 19f.). Diese Szene wird in der biblischen Erzählung gerade nicht ausgemalt, im Gegenteil: »Der ganze Sinai war mit Rauch erfüllt« (Ex 19,18). Dadurch bleibt die Transzendenz Gottes gewahrt, den ein normal menschliches Auge eben nicht schauen darf. Diese Tabugrenze durchbricht der Dichter, indem er Mose auf den Gottesberg folgt. Dazu versucht er zunächst die Atmosphäre des Geschehens durch aussagestarke Adjektive herzustellen: »rot, erhaben, nackt, glühend, steil, riesenhaft«. Eine Urzeitlandschaft wird so vor Augen gestellt, monumental, lebensfeindlich, aber von urreligiöser Dignität. Hier geht es nicht um Alltag, hier wird der Blick förmlich nach oben gezogen in eine archaische Zeit, in der Menschen eigentlich keinen Platz haben, in der bestenfalls »bleiche Geier« zu Hause sind. Zugleich wird so die Einsamkeit Gottes, seine Distanz zum Menschen betont.

Diese atmosphärische Hinführung schafft den Rahmen für die folgenden Verse. Birnbaum setzt die in der Bibel anthropomorph geschilderte Begegnung von Gott und Mose in ein eigenes Bild um. Gott erscheint wie ein Berg oder umgekehrt: Der steinerne Berg scheint göttlich-menschliche Züge zu tragen. Mantel, Arme, Schläfe, Augen und Lippen werden mit und in Gesteinsformationen gefunden. Der »Gott wie Stein« gab Mose Tafeln aus Stein – in diese Idee mündet das Gedicht. Dass Mose diese Tafeln zornig entgegennimmt, mag eine Anspielung auf das weitere biblisch geschilderte Schicksal dieser Originaltafeln sein, die er zornentbrannt über den Abfall des Volkes und die Anbetung des »goldenen Kalbes« (Ex 32,19) zerschmettert.

Methodische Vorschläge

Birnbaum lässt hier eine biblische Szene in dem Moment zu einem Bild gefrieren, in welchem die Bibel keine bildliche Vorstellung anbietet. Ohne jegliche Veränderung oder Umdeutung der biblischen Erzählung versucht er, eine eigene Vision in den Leerraum der ursprünglichen Erzählung hinein zu entwerfen. Dabei liegt ihm offensichtlich an dem Entwurf eines möglichst wenig mirakulösen, möglichst natürlich nachvollziehbaren Bildes. Eine Möglichkeit der methodischen Präsentation dieses Gedichtes liegt hier darin, einige Adjektive aus der ersten Strophe durch Leerstellen zu ersetzen. Den SchülerInnen werden stattdessen jeweils drei Einsetzmöglichkeiten (unter ihnen das »Original«) angeboten, etwa neben »erhaben« die Adjektive »mächtige« und »zerklüftete«; neben »glühend« auch »frierend« und »glänzend«. In der Diskussion der verschiedenen – ja durchaus möglichen – Versionen kann ein Gespür dafür entstehen, welche Funktion die Hinführungsstrophe haben soll, nämlich den Raum für die Erscheinung des Göttlichen zu schaffen. Eine weitere Idee: KollegInnen mit dem Fach Erdkunde haben sicherlich Fotos von Berglandschaften, die zerklüftetes Felsgestein zeigen. Lassen sich dort Spuren der fantasiereichen Idee des felsgewordenen Gottes finden? Ist ein solches Bild für heute überzeugend? Vielleicht lassen sich die SchülerInnen auch inspirieren, den Felsgott zu zeichnen. Mit all diesen Methoden kann das Gedicht dazu anregen, sich an die biblisch geschilderte Gotteserscheinung heranzutasten.

Eva Zeller: Moses

Das zweite Mosegedicht führt zeitlich, formal, stilistisch und von der Aussage her in eine ganz andere Dimension. Die Verfasserin, die mit einem evangelischen Pfarrer verheiratete *Eva Zeller* (*1923), zählt zu den wenigen christlichen Schriftstellerinnen der zweiten Jahrhunderthälfte, die auch außerhalb des kirchlichen Binnenmilieus wahrgenommen werden. In ihren zahlreichen Prosatexten finden sich immer wieder religiöse Fragen und Themen, mehr jedoch noch in ihrer Lyrik. Biblische Spuren durchziehen die Gedichte seit ihrem ersten Gedichtband »Sage und schreibe« von 1971. Das hier aufgenommene Gedicht »Moses«[15] entstammt ihrem bisher letzten Gedichtband »Ein Stein aus Davids Hirtentasche« von 1992.

MOSES

Moses soll ein
Stammler gewesen sein

Wem feurige Zungen
ins Gewissen reden

Wie sagt er es
seinem Volke

Jedes Wort eine
Offenbarung zu

Kurz der Atemstumpf
für Träume Gesichte zu

schwer der Stab für
die Hand ich rede

Nicht von den
steinernen Briefen

Was ist das Du sollst
Du sollst nicht

Moses er muss alles
wörtlich genommen

haben soll ein
Stammler gewesen sein

Die zehn Zweierverse dieses Gedichts laufen vielfach durch Zeilensprünge ineinander, einige Verse sind zudem stark verknappt und verkürzt. Einerseits wird so der Lesefluss auf das Ende konzentriert, das den Bogen zum Anfangsvers schließt. Andererseits wird so der Grundgedanke – die Annahme, Mose sei ein Stammler gewesen – in das Druckbild, in die Wortfolgen, in den Prozess des Lesens selbst übertragen. Eva Zeller greift eine biblische Tradition auf, die auf Ex 4,10 zurückgeht. Bei seiner Berufung am Dornbusch weist Mose die ihm zugesprochene Eignung zum Propheten zurück: »Aber bitte, Herr, ich bin keiner, der gut reden kann, weder gestern noch vorgestern, noch seitdem du mit deinem Knecht sprichst. Mein Mund und meine Zunge sind nämlich schwerfällig.« Die hier angesprochene »Schwerfälligkeit der Zunge« – möglicherweise nur Teil des traditionellen Motivs, dass Propheten ihre Berufung zunächst zurückweisen – deutet Eva Zeller als »Stammeln«. Sie greift diese Idee auf, um grundsätzlich nachzufragen, wie Menschen von Gott sprechen können, eine Frage, die für Schriftstellerinnen und Schriftsteller von besonderem Interesse sein muss: »Wie sagt man es seinem Volke?« Wie lassen sich die Sprache des Geistes (»feurige Zungen«), die Sprache in der »jedes Wort eine Offenbarung« ist, erst recht die Sprache der Gesetzestafeln (»steinerne Briefe«) in menschliche Sprache überführen? Offensichtlich ist diese Aufgabe zu viel für Mose: zu »kurz der Atemstumpf« – eine eigenwillige Metapher. Die Sprache bleibt verkrüppelt, unzureichend, um das eigentlich Wichtige sagen zu können, spielt sich dies doch in Träumen und »Gesichten« ab. Dass Mose der Aufgabe nicht gewachsen ist, schildert ein zweites, eingängigeres Bild: zu »schwer der Stab für die Hand« – die Aufgabe des Hirten und Volksführers ist für ihn zu groß. Endgültig versagt er schließlich darin, die Gebotstafeln zu verstehen. Doch warum versagt Mose? Weil er, so der zweitletzte, zusammenfassende und erklärende Doppelvers, »alles wörtlich genommen« hat.

Darf man deuten: Wer die Mose zugeschriebenen Offenbarungen wörtlich nimmt, der muss – wie dieser – zwangsläufig zum Stammler werden, für den ist die Transformation in menschliche Sprache eine unlösbare Aufgabe? Ein Verständnis dieser Ereignisse als »Träume Gesichte« böte hingegen einen Ausweg? Eva Zeller formuliert keine eindeutige Erkenntnis oder Moral ihres Mosegedichtes. Mose verkörpert für sie die Kluft zwischen dem Anspruch göttlicher Offenbarung und der menschlichen Not, diese in Worte zu fassen und zu Taten werden zu lassen.

Didaktische Verortung

Genau dieser Aspekt kann auch im Blick auf den schulischen Einsatz dieses Textes im Zentrum stehen: Wie kann man auch heute noch von Gott sprechen? Welche Möglichkeiten gibt es, jenseits von wortwörtlichem Bibelverständnis (und zwangsläufigem »Stammeln«) die Mose-Tradition heute fruchtbar zu machen? Reicht eine historisch-kritische Aufklärung, ist hier sozialgeschichtlich und befreiungstheologisch nachzufragen, führt hier existenziale oder tiefenpsychologische Deutung zu einer persönlichen Verankerung?[16] Das Gedicht von Eva Zeller kann zu solchen Fragen und Umsetzungen problematisierend hinführen.

Methodische Vorschläge

Methodisch bietet sich im Sinne der verzögerten und intensivierten Textbegegnung als Zugangsverfahren folgender Vorschlag an: Man schreibt das Gedicht als fortlaufenden Text, wie im Original zwar ohne Satzzeichen, jedoch ohne Großschreibung am Zeilenanfang. Aufgabe der Schülerinnen und Schüler – bei geeigneten Gruppen schon ab Klasse 7 – ist es, die ihrer Meinung nach passende Einteilung in Verse vorzunehmen (Variante: Zusätzlich werden als Hilfestellung erkenntnisstrukturierende Satzzeichen gesetzt). Im Vergleich der Textversionen – zunächst der Schülerinnen und Schüler untereinander, vielleicht verbunden mit der Suche nach der überzeugendsten Variante, dann mit dem »Original« – kann das Stammeln, die Sprachstörung nachempfunden werden. Von hier aus lässt sich der Bogen ausziehen zur didaktischen Kernfrage einer angemessenen Sprache von Gott.

7. Saul: Von Tragik und Gottesverzweiflung

Es gibt in der Bibel eine Reihe zutiefst fragwürdiger Geschichten, in denen sich das Konzept der Heilsgeschichte verdunkelt; Erzählungen voller Rückfragen, Zweifel, Abgründe im Blick auf Gott und den Menschen. Der Brudermord von Kain an Abel gehört dazu, der Auftrag zur Opferung Isaaks, aber auch die Geschichte Sauls, des ersten Königs Israels. Saul, dessen Geschichte in 1 Sam 9–31 nachzulesen ist, dürfte jene biblische Gestalt sein, die der Heldenkonzeption der griechischen Tragödie am ähnlichsten ist. Grundsätzlich ist das Tragische eine Dimension, der in der Bibel kein Platz zukommt; biblisches Denken und Empfinden ist nicht tragisch. Saul ist derjenige Charakter, der diese Grundregel am ehesten zu sprengen scheint. Das dürfte auch der Grund dafür sein, dass Saul ein Stiefkind der Rezeption schon im Neuen Testament ist. *Konrad Huber* spricht von einem »geringen Interesse der Überlieferung an seiner Person«[17]. Saul bleibt aber grundsätzlich ein Stiefkind: im Christentum, vor allem aber auch in der Religionspädagogik. In Saul öffnen sich Tiefen, die man Schülerinnen und Schülern oder Gemeindemitgliedern offensichtlich lieber nicht zumuten möchte.

Wenn Saul Beachtung findet, dann vor allem als Kontrastfolie zu David. Der scheiternde Saul bringt als dunkler Hintergrund den siegreichen David nur umso heller zum Strahlen. Gegen diese Tendenz soll Saul hier aufgewertet werden zu einer der biblischen Kernfiguren. Sein theologischer wie religionspädagogischer Ort bleibt dabei jener der Rückfrage an Gott, der Betonung der Rätselhaftigkeit der Heilsgeschichte.

Was für ein Schicksal: Da wird der junge, schöne, »alle um Haupteslänge« (1 Sam 9,2) überragende Benjaminite Saul von Samuel auf Gottes Geheiß zum König gesalbt, obwohl schon der Wunsch des Volkes, überhaupt einen König haben zu wollen, als Abfall des Volkes von Gott gewertet wird. Saul übt – historisch bestätigt – von 1020 bis 1000 ein Amt aus, das theologisch umstritten ist und das ihm viele im Volk von Anfang an nicht zutrauen: »Was kann uns der schon helfen? Sie verachteten ihn« (1 Sam 10,27). Zunächst scheint Saul die trotzdem in ihn gesteckten Hoffnungen zu erfüllen. Er ist ein erfolgreicher Krieger, Zeichen der Gunst Gottes. Dann jedoch verstößt er gegen einen von Samuel ausgerichteten göttlichen Befehl: Er soll das ganze Volk der Amalekiter ausrotten: »Schone es nicht, sondern töte Männer, Frauen, Kinder und Säuglinge, Rinder und Schafe, Kamele und Esel!« (1 Sam 15,3) Saul widersetzt sich diesem grausamen Befehl, tötet zwar »das Volk«, schont aber dessen Anführer und die besten Tiere.

Gehorsamsverweigerung: Diese Verschonungstat wird als Grund angegeben, warum sich Gott von Saul abwendet. Sein Flehen um Verzeihung bleibt unerhört. Fortan neigt sich seine Lebenslinie unbarmherzig, während die des Nachfolgers David steigt: Saul wird von Depressionen heimgesucht; sein Sohn Jonatan schließt Freundschaft mit David und wendet sich vom Vater ab; seine Tochter Michal wendet sich gleichfalls David zu und wird schließlich eine seiner Frauen; immer mehr Menschen im Volk schließen sich David an, der auch militärisch erfolgreich ist. Schließlich begibt sich Saul zu einer Totenbeschwörerin, um den Propheten Samuel nach seinem künftigen Schicksal zu befragen. Nachdem dieser ihm sein sicheres Ende voraussagt, stürzt Saul sich während einer Schlacht gegen die Philister auf dem Berg Gilboa in sein Schwert.

Ein tragisches Schicksal also, der Fall von größtem Ruhm zu tiefster Erniedrigung, ausgelöst durch ein scheinbar unwichtiges Vergehen, die »Hamartia«. Theologische Nachfragen aber bleiben: Man kann davon ausgehen, dass die schriftliche Endfassung der Saulerzählung vor allem als Legitimationsgeschichte zur Thronbesteigung Davids dient. Auf dieses Endziel hin ist sie komponiert. Stefan Heym hat in seinem brillanten Roman »Der König David Bericht«[18] von 1972 die möglichen literarischen Anpassungsprozesse beschrieben.

Doch welches Gottesbild wird hier propagiert: Ein rachsüchtiger Kriegsgott, der Gegner Israels bis zur letzten Lebensfaser ausrotten will? Ein Beziehungspartner, der sich Saul in schwierigster Mission auswählt, ihn aber bei kleinstem Vergehen dem Untergang weiht? Ein Moloch, der blinden Gehorsam gerade bei Gewalttaten fordert? Ein Tyrann, der sich Propheten als Sprachrohr wählt, die unbarmherzig als Kriegstreiber, Rächer und Mörder in Erscheinung treten? Selbst wenn diese Ausdeutungen nur Fantasiegebilde und Machtutopien eines geknechteten und rechtlosen Volkes sein sollten, das in ihnen aufscheinende Gottesbild bleibt rätselhaft und widerspenstig. Dieser Aspekt darf aber in einem authentischen Umgang mit der Bibel nicht verschwiegen, verschleiert oder beschönigt werden.

Ricarda Huch: Saul

Wie in der Bibel selbst, so stehen auch in der literarischen Rezeption nicht so sehr diese Rückfragen an Gott im Zentrum der Darstellung Sauls, sondern eher der persönliche Konflikt, das innere Ringen Sauls um seine Bestimmung und sein Schicksal. Wie fühlt sich dieser tragische Held im Zusammenprall von Auserwählungsbewusstsein und Vorahnungen des Niedergangs – diese Frage vor allem beschäftigt die SchriftstellerInnen. 1917 veröffentlichte *Ricarda Huch* (1864–1947) ihre dreizehnstrophige Ballade »Saul«[19], in der sie dessen unglückliches Schicksal nachzeichnet.

SAUL

Wie unterm Sternenheer der Morgenstern,
So unter Menschen strahlte Saul in Glück
Und Kraft und Tugend; er gefiel dem Herrn.
Doch ungebändigt, blindlings schreitet das Geschick.

Kein Auge sieht es; aber der Prophet,
Samuel, erkannte schaudernd seinen Gang,
Zum König tritt er: »Saul, sprich ein Gebet,
Du bist verworfen! Sei um deine Seele bang.«

– »Ist nicht von Rosen nachts mein Bett umkränzt?
Entsprossten Früchte süß nicht dem Verein,
Wie rot im Laube die Granate glänzt,
Wie voll am Rebenstocke schwillt der edle Wein?

Mich liebt mein Volk, und führ' ich es zur Schlacht,
So jauchzt es: Unser König zieht voran,
Wie Tags in Wolken und im Feu'r bei Nacht
Jehova gnädig durch die Wüste einst getan!« –

– »An deines Bettes Rosen nagt der Wurm!
Die Früchte fallen ab! Glänzt auch dein Haus
Wie eine Sonne, – horch, schon rauscht der Sturm
Und löscht die strahlende wie eine Fackel aus!« –

Der König lächelt, doch ihm graut geheim.
Wie rott' ich aus des Unheils Samenkorn?
Schon aber bricht hervor der junge Keim,
Der zarte Stiel verdichtet sich zum scharfen Dorn.

Doch wähnt er noch, er hemme seinen Trieb.
Zu dem Propheten, den das Grab verschlang,
Hebt er die Stimme: »Gib mir Antwort, gib,
Samuel! und höre meines Rufes Erdenklang:

Die Tochter, die ich liebe, folgt dem Feind,
Mein liebstes Kind, mein Stolz, mein junger Sohn
Hat sich in heil'ger Freundschaft ihm geeint.
Schwermut, die dunkelfarbige, teilt meinen Thron.

Noch einmal komm aus der Verbannung Land,
Samuel! wann bricht mein Stern aus Wolken vor?
Wann reckt der Herr mir gnädig seine Hand
Und teilt die Wetterwolken, die er herbeschwor?«

»Ich komme. Staub und Erde ist mein Kleid,
Die sternenlose Nacht mein kaltes Haus.
Was rufst du mich? Vergebens ist dein Streit.
Dein Morgenrot ist hin, dein goldner Tag ist aus.

Und ständen Babels Völker wie ein Wall
Um dich, sie wehrten nicht dein Schicksal ab.
Es naht und naht, es bringt dich jäh zu Fall
Und zieht dich und dein Haus in das gegrabne Grab.« –

Er sinkt. Und unaufhaltsam naht und naht
Schon jener Engel, dessen strenge Hand
Der Menschen Arme lenkt zu blinder Tat
Und ihre Seelen hält an unsichtbarem Band.

»Und doch entflieh' ich dir, betrüg' ich dich!«
Der König ruft's. »Sieh her, dein Sieg ist faul!«
Er stürzt sich in sein Schwert, – »Erkennst du mich?«
Raunt ihm der Engel zu und lächelt. – So starb Saul.

Erstmals in diesem Buch begegnen wir hier der Form der Ballade, dem traditionellen Erzählgedicht, in dem das Schicksal ausgesuchter Helden dramatisch verknappt, dialogisch inszeniert und in Versform gebunden paraphrasierend nacherzählt wird. Typisch dafür ist die Viervers-Strophe mit überkreuzendem Reim. Doch nicht – wie sonst üblich – Helden der Profangeschichte gilt diese Ballade, sondern einer biblischen Figur. Diese Motivwahl ist für die Verfasserin typisch. Ricarda Huch stammte aus einer großbürgerlichen Braunschweiger evangelischen Kaufmannsfamilie, in der Religion keine wirklich wichtige Rolle spielte. Erst in der zweiten Lebenshälfte wandte sie sich dem Christentum zu und wurde zu einer seiner wichtigsten publizistischen Vertreterinnen. Ihr Nachruhm gründet sich biografisch auf ihrer unbeirrbaren Gegnerschaft zum Nationalsozialismus, die christlichem Geist entsprang; literarisch vor allem auf ihren breit ausgemalten geschichtlichen Prosaporträts, aber auch auf ihrer Lyrik. In Saul verbindet sich ihr historisches Interesse für kraftvolle Persönlichkeiten mit ihrer inneren Hinwendung zum Christentum.

Das für die Rezeptionsform der Dramatisierung typische Gedicht setzt ein mit einem Blick auf den strahlend mächtigen König auf dem Höhepunkt seiner Macht, um von hier sofort auf den drohenden Untergang einzugehen. Samuel sieht den Untergang und warnt den König. Wie reagiert ein Held auf die Mitteilung des drohenden Untergangs? Drei Reaktionsmuster zeichnet die Ballade nach. Erstens: Nicht-wahr-Haben-Wollen (Strophe drei und vier); zweitens: Bedenken von Rettungsstrategien (Strophe sechs); drittens: Beschwören höherer Mächte, denen das Leid geklagt wird (Strophe sieben bis neun). Die jeweils zwischengeschaltete Untergangsbotschaft steigert sich unterdessen ohne Erbarmen. Als letzte Möglichkeit, dem Todesengel zu entkommen, stürzt sich Saul eigenhändig ins Schwert, in der Annahme damit wenigstens die Initiative behalten zu haben (»entflieh ich dir, betrüg ich dich«). Doch umsonst auch hier: Genau dieser Tod war ihm bestimmt, genau so erfüllt sich das Schicksal dieses Helden.

Didaktische Verortung

Die Ballade bleibt ihrer Gattung treu, schildert sie doch den Lauf des Schicksals als unabanderlichen Plan. Eine Moral, eine Botschaft wird in diesen Erzählgedichten nicht formuliert, sie konzentrieren sich vielmehr auf die dramaturgische Vergegenwärtigung. Für Schülerinnen und Schüler, die im Deutschunterricht meistens schon ab Klasse sieben mit Balladen konfrontiert werden, kann der Brückenschlag zu biblischen Themen in dieser Gattung reizvoll sein. Was unterscheidet biblische Helden von den Kriegshelden der klassischen Ballade? Die Ballade kann zum Anlass genommen werden, Sauls Geschichte näher kennen zu lernen. Die im Gedichttext nur benannten, aber undeutlich bleibenden Elemente wie »Prophet, Tochter, Kind« können den Weg zur biblischen Erzählung öffnen.

Methodische Vorschläge

Es bietet sich an, das Gedicht im Sinne der verlangsamenden und intensivierenden Textbegegnung in seine dreizehn Strophen zu zerschneiden und zusammensetzen zu lassen. Die inhaltliche Textstruktur sowie die Anordnung der Dialoge (und der dazugehörigen Interpunktion) ermöglichen das *richtige* Zusammensetzen (hier das methodische Ziel) trotz der hohen Strophenzahl. Wie intensiv man mit Schülerinnen und Schülern der theologischen Rätselhaftigkeit Sauls nachgeht, kann nur im Blick auf konkrete Klassen entschieden werden. Heranwachsenden diese Rätselhaftigkeit als solche ersparen zu wollen hieße jedoch in einem wichtigen Punkt die Schere der Zensur bei der Vermittlung biblischer Tradition einzusetzen.

Else Lasker-Schüler: Saul

Als tragische Figur bleibt Saul Symbol einer Rückfrage an Gott selbst. Die bleibend-unaufgelöste Spannung dieser Gestalt greift auch *Else Lasker-Schüler* auf (zur Person vgl. S. 73). Sie widmet Saul in ihren wirkmächtigen »Hebräischen Balladen« von 1913 ein eigenes kunstvoll gereimtes Neunversgedicht[20].

SAUL

Über Juda liegt der große Melech wach.
Ein steinernes Kameltier trägt sein Dach.
Die Katzen schleichen scheu um rissige Säulen.

Und ohne Leuchte sinkt die Nacht ins Grab,
Sauls volles Auge nahm zur Scheibe ab.
Die Klageweiber treiben hoch und heulen.

Vor seinen Toren aber stehen die Cananiter.
– Er zwingt den Tod, den ersten Eindring nieder –
Und schwingt mit fünfmalhunderttausend Mann die Keulen.

Ein überschaubares, klar strukturiertes Gedicht: Drei Strophen zu je drei Zeilen, jede Zeile eine eigene, in sich abgeschlossene Sinneinheit, langsam und behutsam aneinander gefügt. Die beiden ersten Verse sind jeweils als Paarreim angelegt, die drei Schlussverse binden durch den gleichen Endreim das Gedicht zu einer Einheit. Das Interesse von Lasker-Schüler gilt wie schon bei Ricarda Huch dem Gegensatz zwischen dem großen Krieger Saul, den sie anderen Orts als »königlichen Wildjuden«[21] bezeichnete und bewunderte, und den bereits spürbaren Anzeichen von Verfall und Niedergang. Saul wird in der ersten Strophe als großer »Melech« – das hebräische Wort für König – eingeführt. Wach und unruhig, wohl schon gezeichnet von der biblisch geschilderten depressiven Schwermut, liegt er nachts in seinem Tempel, dessen Schattenriss durch das »steinerne Kamel« assoziativ aufgerufen wird. Doch die Säulen sind rissig, der Tempel – schon vom Einsturz bedroht – ist zum Zufluchtsort streunender Katzen geworden.

Die zweite Strophe nähert sich dem drohenden Untergang in einem weiteren Bild. Es verweist auf eine mondlose Nacht, die den Tod bereits erahnen lässt (»Grab«). Parallel dazu erlischt die Strahlkraft der Augen des Königs, sein »volles Auge« wird zur – dürfen wir ergänzen »trüben«? – »Scheibe«. Das Auge des Königs und der Mond als nächtliche Lichtquelle werden dabei parallelisiert. Konsequenz des Niedergangs: Klageweiber stimmen ihr Klagelied an – als Zeuginnen der Trauer, Vorboten des Untergangs, vielleicht aber auch als Reminiszenz an die Totenbeschwörerin und ihre niederschmetternde Auskunft des sicheren Unterganges. Was bleibt Saul? Die letzte Strophe rückt sein letztmögliches Handeln ins Bild: Was ihn auszeichnete, war der Kampf, also bleibt ihm zuletzt genau dies: der Kampf gegen die »Cananiter«, denen er sich mutig als Führer seines Heeres entgegenwirft. Mehr muss nicht gesagt werden. Die inneren Empfindungen werden durch knappe äußerliche Beschreibungen angedeutet. Auch dass Saul schließlich den Tod finden wird, ist durch die Vorahnungsbilder deutlich geworden.

Didaktische Verortung

Interessant im Vergleich: Wo Ricarda Huchs Ballade die einzelnen Erzählzüge dramaturgisch ausführlich inszeniert und die seelischen Prozesse explizit ausspricht, begnügt sich Lasker-Schüler mit wenigen Bildmomenten, mit Andeutungen und Aussparungen. Hier könnte auch der besondere didaktische Reiz dieser beiden Gedichte liegen: Beide konzentrieren sich auf denselben Aspekt, den Umschwung vom Erfolg zur Katastrophe in der Biografie Sauls. Bei gleichem Ansatzpunkt kommen sie doch zu formal völlig verschiedenen

Annäherungen. Was zeichnet sie in Form und Aussage aus? Welcher Text überzeugt die SchülerInnen mehr? Mit welcher Haltung nähern sich die Autorinnen Saul? Wie ist Gott in den Texten präsent oder absent? Methodisch legt sich von daher ein vergleichender Blick von Huchs Ballade auf Lasker-Schülers Gedicht nahe.

8. David: Gottestänzer zwischen Erwählung und Schuld

David – was für eine Gestalt! Der Aufstieg eines armen Schafhirten zum mächtigsten und strahlendsten König seiner Zeit; der siegreiche Kampf eines trickreichen Jünglings gegen einen übermächtigen Superkrieger; die Liebe zweier junger Männer unter ständiger Gefahr der Entdeckung; die abwechslungsreichen erotischen Verstrickungen eines Herrschers, der ungewünschte Nebenbuhler unbedenklich in den Tod schickt. Keine Geschichte des Alten Testaments strahlt so viel Lebenswärme, Erfahrungshitze und dramatisches Leidenschaftsfeuer aus, keine ist ferner einer fromm-mystischen Ergebenheit und Weltflucht als die Davids, des Tänzers vor Gott und legendarischen Psalmenpoeten. Im Geschick dieses Königs steckt zeitloser Stoff, aus dem große Literatur, aus dem auch Bestseller gestrickt sind: »crime, sex and war«. Lustintrigen, Machtpoker und Eifersucht – und all dies vermischt mit einer gehörigen Portion Religion, geschieht doch all dies explizit im Namen des einen Gottes des jüdisch-christlichen Monotheismus. Kein Wunder, dass sich die Weltliteratur wieder und wieder gerade diesem Stoffkreis gewidmet hat. David ist wohl jene Gestalt des Alten Testaments, die am häufigsten literarisch aufgegriffen und gestaltet wurde.[22]

Auch in den Lehrplänen des Religionsunterrichts spielt David eine wichtige Rolle. Vor allem in der Grundschule wird seine Geschichte didaktisch eingesetzt, um das wundersame Wirken Gottes gerade an kleinen, unscheinbaren Menschen zu verdeutlichen. David wird einerseits als Zugangsgestalt zur Lebenswelt Israels eingesetzt, andererseits jedoch als Identifikationsfigur. Dass eine solche didaktische Engführung nur um den Preis größter Simplifizierung und theologischer Entschärfung biblischer Erzählungen zu haben ist, scheint die Lehrplanschreiber wenig zu stören. Tatsächlich ist David in seinem biblisch geschilderten Profil eine Rätselgestalt, die vor allem in Stefan Heyms geschliffenem Roman »Der König David Bericht« von 1972 klarsichtig entmythologisiert und dekonstruiert wird: ein Gottesliebling, der sich durch die Tötung eines gegnerischen Kriegers profiliert, ein terroristischer Rebell gegen den Vorgängerkönig Saul, der sich in dessen Vertrauen einschleicht, ihn von seinem Sohn entfremdet und schließlich noch des Königs Tochter heiratet, um seinen Nachfolgeanspruch zu legitimieren. Daneben steht der strahlende Held, der siegreiche Feldherr, der politisch geschickte Regent eines Großreiches, der Baumeister Jerusalems, der Patron der Tänzer und Dichter, das Urbild des Messias. Kaum eine biblische Figur ist so heterogen, so spannungsvoll, so lebensnah gezeichnet wie die Davids.

Nelly Sachs: David

In der literarischen Rezeption wird gerade diese Spannung zur Herausforderung. Die literarischen Texte bewahren so das biblische Erbe und nehmen es gegen vorschnelle didaktische Glättungen in Schutz. Aus den zahllosen Texten greife ich zunächst auf ein Gedicht von *Nelly Sachs* zurück (zur Person vgl. S. 75). Mehrfach widmet sich die Literaturnobelpreisträgerin in ihrem Werk der Davidtradition, am prägnantesten in dem folgenden Gedicht, das als Titel seinen Namen trägt[23] und aus jenem Zyklus »Die Muschel saust« von 1949 stammt, aus der auch schon das »Abraham«-Gedicht S. 76f. entnommen war.

Nelly Sachs zeichnet hier schattenrissartig, aber wiederum in ganz eigener Bildfügung das Profil Davids nach. Sie nähert sich ihm explizit aus der Perspektive Samuels. Als dieser in das Haus des Isai tritt, um auf Gottes Geheiß den neuen König zu salben, gibt ihm Gott als Mahnung auf den Weg: »Der Mensch sieht, was vor den Augen ist, der Herr aber sieht das Herz.« (1 Sam 16,7) Genau diese Szene gestaltet Nelly Sachs in der ersten Versgruppe des Gedichtes: Samuel, der gottbegabte Seher, sieht »hinter die Blindenbinde des Horizontes«, also hinter das, was »vor den Augen ist«, und dort sieht er – laut Bibel – »das Herz«, bei Nelly Sachs näher charakterisiert als den »Entscheidungsbereich wo die Gestirne entbrennen«. Visionär erkennt Samuel, dass David der Auserwählte ist, und wie groß seine geradezu kosmische (dies der Sinn der Astralmetaphorik) Bedeutung ist. Selbst die Sterne nähern sich ihm, um von ihm Nahrung, Lebensnotwendigkeit, Sinn zu erhalten.

Die zweite Strophe vermischt zwei Motive miteinander, die einmal David als Schafhirten zeigen, zum anderen aber als Tänzer – ein Motiv, das in der Bibel erst später, bei der Überführung der Bundeslade nach Jerusalem (2 Sam 6,13) mit David verbunden wird.

DAVID

Samuel sah
hinter der Blindenbinde des Horizontes –
Samuel sah –
im Entscheidungsbereich
wo die Gestirne entbrennen, versinken,
David den Hirten
durcheilt von Sphärenmusik.
Wie Bienen näherten sich ihm die Sterne
Honig ahnend –

Als die Männer ihn suchten
tanzte er, umraucht
von der Lämmer Schlummerwolle,
bis er stand
und sein Schatten auf einen Widder fiel –

Da hatte die Königszeit begonnen –
Aber im Mannesjahr
maß er, ein Vater der Dichter,
in Verzweiflung
die Entfernung zu Gott aus,
und baute der Psalmen Nachtherbergen
für die Wegwunden.

Sterbend hatte er mehr Verworfenes
dem Würmertod zu geben
als die Schar seiner Väter –
Denn von Gestalt zu Gestalt
weint sich der Engel im Menschen
tiefer in das Licht!

Nelly Sachs wird dieses Motiv des tanzenden David in ihrer szenischen Dichtung »Der magische Tänzer«[24] von 1955 noch einmal eigens aufgreifen, und dort klärt sich das Motiv des Tanzes eindeutig als »Symbol der Überwindung irdischer Gebundenheit«[25]. Die dritte Versgruppe widmet sich nun der »Königszeit«, die jedoch – der Vision des Samuel zum Trotz – nicht zur großen und strahlenden Freudenzeit werden sollte. Nein, David, dem »Vater der Dichter«, dem sich im Tanz Gott Nähernden, wird die unendliche Entfernung zu Gott klar. Selbst er, der Gesalbte, der kosmische Hirt, misst die unüberbrückbare Distanz »in Verzweiflung« aus. Doch gerade als »Vater der Dichter« resigniert er nicht in dieser Verzweiflung, sondern schreibt – so auch die traditionelle Zuordnung – die Psalmen. Zwei mögliche, einander ergänzende Deutungen sind möglich: Die Psalmen sollen »Wegwunden« lindern, Wunden also, die auf dem Weg der Entfernungsmessung zu Gott entstehen. Das »Lindern« besteht dann gerade in der Bereitstellung von »Nachtherbergen«. Oder aber: Die Psalmen sind für die – personal verstandenen – »Wegwunden«, also für jene Menschen, welche die Entfernung zu Gott vermessen, als Nacht- und Ruhequartiere gedacht.

Die letzte Strophe blendet über zum sterbenden David, zu ihm, der mehr als seine Väter Schuld und »Verworfenes« auf sich geladen hat. Warum? Das Gedicht endet mit einem rätselhaften Dreizeiler, der – wie so oft bei Nelly Sachs – vorschneller Deutung Widerstand entgegensetzt. »Im Menschen« befindet sich »der Engel«, der sich »von Gestalt zu Gestalt«, von Generation zu Generation »tiefer in das Licht« weint. Wird hier ein Prozess beschworen, in dem durch ein sich steigerndes Schuldigwerden des Menschen paradoxerweise das Erlösende (»der Engel«) in ihm sich der Erlösung (»Licht«) annähert? Warum dann aber das Weinen? Hoffnungssymbolik und Trauersymbolik vermischen sich. In diesem Schlussbild verbietet sich eine eindeutige Auflösung. Hier lässt Nelly Sachs bewusst kein einseitiges Hoffnungsbild am Ende aufleuchten, sondern in einer paradoxalen Gegensätzlichkeit eine Sinnspannung offen.

Das Davidgedicht von Nelly Sachs reißt also vier entscheidende und dichterisch gestaltete Szenen aus Davids Leben auf: die Salbung durch Samuel, die ein kosmisches Ereignis impliziert; den magischen Tanz der Ungebundenheit des Hirtenjungen; den Dichter, der dichtend über die Gottesdistanz hinwegtröstet; schließlich den Sünder, der rätselhaft von Gott zum »Licht« geführt wird. Diese vier unverbundenen Einzelbilder ergeben in ihrer Gesamtheit ein Davidbild, das sich genauso wenig wie das biblische in ein klares Einzelporträt auflösen lässt und gerade darin der Bibel verbunden ist.

Albrecht Goes: Davids Traum

Im zweiten hier vorgestellten Davidgedicht findet sich eine andere Perspektive: kein »objektiver« Blick auf David von außen, sondern der autobiografische Rückblick des Königs selbst vom Sterbebett aus. Das Gedicht »Davids Traum«[26] stammt von dem schwäbischen evangelischen Dichterpfarrer *Albrecht Goes* (1908–2000), der es 1961 in der kleinen Sammlung »Zehn Gedichte« erstmals veröffentlichte.

In fünf Strophen werden Szenen aus dem Leben Davids aufgerufen: Die erste Strophe klärt die fiktive Ausgangssituation: David, auf dem Altersbett liegend neben seiner letzten Gefährtin Abischag von Schunem, die ihm die eigentliche Sehnsucht nach dem Saul-Sohn Jonatan doch nicht nehmen kann. Er fühlt, dass die Sinneskräfte nachlassen, und gerade deshalb ruft er sich die wichtigsten Lebensstationen noch einmal in Erinnerung. Die zweite Strophe widmet sich seinem Aufstieg, dem Höhepunkt seiner Macht, auf die jedoch der Schatten der Tötung Urias fällt (3. Strophe). Die vorletzte Strophe bedenkt, wie lange diese Blütezeit schon vorbei ist und was nun an Perspektive noch bleibt. Noch einmal wird zunächst Jonatan, des Freundes (und Geliebten?) gedacht, dann fällt der Blick auf den Nachfolger Salomo. In der Schlussstrophe wagt Goes, der bekennende christliche Dichter, den visionären Ausblick, der dem Gedicht auch den Titel gibt. Im Blick auf die Sterne – wiederum die von Nelly Sachs her vertraute Astralmetaphorik! – träumt David von einem kommenden König. »Hirt«, »Licht« und »Lamm« als Weihnachtsbilder deuten dabei auf Jesus, der aus der »Wurzel Isais« stammt.

Didaktische Verortung

Wie Sachs, so lässt also auch Goes ein Lebenspanorama Davids aufleuchten, konzentriert auf wenige zentrale Szenen. In Form, Stil und Bildfügung ganz eigenständig enden beide Gedichte in einem Hoffnungsausblick. Doch wo Sachs die paradoxe Verschlüsselung einer solchen Hoffnung geboten scheint, benennt Goes die christliche Perspektive. In diesem Unterschied könnte die besondere didaktische Verortung dieser beiden Texte liegen. Beide Gedichte bieten die Chance, das Davidprofil elementar nachzuzeichnen – geeignet wohl vor allem in der Sekundarstufe II.

DAVIDS TRAUM

Wohin, die mich trug und erhellte,
Welle des Lebens, wohin?
Erblinden die Spiegelsteine ringsum
Oder schwindet mir selbst schon der Sinn?
Ob ich die Gesellin mir wecke,
Die Magd aus schlaftrunkenem Wahn?
Schlaf, Abisag – o, dass du wachtest,
Mein Bruder Jonathan!

Lang, lange. Wie, dass sie mich riefen,
Den Jüngsten, den Knaben vom Feld?
Und ein Königsschild hieß mir das Leben,
Eine Harfe – die Welt.
Dann freilich, dann war es ein Anderer,
Der mir zu Hilfe kam,
Und der vor dem Speerwurf des Königs Saul
Gelind mich zur Seite nahm.

Ich war der Gesalbte in Israel,
Der Heilige – war ich nicht.
Meine Jahre Leben, ich schaue sie an,
Und ich sehe ein dunkles Licht.
Ach, und das Feuer, das Feuer,
Das ich fachte, das mir geschah –
Name, weißgleißendes Holzscheit:
Uria und Bathseba.

Vorbei. Vorbei auch der Feldschlacht
Jubel und Ruhm und Pein.
Gedenk' ich der Höhen Gilboas,
Gedenk ich, Jonathan, dein.
Die rote Blüte der Aloe,
Fühlt sie den Morgenwind schon?
Bald, durch den Vorhang der Frühe, bald
Tritt ein mein Erbe, mein Sohn.

Vorüber. Aber die Sterne
Am immer währenden Ort.
Aus den Sternen kommt Sternengeraune,
Aus dem Geraune das Wort
Verheißung, Isais Lenden,
Meinem, dem Königsstamm –
Ich träume: ein Blachfeld im Dunkeln
Und ein Hirt und ein Licht und ein Lamm.

Methodische Vorschläge

Zunächst lohnt es sich bei Schülerinnen und Schülern älterer Jahrgangsstufen, die Resterinnerungen an ihre Kindheitsbilder von David abzurufen. Vor allem die Episode um »David und Goliat« wird sicherlich fast allen einfallen. An David kann dann der Weg von einem naiv-kindlichen hin zu einem reflektiert-vertiefenden Bibelverständnis aufgezeigt und eingeübt werden. Von den Gedichttexten aus kann ein gezielter Blick zurück in die Bibel die bleibende Widerspenstigkeit des Davidbildes unterstreichen. In dieser Widerspenstigkeit steckt aber gerade ein Stück Realität, das die Brücke vom Damals zum Heute schlägt.

Anhand dieser Gedichte – beide sind wohl angemessenerweise jeweils als »Ganztext« zu präsentieren – kann zudem das spezifisch jüdische und spezifisch christliche Profil herausgearbeitet werden, etwa in arbeitsteiliger Gruppenarbeit, sodass eine Gruppe der anderen ihr Gedicht genauer vorstellt. Hintergrundmaterial (Worterklärungen, Zeitumstände, erläuternde Bibelstellen...) sollten jeder Gruppe dabei von der Lehrkraft zur Verfügung gestellt werden. So lässt sich im Blick auf die Bibelrezeption in diesen beiden Gedichten einerseits zeigen, dass die Bibel das gemeinsame Buch von Juden und Christen ist, andererseits aber auch genau, was sie in der Bibellektüre eint und was sie trennt.[27] Gemeinsam ist das Bild von David als prophetischer Zentralgestalt und als bedeutendstem König der Geschichte Israels. Er gilt – trotz seiner »Eskapaden« – als Prototyp des guten Herrschers und als Patron der Dichter, Tänzer und Musiker. Ebenfalls gemeinsam ist noch die Einschätzung Davids als Typos des Messias: nach jüdischem Verständnis freilich als Typos des noch kommenden Messias, als Urbild künftiger Hoffnungseinlösung also, die nur in Bildsprache angedeutet werden kann. Nach christlicher Deutung ist David hingegen der Typos des bereits gekommenen Messias Jesus von Nazaret, der nicht zufällig als »Sohn Davids« bezeichnet wurde.

Dritte Abteilung: Frauen, die Geschichte(n) schrieben

Kein Zweifel – die Bibel ist ein männlich dominiertes Buch: Entstanden in patriarchalischen Kontexten, verfasst von Männern, zunächst fast ausschließlich gelesen und gedeutet von Männern, auf männliche Erfahrungen bezogen, thematisch konzipiert als Geschichten großer Männer, zentriert auf ein weitgehend in männlichen Zügen gezeichnetes Gottesbild. Kein Wunder deshalb, dass hier bislang vor allem von Männern – wenn auch häufig in von Frauen verfassten literarischen Texten – die Rede war. Wäre der Befund so eindeutig, wie gerade skizziert, dann müsste man die Bibel aus weiblicher Sicht für überholt halten. Tatsächlich sind jedoch in der Bibel Gegenspuren bewahrt, die von der feministischen Theologie der letzten Jahrzehnte völlig zu Recht mehr und mehr freigelegt worden sind. Da ist zunächst – wenn wir im Bereich des Alten Testamentes verbleiben – immer wieder von Frauen an der Seite von großen Männern die Rede, denen freilich in der Regel nur der zweite Platz im Schatten ihrer Männer oder Verwandten zukommt: Eva, Sara, Hagar, Rebekka, Lea, Rahel und Mirjam etwa. Daneben treten jedoch eigenständige Frauenschicksale, denen eigene biblische Bücher gewidmet sind: Rut, Ester und Judit[1]. Schließlich werden auch die weiblichen Züge im biblischen Gottesbild wieder neu betont: Gott im Bild der stillenden Mutter etwa (Jes 66,10f.) oder die breit bezeugte Rede von der »ruach«, der weiblichen Kraft des Geistes.

Diesen Befund hat die feministische Theologie neu ins Bewusstsein gerückt. Ungenügend bedacht sind jedoch nach wie vor die religionspädagogischen Implikationen.[2] Im Blick auf den biblischen Gott bieten die Lehrpläne fast ausschließlich männliche Zugangsfiguren an. Wo etwa Schülern die Identifikation mit David (und seinem Gott) angeboten wird, mutet man Schülerinnen denselben Zugang zu, oft ohne sich dessen bewusst zu sein, dass die Identifikation über eine andersgeschlechtliche Gestalt psychologisch äußerst komplex wirkt. Deshalb ist es ein Gebot der Stunde in der Bibeldidaktik, weiblichen Gestalten breiteren Platz einzuräumen. Auch wenn es historisch nicht den Machtverhältnissen entspricht, den »Männern, die Geschichte(n) schrieben«, eine gleich umfangreiche Tradition von »Frauen, die Geschichte(n) schrieben«, entgegenzustellen, ist diese Entscheidung pädagogisch unverzichtbar. So wie über biblische Männer im Religionsunterricht von Anfang an der Zugang zu Gott erschlossen werden soll, so muss dies künftig über sämtliche Schuljahre hin auch über Frauengestalten möglich werden. Für alle folgenden Texte gilt deshalb der didaktische Tipp: Warum nicht die Grundsatzeinheit zur Einführung in die Bibel – normalerweise ein großes Thema in der Jahrgangsstufe 11, aber auch früher möglich – anhand von biblischen Frauengestalten vornehmen?[3] Gerade hier gibt es die Möglichkeit zu auch für männliche Schüler überraschenden Neuentdeckungen. Und in diesem Zusammenhang wird, mit *Magda Motté* gesprochen, zu beobachten sein, »wie die Autoren und Autorinnen des 20. Jahrhunderts aufgrund der historisch-kritischen Exegese und eines gewandelten Frauenbildes auf den biblischen Befund und die Überlieferung reagieren«[4] und welchen Beitrag zur Bibeldeutung unter feministischer Perspektive sie leisten.

9. Mirjam: Verkannte Prophetin

Ein ideales (Negativ-)Beispiel für die patriarchale Verdrängungsgeschichte im Rahmen der biblischen Tradition ist das Geschick der Prophetin Mirjam. Zugleich zeigt sich an ihr jedoch auch die Widerstandskraft der Bibel gegen eine völlige Verdrängung und Auslöschung aus der Erinnerung. Aus den ältesten Schichten wird deutlich, dass sie neben Mose und Aaron gleichberechtigt als Zentralfigur, als Prophetin des Auszugs aus Ägypten verehrt wurde. Das Mirjamlied (Ex 15,20f) gehört zu den ältesten Zeugnissen der Bibel überhaupt: Mit der Pauke in der Hand und lauter Stimme führt sie den Siegestanz der Frauen an: »Singt dem Herrn ein Lied, denn er ist hoch und erhaben. Rosse und Wagen warf er ins Meer.« Beim Propheten Micha (Micha 6,3) ist diese gleichberechtigte Führungsrolle der Mirjam beim Exodus noch in Erinnerung. In anderen, später entstandenen Texten wird deutlich, dass die Tradition diese Rolle immer weniger akzeptieren konnte. In Num 12,1–15 wird die Rebellion von Mirjam und Aaron gegen Mose geschildert, sie fordern die gleiche Anerkennung als Propheten. Dieses Ansinnen wird scharf zurückgewiesen, um die Vorrangstellung des Mose zu betonen. Nur Mirjam allerdings wird zur Strafe mit Aussatz geschlagen und gilt fortan als Mahnmal dieser Krankheit (vgl. Dtn 24,9). Als – deutlich ältere! – Schwester des Mose (wahrscheinlich eine sekundäre Zuschreibung, dokumentiert in Num 26,59 und 1 Chr 5,27) tritt sie vollends hinter ihrem Bruder zurück. In Exodus 2 bleibt sie namenlos und taucht erzählerisch nur auf, um das Überleben des im Schilfkorb ausgesetzten Babys durch beherztes und kluges Eingreifen zu ermöglichen. Nur in diesen wenigen Texten taucht Mirjam überhaupt auf. Chronologisch gesehen ist die Zurückdrängung von der Rolle der eigenständigen Prophetin hin zur dienenden Schwester Mose eindeutig.

Uriel Birnbaum: Wie Mosis Schwester

So verwundert es kaum, dass sich auch in der Literatur nur wenige ausgesuchte Textzeugnissse über Mirjam finden. Das erste Gedicht stammt von dem deutsch-jüdischen Dichter *Uriel Birnbaum* (zur Person vgl. S. 90), dessen Mose-Gedicht wir bereits näher betrachtet haben. Dass er sich mit Mirjam befasst, ist weniger erstaunlich, als es auf den ersten Blick wirken mag, konzentriert er breite Teile seines Schaffens doch auf die Gestalt des Mose und ihr Umfeld, zu dem Mirjam nun einmal hinzugehört. Außerdem trägt seine Tochter den Namen Mirjam, und dieser Umstand wird zum konkreten Anknüpfungspunkt für das Gedicht »Wie Mosis Schwester«[5]. Es handelt sich denn auch um ein Gedicht, in dem die literarischen Verfahren der Paraphrasierung, Ausdeutung und Aktualisierung im Zentrum stehen.

WIE MOSIS SCHWESTER

Der andern Mirjam möcht' ich dich vergleichen,
Der Schwester Mosis Mirjam. Jahr nach Jahr
Nahm Tag für Tag sie ihre Pflichten wahr –
Doch wartete allzeit der großen Zeichen.

Prophetin, die sie war, unwillig, wusste
Sie ihres Bruders Taten, ganz in Licht
Gehüllt, voraus; sie sah – doch wusste nicht,
Wann es sein werde; nur dass es sein musste.

Wie lange war ihr Bruder schon verschollen?
Wie sollte, was sie wusste, möglich sein?
Da schwieg ihr Wissen. Doch in Mark und Bein
Empfand sie dieser Woge Näherrollen.

Dies Große, ihrem Bruder war's verhangen!
Dies wusste sie, sonst nichts. Und tief erschrak
Sie selbst, als an dann brach der Wunder Tag –
Und sah ihr Leben plötzlich als vergangen.

Ihr ganzes Leben war dahin – mit Warten.
Und als sie nun mit Augen durfte sehn,
War sie beglückt – doch konnte nicht verstehn,
Ob wert ihr Opfer wäre des Erharrten.

Sie sah die großen Wunder sich begeben,
Sie sah das Volk befreit ausziehn – doch kaum
Das lang Verheißne sehend: Dies schien Traum.
Ihr Leben aber – ach, wo blieb ihr Leben?

Die Wunder Gottes und des Bruders Größe
Ersetzten ein verlornes Leben nie!
Voll Gram sah Mirjam wohl am Sinai
Das Feuer, hörte die Posaunenstöße ...

Es galt ihr, der Prophetin, nichts mehr. Alles
War eingetroffen, wusste sie. – Du weißt,
Vom Schicksal derer hat, die wie du heißt,
Dein Los die Gleichheit eines Widerhalles.

Dass deines Vaters Großtat sich erfülle,
Drauf wartetest du lang – und wartest noch,
Im Alltag duldend, ob und wann ich doch
Des Vaters Würde vor der Welt enthülle.

Ich aber, bitter bange ich, du narrest
Dich nur, dies hoffend. Denn kein Zeichen steht
Am Himmel trostvoll. Doch vorüber geht
Dein Leben stumm, indessen du so harrest.

In diesen zehn im Paarreim verfassten Vierzeilern bilden die aktualisierenden Bezüge den Rahmen, innerhalb dessen das Geschick der Mirjam nachgezeichnet wird. Auffällig dabei, wie sehr Birnbaum der traditionellen Lesart der Mirjamgeschichte verhaftet bleibt. Sein Gedicht kann so als Prototyp männlicher Bibeldeutung gelten. Zwar gesteht er der Mirjam im Gefolge der Bibel durchaus zu, Prophetin zu sein. Doch was zeichnet dieses Prophetin-Sein aus? Nach Birnbaum die Fähigkeit, künftiges Geschehen im Voraus zu wissen. Dieses Verständnis entspricht nun jedoch eher dem heutigen Sprachgebrauch als der biblischen Sinnfülle: Propheten sind Menschen, die als Partner vor Gott stehen und seine Botschaft weitergeben. Davon ist bei Mirjam hier nie die Rede. Doch nicht nur das Verständnis als Prophetin wirkt blass, auch die konkrete Bestimmung der Prophetie bleibt patriarchalem Denken verpflichtet: Mirjam weiß, dass ihr Bruder Mose einst große Taten vollbringen wird. Allein im Wissen des »dass« beschränkt sich ihr Prophetin-Sein! Ihr selbst bleibt die Rolle der passiv Wartenden, die »ihre Pflichten« wahrnimmt. Kein Wunder, dass sie sich im Jubel der Befreiung fragt, ob das der Sinn ihres Lebens gewesen sein soll: Wissen um – so die siebte Strophe – die »Wunder Gottes und des Bruders Größe«. Von der eigenen Größe, von der Führungsrolle im Exodus, vom trotzigen Jubellied weiß Birnbaum nichts.

Der aktualisierende Rahmen greift so auch vor allem die Tradition der wartenden, im Leben zu kurz gekommenen Frau auf. In der achten Strophe schlägt der Dichter den Bogen zwischen der von ihm charakterisierten biblischen Mirjam und seiner Tochter, deren Schicksal »wie ein Widerhall« dessen der Namensgeberin ist. Worauf wartet diese »neue Mirjam«? Darauf, dass sich die Größe des Vaters als Künstlers der Welt offenbare. An die Stelle des großen Bruders Mose tritt der große Vater, in dessen Schatten das weibliche Leben dahinkümmert.

Didaktische Verortung und methodische Vorschläge

Didaktisch betrachtet kann das Gedicht von Birnbaum so vor allem als Beleg der traditionellen Mirjamdeutung und darin als Beispiel der traditionellen Frauenrolle gelten. Methodisch legt sich die Analysefrage nahe, welche Rollen hier Mirjam (damals wie heute), welche Rollen Mose (bzw. dem »Vater«) zugeschrieben werden. Über Wortfelder wird der Gegensatz überdeutlich. Schülerinnen und Schüler können so dafür sensibilisiert werden, wie sehr die biblische Verdrängungsgeschichte großer Frauen in das allgemeine Bewusstsein eindringen kann. Von diesem Gedicht aus kann die Wiederentdeckung der wahren, in der Bibel eben doch noch aufspürbaren Mirjam umso spannender und befreiender werden. Ein Blick auf die bekannte bildliche Darstellung der »tanzenden Mirjam«[6] von Sieger Köder kann diese Entdeckung im Medium Bild einprägsam veranschaulichen.

Ingeborg Bachmann: Mirjam

Überraschender als der Name von Uriel Birnbaum im Zusammenhang mit der Mirjam-Rezeption ist der von *Ingeborg Bachmann* (1926–1973). Zwar ist das Werk der österreichischen Schriftstellerin – ohne Zweifel eine der größten deutschsprachigen Dichterinnen des 20. Jahrhunderts – voller biblischer Anklänge, Zitate und von der Bibel inspirierten Sprachmuster, doch dienen Bachmann diese Verweise eher der Umkehrung der ursprünglichen Heilsaussage, wie *Dietmar Mieth* feststellt: Gerade weil ihr »alles auf authentische Erfahrung mit authentischer Sprache ankommt, wird die biblische Sprache« aufgenommen, montiert, jedoch mit der Technik der »Inversion im Sinne der Umkehrung«, im »Sinne der Zurücknahme von Sprache ins Schweigen«[7]. Nur selten werden die biblischen Anspielungen aus dem Bereich des versteckten Zitates direkt auf die Textoberfläche gehoben. So gesehen ist das 1957 verfasste Gedicht »Mirjam«[8] ein für Ingeborg Bachmann außergewöhnlicher Text. Der biblische Bezug wird schon im Titel deutlich, das ganze Gedicht wird direkt dieser biblischen Gestalt gewidmet, Mirjam, die in direkter Anrede zum fiktiven Gegenüber der Dichterin wird.

Das scheinbar einfache Vierstrophengedicht erweist sich bei näherem Hinsehen als anspielungsreicher, in der Bedeutung kaum sicher auslotbarer Text. In der ersten Strophe wird Mirjam als »du« angesprochen. Mit wenigen Assoziationen wird ein Bild aufgerufen, wie man sich diese Mirjam vorstellen soll: »dunkles Haar«, »jung«, »glänzend«. Dass ihr »süßer« Name einen Mandelton zum Klingen bringt, ist eine Anspielung auf die mögliche Herleitung der Bedeutung des Namens Mirjam aus dem Wortstamm »Mandelbaum«. Die Prophetin wird hier als Trägerin der Verheißung vorgestellt: Sie »glänzt von Morgen«, ihr Land – Teil des »Morgenlandes« – hat immer schon diesen verheißungsvollen Glanz der Zukunft ausgestrahlt. Mirjam, die Prophetin der Befreiung, hat Anteil an dieser Zukunftshoffnung des Judentums. In allen folgenden Aussagen über Mirjam ist so immer kollektiv das Judentum mitgemeint.

© Sieger Köder, Mirjam

MIRJAM

Woher hast du dein dunkles Haar genommen,
den süßen Namen mit dem Mandelton?
Nicht weil du jung bist, glänzt du so von Morgen –
dein Land ist Morgen, tausend Jahre schon.

Versprich uns Jericho, weck auf den Psalter,
die Jordanquelle gib aus deiner Hand
und lass die Mörder überrascht versteinen
und einen Augenblick dein zweites Land!

An jede Steinbrust rühr und tu das Wunder,
dass auch den Stein die Träne überrinnt.
Und lass dich taufen mit dem heißen Wasser.
Bleib uns nur fremd, bis wir uns fremder sind.

Oft wird ein Schnee in deine Wiege fallen.
Unter den Kufen wird ein Eiston sein.
Doch wenn du tief schläfst, ist die Welt bezwungen.
Das rote Meer zieht seine Wasser ein!

An Mirjam richtet sich die Aufforderung, die Erfüllung dieser Hoffnungen herbeizuführen, so die zweite Strophe. Mirjam soll »Jericho« – Bild der feindlichen Mächte, die »fallen« müssen – versprechen; sie, die Musikerin, Tänzerin und Sängerin, soll den Psalter zum Lobpreis Gottes erklingen lassen; sie soll den Wassern des heiligen Flusses Jordan freien Lauf lassen; schließlich, ein ungewöhnliches Bild, soll sie die Mörder »versteinen« lassen, mit ihnen aber auch ihr »zweites Land«. Hier wird das Versteinern der Frau Lots als Bild aufgegriffen. Das folgende Geschehen ist nur jenseits von normalem Verständnis von Zeit und Raum möglich, deshalb müssen die Naturgesetze hier durchbrochen werden. Und spätestens ab hier wird deutlich, dass es Ingeborg Bachmann nicht ausschließlich um die biblische Prophetin Mirjam geht, sondern in ihrem Bild auch um eine Beschreibung der Gegenwart. Assoziativ wird das Schicksal des jüdischen Volkes unter der Nazibarbarei evoziert: Die »Mörder« sind nicht nur die Soldaten des Pharao damals, sondern auch die Schergen des 20. Jahrhunderts; als »zweite Heimat« erwies sich Israel nicht nur den frühjüdischen Halbnomaden, die aus Ägypten kamen, sondern auch für jene Juden, die aus Europa in den 1948 gegründeten modernen Staat zogen.

In der dritten Strophe wird diese Linie weiter ausgezogen. Doch der Sinn bleibt unsicher. Ist die folgende Lesart möglich? Von Mirjam als Verheißungsträgerin auch heute soll das »Wunder« der Vergebung ausgehen: Sie soll an die versteinerten Körper – der Mörder – rühren und sie mit heißen Tränen der Trauer waschen, Tränen, die sie selbst rein waschen. Und doch soll Mirjam uns – Bachmann stellt sich hier an die Seite des Volkes der Mörder – fremd bleiben, denn nur so können »wir« uns selbst angesichts der gemeinsamen Vergangenheit als Täter der allzu leicht bewältigten Schuld bewusst bleiben. Zu enge Vertrautheit stört das Erinnern. Befremden macht Erinnern möglich. Diese aktualisierende Deutung des Gedichts legt sich auch deshalb nahe, weil sich hier enge Berührungspunkte mit einem zentralen Anliegen von Ingeborg Bachmann, dem Umgang mit Schuld, aufzeigen lassen.

Die letzte Strophe erweist sich endgültig als rätselhaft. In ihrer Bildwelt (»Schnee«, »Eis«) führt sie in einen anderen Kulturraum, schlägt sie vollends die Brücke in die Gegenwart. Der in der dritten Strophe angedeuteten wundersamen Möglichkeit der Versöhnung durch die »heißen Tränen« werden hier zu erwartende Hindernisse in den Weg gestellt: In Mirjams Wiege, wo es warm sein muss, um Leben zu ermöglichen, wird Schnee fallen. Unter den Kufen der Wiege wird ein kreischend kalter Eiston erklingen, nicht der Psalter. Das Gedicht endet trotzdem in einem Hoffnungsbild: Wenn Mirjam trotz Schnee und Eiston schläft, dann wird »die Welt bezwungen« sein, dann hat sich die Verheißung erfüllt. Diese zukunftsbezogene Hoffnung wird noch einmal in einem aus dem Exodusgeschehen entlehnten Bild zusammengefasst: Das »rote Meer« zieht seine Wasser ein, der rettende Durchgang wird möglich.

Ein schwieriges Gedicht, das mit den oben ausgeführten Gedanken sicherlich nicht erschöpfend ausgedeutet wurde. Mirjam wird zur Repräsentantin des Judentums, an dessen Schicksal und Segensverheißung sie als Prophetin in besonderem Maße teil hat. So erscheint sie als überzeitliches Bild der Verheißung, als Bild der – nicht durch Vergessen oder Verdrängen zu erzielenden – Versöhnung von Tätern und Opfern. Nur so ist Rettung, »das Durchschreiten des roten Meeres«, möglich.

Didaktische Verortung

Kann man ein solches Gedicht mit Schülerinnen und Schülern betrachten? Sicherlich ist dies nur in Ausnahmefällen in besonders sprachsensiblen und interessierten Oberstufenklassen möglich. Einerseits kann das Gedicht in einer Unterrichtseinheit zu den biblischen Frauen (und ihrer bleibenden Bedeutung) behandelt werden, andererseits jedoch auch in der Frage nach dem Umgang mit Schuld und Vergebung, konkret bezogen auf die Situation in Deutschland und Österreich nach der Nazidiktatur. Das gemeinsame Ringen am Text, an seinen Bildern und Assoziationen wird hier wohl nur möglich, wenn man sich an den einzelnen Versen entlangtastet. Das mag nur selten gelingen, bietet aber die Chance zu äußerst intensiver gemeinsamer Sinnsuche.

10. Rut: Überlebenskünstlerin und Königsurmutter

Das kleine Büchlein Rut ist ein literarisches Kleinod der Bibel. Konzipiert als weisheitlich geprägte Novelle erzählt es in freier Fiktion und Rückdatierung in die Richterzeit das Schicksal zweier starker Frauen. Darin gerade ist das Buch innerhalb des biblischen Kanons einzigartig: Es geht um das solidarisch gestaltete Schicksal von Frauen, aus deren Perspektive die ganze Erzählung strukturiert ist. Noomi aus Betlehem zieht mit ihrem Mann und ihren zwei Söhnen wegen einer Hungersnot nach Moab. Die Söhne heiraten von dort stammende Frauen, eine davon ist Rut. Als sowohl Noomis Ehemann als auch die Söhne sterben, beschließt diese, in ihr Heimatland zurückzukehren. Vor die Wahl gestellt, im heimatlichen Moab zu bleiben oder mit der Schwiegermutter in das fremde Land Juda zu ziehen, sagt Rut zu Noomi: »Wohin du gehst, dahin gehe auch ich, und wo du bleibst, da bleibe auch ich. Dein Volk ist mein Volk, und dein Gott ist mein Gott.« (Rut 1,16) In Betlehem angekommen, versteht es Noomi geschickt, den weitläufig mit ihr verwandten Boas und Rut zu einem Paar werden zu lassen. Sie heiraten, bekommen einen Sohn und dieser wird der Großvater Davids.

Mit dieser Geschichte wird zum einen die Offenheit des jüdischen Volkes für Angehörige anderer Völker deutlich gemacht. Es geht hier jedoch nicht – wie in falscher Vereinfachung in Religionsunterricht und Verkündigung häufig anzutreffen – primär um die Liebesgeschichte von Rut und Boas. Von Liebe ist in diesem biblischen Buch an keiner Stelle die Rede. Vielmehr geht es – sozialgeschichtlich betrachtet[9] – um das Überleben von rechtlosen und marginalisierten Frauen (Witwen ohne Anspruch auf eigenen Landbesitz, Rut zudem als »Fremde«) in einer Situation äußerster Lebensbedrohung. In kluger Solidarität schaffen sich Noomi und Rut – im Vertrauen auf die Fügung Gottes – eine Lebensnische. Ungeheuerliche Aussage aus patriarchalischer Sicht: Rut, die nichtjüdische Schwiegertochter, erweist sich hier für Noomi als »mehr wert als sieben Söhne« (Rut 4,15)! Dass es sich bei all dem tatsächlich um göttliche Fügung handelte – möglich freilich nur durch mutige Eigeninitiative der Frauen –, wird durch die Einfügung Ruts in den Stammbaum Davids und später sogar in den Stammbaum Jesu (Mt 1,5) unterstrichen.

Das Buch Rut wurde lange Zeit verharmlost und religionspädagogisch – etwa in den Lehrplänen – völlig ignoriert. Dabei ist es aufgrund seiner Kürze, Sprache und erzählerischen Spannung von Schülerinnen und Schülern schon in der Sekundarstufe I als Ganzschrift gut und Gewinn bringend lesbar. Didaktisch legt sich dabei der Blick auf den sozialgeschichtlichen und feministischen Aspekt der Erzählung nahe. Hier geht es um eine »Geschichte wachsender Selbstwahrnehmung von Frauen«[10] (Horst Klaus Berg), um strukturelle Benachteiligung und klug-mutiges Umgehen mit dieser Situation. Hier bietet sich der Brückenschlag zu heutigen Unrechtserfahrungen von Mädchen und jungen Frauen an. Ein weiterer didaktischer Anknüpfungspunkt könnte die Erfahrung des Fremd-Seins sein. Bei aller historischen Distanz: Rut ist eine der zentralen biblischen Identifikationsfiguren vor allem aus weiblicher Sicht.

Schalom Ben-Chorin: Ruth

Literarisch führt Rut ein ähnliches Schattendasein wie in der theologischen und religionspädagogischen Rezeption. Nur wenige Texte[11] greifen auf Rut oder auf Motive dieser Novelle zurück. Das erste hier aufgenommene Gedicht stammt von einem in München aufgewachsenen Autor, dessen Geburtsname weitgehend unbekannt ist: *Fritz Rosenthal* (1913–1999). Mit Anfang Zwanzig veröffentlichte dieser jüdische Lyriker zwei Gedichtsammlungen, die in konventioneller Form biblische Themen und Figuren neu in Sprache setzten. Auf »Die Lieder des ewigen Brunnens« von 1934 folgte 1935 »Das Mal der Sendung«. Im Jahr der Veröffentlichung dieses zweiten Bandes entschloss sich der junge Münchner nach Verhaftungen und Misshandlungen durch die NS-Behörden jedoch zur Auswanderung nach Palästina, in das »Land Israel«, wo er den Rest seines Lebens verbrachte. Nun nahm er jenen Namen an, unter dem er als Religionsphilosoph berühmt werden sollte: *Schalom Ben-Chorin*. Sein Gedicht »Ruth«[12] stammt aus dem erstgenannten Lyrikband und verdeutlicht repräsentativ die lyrische Bibeldeutung dieses Dichters.

RUTH

Sie stand inmitten des Gesindes
Wie eine Blume, die im Acker steht,
Und ihre Augen waren eines Kindes
Augen, das noch im Land der Märchen geht.

So fand er sie an seines Feldes Raine
Schon in des Abends tiefer Heimlichkeit.
Stumm legte er zu ihrer auch noch seine
Kornlese in ihr weites Kleid.

Und er entließ sie mit der Liebe Segen
- Sie, die im Sturm in seine Stadt verweht -
Da musste er die Hände auf sie legen

Und ihre Worte wurden zum Gebet.
Der junge Tag besiegelte den Bund
Und Könige entwuchsen seinem Grund.

Rosenthal hält sich an die traditionell vorgegebenen Muster des klassischen Sonetts. Seine Art der literarischen Bibelrezeption lässt sich in Form und inhaltlicher Ausrichtung gut mit jener von Uriel Birnbaum (vgl. S. 80 und 102) vergleichen. Aus der biblischen Erzählung werden wenige zentrale Spannungsmomente herausgegriffen und psychologisch ausgedeutet. In der ersten Strophe fällt der Blick auf Rut, die sich bereits in Betlehem befindet. Die ganze – theologisch und sozialgeschichtlich zentrale – »Vorgeschichte« wird ausgeblendet oder vorausgesetzt, jedenfalls nicht betont. Die von Noomi geschickte Rut steht auf dem Feld, das Boas gehört, um die Ähren zu lesen. Sie, die als Witwe in einem fremden Land lebt und um ihr bloßes Überleben kämpft, wird dabei von Rosenthal ganz zum träumerisch-unschuldigen Mädchen verklärt. Die zweite Strophe lenkt den Blick auf Boas, der sich gleich in Rut verliebt und das durch die Gabe der von ihm aufgelesenen Ähren symbolisch bestätigt. Dass es sich um Liebe handelt, wird in der dritten Versgruppe (»der Liebe Segen«) deutlich, freilich eine Liebe aus Verpflichtung, da »der Sturm« sie in »seine Stadt verweht« hatte. Am Ende fällt der Blick schließlich auf den so im Vertrauen auf Gott (»Gebet«) geschlossenen Bund – Rut und Boas werden zu königlichen Ahnen.

Didaktische Verortung und methodische Vorschläge

Rosenthal bleibt hier ganz einer verharmlosenden Rut-Deutung im Sinne einer Liebesgeschichte verhaftet, die sich schon in den Beschreibungen der Anfangsstrophe zeigt. Nur in dieser ersten Strophe wird zudem die weibliche Erzählperspektive des biblischen Buches beibehalten, danach schwenkt die Sicht auf eine männliche Betrachtung, auf Boas, auf *sein* Handeln und auf die Folgen dieses Handelns. Was zunächst als psychologisierende Konzentration der Rut-Novelle erschien, erweist sich bei näherer Betrachtung als typisches Beispiel verharmlosender Umdeutung. Dieser Aspekt könnte auch für Schülerinnen und Schüler erhellend sein. Dabei gilt es, das Gedicht im Rahmen seines Entstehungskontextes ernst zu nehmen. Es ist verfasst, bevor feministische oder sozialgeschichtliche Bibelhermeneutik die kritische Betrachtung der Rut-Novelle angeregt haben. In seiner Zeit greift Rosenthal eine gängige Rut-Deutung auf. Nicht um einen »Verriss« dieses Gedichtes darf es also gehen. Trotzdem: Nach einer eingehenden Betrachtung der biblischen Novelle kann an diesem Gedicht gezeigt werden, welche Deutetendenzen die eigentliche Brisanz biblischer Geschichten verstellen konnten und können. Methodisch schließt sich so der Impuls an, heutige Gegengeschichten oder Gegengedichte zu verfassen, die dem biblischen Original näher stehen und/oder die Situation »heutiger Ruts« eher erfassen.

Drutmar Cremer: Lichtgehörn am Tor von morgen

Das zweite Rut-Gedicht entstammt einem gänzlich anderen Kontext. Der 1930 in Koblenz geborene *Drutmar Cremer* ist seit vielen Jahren Benediktiner und seit 1991 Prior der Abtei Maria Laach. Er gehört zu den wenigen bedeutenden katholischen Lyrikern der Gegenwart[13], die ihr Christsein im lyrischen Text selbst thematisieren. 1993 wurde er mit dem internationalen Fernando-Rielo-Preis ausgezeichnet, der vor allem der Tradierung und Transformierung mystisch-spiritueller Poesie im Gefolge der großen spanischen Meister des 16. Jahrhunderts wie Luis de Léon, Teresa von Avila oder Johannes vom Kreuz gewidmet ist. Genau in diese Traditionslinie stellt sich Cremer: Er will mystische Dichtung für unsere Zeit verfassen im Rückgriff auf große christliche Lyriker einerseits, aber auch im Rückgriff auf moderne jüdische Künstler wie Nelly Sachs im Bereich der Literatur oder Marc Chagall im Bereich der Malerei. In zwei Bänden meditiert Cremer die großen Gemälde und Glasfenster von Chagall zu biblischen Themen. So finden sich in »Dein Atemzug holt Zeiten heim« von 1984 und »Im Morgenrot singst du das neue Lied« von 1995 lyrisch-meditative Annäherungen an fast alle großen biblischen Gestalten. Das hier ausgewählte Rut-Gedicht mit dem ungewöhnlichen Titel »Lichtgehörn am Tor von morgen«[14] aus dem ersten der genannten Bände ist also ein für Cremer typischer Text.

Cremer meditiert in diesen fünf Versgruppen das Bild »Ruths Treffen mit Boas«, das Marc Chagall 1960 gemalt hat. Es zeigt Rut und Boas im schwungvollen Tanz. Dies ist die im Text wiedergegebene Grundidee: Die direkt angesprochene Rut tanzt, doch es ist ein »Tanz der Seele«. Gleich das erste der mit wenigen Worten umrissenen Sprachbilder nimmt dabei das Witwenschicksal Ruts auf: »Wehmutsschleier« können doch den Tanz nicht verhindern. Die zweite Versgruppe konzentriert sich auf ein Detail des Tanzes, die gehobenen Arme, die hier zum Symbol (»Flügel«) der erahnten Verheißung werden. Cremer arbeitet dabei mit dichten Assoziationsfügungen: Die sehnsuchtsvoll geschwungenen Arme werden zu »Lichtrufen ins Ungesagte«. Der Tanz erhält so die Bedeutung von transzendenter Sehnsucht. In der dritten Versgruppe wird das Schicksal Ruts mit der gesamten Heilsgeschichte verbunden. In ihr nistet ein Wissen (»Auge«), das vom »ersten Schöpfungstag« an auf Erfüllung verwies. Implizit scheint hier ein Hinweis auf messianische Hoffnung auf, der jedoch nicht explizit auf die Textebene gehoben wird. Rut wird – im Gefolge der klassischen Mariendeutung – in der vorletzten Versgruppe als Sich-Ausliefernde stilisiert, die in der Hoffnung auf künftige Erfüllung lebt. Cremer zeichnet diese Hoffnung in zwei Bildern. Zunächst greift er auf die Tradition zurück, dass Mose »gehörnt« vom Berg Sinai zu seinem Volk hinabstieg. Es handelt sich dabei wohl um einen Übersetzungsfehler. In Ex 34,29 wird von Mose erzählt, dass »die Haut seines Gesichts Licht« ausstrahlte, als er vom Berg Sinai hinunterstieg. Diese Stelle wurde über mehrere Jahrhunderte hinweg so übersetzt, dass Mose »gehörnt« vom Berg Sinai abstieg. Chagall verbindet in seinen Mosedarstellungen beide Traditionen, indem er Mose »lichtgehörnt« malt. Die Hörner aus Licht werden bei ihm zum Symbol der Erleuchtung durch Gottes Geist.[15] Dieses Hoffnungssymbol kann im Rahmen der heilsgeschichtlichen Schau dieses Gedichtes auch auf Rut übertragen werden. Daneben tritt jedoch der Hinweis auf das »Tor von morgen«, einerseits ein Bild für Zukunftshoffnung, andererseits jedoch ganz eng an die biblische Rut-Erzählung geknüpft. Das Tor ist im Orient der zentrale Ort der Rechtsfindung, hier verhandelt Boas erfolgreich über die Rechtsnachfolge von Ruts verstorbenem Mann – die Voraussetzung für die folgende Eheschließung.

LICHTGEHÖRN AM TOR VON MORGEN

Unaufhörlich
füllt
Tanz
deine Seele -
trotz der
Wehmutsschleier
früh vom
Tod
dir gebracht

Unaufhörlich
hebst
du die Arme -
Lichtruf ins
Ungesagte -
Flügel
voll Ahnung:
mir grünt
ein Smaragd

In den Ästen
deiner Seele
nistet ein
Auge
das dem ersten
Schöpfungstag schon
Atem und
Träume
voll Samen versprach

Unbetont
lieferst du
immer
dein Herz aus -
und im Dunkelhaus der Nacht
traust du stets dem
Lichtgehörn am
Tor von morgen

Rut
dir - der Fremden
sind Quellworte neu geschenkt
dir - der Fremden
hat der Himmel
blindlings die
Rettung
anvertraut

Marc Chagall, Ruths Treffen mit Boas; © VG Bild-Kunst, Bonn 2000

In der Schlusssequenz weitet sich der Blick auf die grundsätzliche Bedeutung der Rut. »Quellworte« – Urworte des Heilswillens Gottes seit der Schöpfung – sind ihr geschenkt. Gerade von ihr – der Nichtjüdin – sollte das Davidsgeschlecht ausgehen, von David schließlich der Messias Jesus, der erneut nur assoziativ durch den Begriff »Rettung« aufgerufen wird. Rut wird so als unverzichtbares Brückenelement der Heilsgeschichte ausgezeichnet. Auch bei Cremer tritt der sozialgeschichtliche Aspekt – zugunsten des heilsgeschichtlichen – in den Hintergrund. Er wertet Rut auf, als Frau, als »Fremde«, als Trägerin der Offenbarung Gottes.

Methodische Vorschläge

Cremers Gedicht kann für Schülerinnen und Schüler in verschiedener Weise Entdeckungen bereithalten. Einerseits ist es denkbar, den Text zum Abschluss der Beschäftigung mit Rut tatsächlich als Meditationstext einzusetzen. Diese Meditation kann sich dabei ideal mit einer Betrachtung des Chagallschen Bildes verbinden. Ein kombinierter Blick auf Rezeptionsspuren der Bibel in Bild und Wort legt sich hier nahe. Und vielleicht nehmen ja auch einige SchülerInnen den Impuls auf, selbst noch einmal ganz anders das Rut-Bild kreativ zu be-schreiben.

11. Ester: Retterin ihres Volkes

Ester gehört genauso wenig wie Rut zu jenen Figuren der Bibel, die im praktischen Glaubensleben der christlichen Kirchen nachhaltige Spuren hinterlassen haben. Im Gegenteil: Im Gegensatz zur jüdischen Tradition, in der das Buch Ester alljährlich zum Purimfest in der Synagoge gelesen wird und Anlass zu den beliebten Purimspielen gibt, spielt das zu den »Megillot«, den »Festrollen« gerechnete Buch im Christentum weder in der Liturgie noch im Alltagsleben, geschweige denn im Religionsunterricht eine nennenswerte Rolle. Der Charakter des Ester-Buches gleicht dabei dem des Rut-Buches: Beide sind literarisch konzipierte Novellen, die ein fiktives Ereignis aus der jüdischen Vorzeit erzählerisch entfalten.

Die Handlung dieser Novelle wird an den Königshof des Persers Artaxerxes (486–465 v. Chr.) verlagert. Nachdem dieser seine Frau Waschti verstoßen hat, wählt er sich Ester als neue Königin, ohne zu wissen, dass sie, die als Waise bei ihrem Onkel Mordechai lebt, eine verschleppte Jüdin ist. Die Situation spitzt sich daramatisch zu, als Haman zum Verwalter des Staates aufsteigt. Weil Mordechai ihm den Kniefall zur Ehrerbietung verweigert, fasst er den Plan, alle Juden in Persien vernichten zu lassen. Mordechai bittet Ester um Fürsprache für ihr Volk beim König. Dieser hatte jedoch den Befehl ausgegeben, dass ihn niemand ungefragt ansprechen dürfe. Für jeden, »Mann oder Frau«, gelte das gleiche Gesetz: Wer »zum König in den inneren Hof geht, ohne gerufen worden zu sein«, wird getötet, es sei denn, dass »der König ihm das goldene Zepter entgegenstreckt« (Est 4,11). Im Vertrauen auf Gott begibt sich Ester dennoch zum König, der ihr tatsächlich Gehör schenkt. Die Juden werden verschont, während Haman und seine Anhänger getötet werden. Die Esterrolle – im hebräischen Original nur wenig auf Gott bezogen, in der griechischen Version mit entsprechenden Erweiterungen »theologisch angereichert« – schildert die Rettungsfantasie eines ständig um sein Überleben kämpfendes Kleinvolks. Nur so sind auch die Rachefantasien am Ende des Buches verständlich.

Durch die Gewaltverherrlichung am Ende der Esterrolle empfiehlt sich das Buch nur sehr bedingt als Ganzlektüre für den Religionsunterricht. Lesenswert ist es vor allem, wenn man die titelgebende Gestalt der Ester in das Zentrum des Interesses stellt. Dann wird das Profil einer mutigen, auf Gott vertrauenden Frau deutlich, die zur Retterin ihres Volkes aufsteigt. Hier liegt also eine weitere weibliche Identifikationsfigur der Bibel vor, die schon in der Sekundarstufe I einen für SchülerInnen ungewohnten Zugang zur Bibel erschließen kann[16]. Ester als Frau, die voller Gottvertrauen ihre Angst überwindet und politisch tätig wird, diese Figur kann gerade Mädchen ermuntern, ihre Kraft und Stärke zu entdecken und nach außen zu tragen. Das Buch Ester kann außerdem seinen Platz in einer Unterrichtseinheit zum Judentum einnehmen, weil es ja das Entstehen des Purimfestes literarisch-fiktiv erklärt.

Rainer Maria Rilke: Esther

In der deutschsprachigen Literatur des 20. Jahrhunderts finden sich erstaunlich zahlreiche Hinweise auf Ester[17]. Vor allem für deutsch-jüdische SchriftstellerInnen lag hier eine Identifikationsfigur für ihre Erfahrungen von Bedrohung, Exil und Hoffnung auf Rettung vor. Der Konflikt um den fiktiven Massenmörder Haman wurde unter dem realen Massenmörder Hitler grauenhafte Realität. Das erste Beispielgedicht führt uns jedoch an den Anfang des 20. Jahrhunderts zurück, in die Zeit vor der Nazibarbarei. Im Jahr 1908 veröffentlichte *Rainer Maria Rilke*[18] (1875–1926) seine Gedichtsammlung »Der neuen Gedichte anderer Teil«. Diese Sammlung ist eine reichhaltige Fundgrube für literarische Annäherungen an Gestalten des Alten Testamentes. Neben den bereits benannten deutsch-jüdischen Lyrikerinnen (Rose Ausländer, Nelly Sachs, Else Lasker-Schüler) macht diese Gedichtsammlung Rilke zum wichtigsten deutschsprachigen Lyriker im Blick auf die Bibelrezeption. Hier findet sich auch der Text über Ester[19], geschrieben im Frühsommer des Jahres 1908.

ESTHER

Die Dienerinnen kämmten sieben Tage
die Asche ihres Grams und ihrer Plage
Neige und Niederschlag aus ihrem Haar,
und trugen es und sonnten es im Freien
und speisten es mit reinen Spezereien
noch diesen Tag und den: dann aber war

die Zeit gekommen, da sie, ungeboten,
zu keiner Frist, wie eine von den Toten
den drohend offenen Palast betrat,
um gleich, gelegt auf ihre Kammerfrauen,
am Ende ihres Weges *Den* zu schauen,
an dem man stirbt, wenn man ihm naht.

Er glänzte so, dass sie die Kronrubine
aufflammen fühlte, die sie an sich trug;
sie füllte sich ganz rasch mit seiner Miene
wie ein Gefäß und war schon voll genug

und floss schon über von des Königs Macht,
bevor sie noch den dritten Saal durchschritt,
der sie mit seiner Wände Malachit
grün überlief. Sie hatte nicht gedacht,

so langen Gang zu tun mit allen Steinen,
die schwerer wurden von des Königs Scheinen
und kalt von ihrer Angst. Sie ging und ging –

Und als sie endlich, fast von nahe, ihn,
aufruhend auf dem Thron von Turmalin,
sich türmen sah, so wirklich wie ein Ding:

empfing die rechte von den Dienerinnen
die Schwindende und hielt sie zu dem Sitze.
Er rührte sie mit seines Szepters Spitze:
... und sie begriff es ohne Sinne, innen.

Dieses siebenstrophige, mit einem unregelmäßigen Reimschema versehene Gedicht Rilkes versperrt sich zunächst dem einfachen Zugang und bedarf deshalb der genaueren Interpretation. Rilke konzentriert sich völlig auf eine kurze Szenenfolge, die auf den inneren psychologischen Spannungshöhepunkt der Estergeschichte hinausläuft. Wichtig ist zunächst, was Rilke alles *nicht* sagt, *nicht* beschreibt. Kein Wort über die Vorgeschichte, über Hamans Plan zur Vernichtung der Juden, über Esters Onkel Mordechai, der Ester zur Rettung seines Volkes an den Königshof schickt. Kein Wort aber auch über die Nachgeschichte, die Rettung der Juden durch Ester, die Rache der Juden an ihren Feinden, das Purimfest zur Erinnerung an diesen Tag. Nein, Rilke verdichtet die wenigen Verse auf den Spannungshöhepunkt zu, den Augenblick, in dem Ester unter Todesgefahr vor König Artaxerxes tritt. Die konkrete psychologische Ausmalung der Szene (Est 5,1–2) stammt aus der späteren griechischen Ergänzung des hebräischen Urtextes: Es heißt dort, dass sie »strahlte in blühender Schönheit, ihr Gesicht war bezaubernd und heiter, ihr Herz aber war beklommen vor Furcht«. Genau diese innere Spannung fasziniert Rilke.

Die erste Strophe konzentriert sich auf die Vorbereitung Esters auf den Gang zum König. Ihre tiefe innere Notlage wird nur angedeutet durch den »Gram« und die »Plage«, die die Dienerinnen aus ihrem Haar kämmen. Um den Plan zur Rettung ihres Volkes gelingen zu lassen, muss Esters Äußeres dem Königspalast angemessen sein. So wird sie sieben Tage lang gepflegt, die klassische Trauerzeit der Juden »in Sack und Asche«. In offenem Übergang gleitet die Vorbereitungszeit über in den Moment, in dem sie sich, sorgsam vorbereitet, aufmachen muss. Wohin und wozu? Das wird erst jetzt, in der zweiten Strophe deutlich. Sie will den König »schauen« – wiederum, wie auch im ganzen Gedicht, kein Wort von ihrer Mission, der Bitte um die Rettung ihres Volkes, der Vereitelung des Vernichtungsplans Hamans. In Erinnerung gerufen ihr Risiko: Niemand durfte »zum König gehen, außer wenn der König ... sie ausdrücklich rufen ließ« (Est 2,14). Esters Vorhaben, »ungeboten, zu keiner Frist« vor den König zu treten, gefährdete deshalb ihr Leben.

»Beklommen vor Furcht«, so im biblischen Text, nähert sie sich dem königlichen Thron, und diese Beklemmung wird von Rilke in den folgenden, kürzeren vier Strophen mehr und mehr gesteigert. Wir folgen Ester buchstäblich Schritt für Schritt durch die drei Säle auf den Thron zu, sehen und fühlen, wie sie »ging und ging«, bedrückt durch die immer schwerer werdenden Edelsteine ihres Schmuckes, kälter werdend »von ihrer Angst«, vom überstrahlenden Glanz des Königs geblendet und entflammt, von seiner Macht fast erdrückt. Alle Vorbereitung hatte doch diese beklemmende und bedrohliche Realität nicht erfassen können: »so langen Gang zu tun« hatte sie nicht gedacht.

Alle Steigerungen laufen auf den Spannungshöhepunkt zu, in dem sie den so unendlich mächtigen, fast überirdisch gewaltigen und strahlenden König erblickt, »fast von nahe«, »so wirklich wie ein Ding«. Sein Anblick, heißt es im biblischen Buch (Est 5,1–4), »angetan mit seinen Prunkgewändern voll Gold und Edelsteinen«, war »Furcht erregend. Als er aufblickte und die Königin in wildem Zorn mit feuerrotem Gesicht ansah, wurde sie bleich, fiel in Ohnmacht und sank auf die Schulter der Dienerin«. All dies enthält uns der dichterische Text vor, besonders auch die essenzielle Spannungsauflösung dieser Szene, die letztlich zur Rettung Esters und der Juden führt: »Da erweichte Gott das Herz des Königs. Besorgt sprang er vom Thron auf und nahm sie in seine Arme, bis sie wieder zu sich kam. Dann redete er ihr mit freundlichen Worten zu und sagte: ›Was hast du, Esther? Ich bin dein Bruder, sei unbesorgt! Du sollst nicht sterben; denn unser Befehl gilt nur für die anderen. Komm her.‹ Dann nahm er das goldene Szepter, legte es ihr auf den Nacken, küsste sie und sagte: Nun rede mit mir.«

Von all dem bei Rilke kein Wort. Er setzt die Kenntnis des Verlaufes des biblischen Esterbuches voraus oder misst ihm für seine Perspektive keine Bedeutung bei. Seine Steigerung der Spannung beschränkt sich auf den Moment, in dem Ester vor Furcht und Überwältigung in Ohnmacht sinkt – hier nur indirekt geschildert durch den Blick auf die sie auffangende Dienerin. Während wir bislang Ester selbst folgten, verlagert sich die Perspektive poetisch konsequent in dem Moment, in dem Ester das Bewusstsein verliert, auf die anderen Figuren. Zunächst auf die Dienerin, dann auf den König: Er

»rührt sie mit seines Szepters Spitze« – Zeichen seiner gewährenden Vergebung der Gesetzesübertretung. Die Konsequenz dieses Geschehens spiegelt sich im letzten Vers. Die drei Auslassungspunkte am Anfang des letzten Verses deuten freilich an, dass wir den vorherigen Duktus verlassen, dass wir uns vom fast bildhaft betrachtenden Standpunkt entfernen: Rilke erwartet von seinen LeserInnen, Ester nun in den »Innen-Zustand« zu folgen, wie sie »ohne Sinne« zu begreifen.

Aber was begreift Rilkes Ester? Die eigene Rettung, die erfolgreiche Ausführung ihrer Mission, die Rettung ihres Volkes? Das Gedicht kann schließen, ohne eine Antwort auf diese Fragen geben zu müssen. Dadurch, dass Rilke sich ganz auf den Höhepunkt der Begegnung von Ester und dem König konzentriert, schmilzt das biblische Geschehen völlig auf den psychologischen Moment der Erfüllung des Auftrags zusammen, bündeln sich die Strahlen fokusartig auf den Ohnmachtsanfall Esters und die gleichzeitig mit der Berührung des Szepters vollzogene machtvolle Begnadigung durch den König.

Dennoch: Geht es Rilke allein um das menschliche Geschehen, um den explosiven Zusammenfall von Ohnmacht und Macht? Auf der Textebene selbst sind Signale eingebaut, die Rilkes Absicht aufscheinen lassen, hier zumindest andeutungsweise auch eine Begegnung von Mensch und Gott zu schildern, das Geschehen um Ester zumindest indirekt auch als göttliches Geschehen zu qualifizieren. Die Form des andeutenden, mit Leerstellen operierenden Gedichtes vermag hier etwas mitzusagen, ohne sich letztlich auf eine eindeutige Aussage festzulegen. Zunächst geht es Rilkes Ester darum »zu schauen«, also nicht wie im biblischen Buch darum, für ihr Volk zu bitten. Doch was zu schauen? »*Den*, an dem man stirbt, wenn man ihm naht.« Die Großschreibung und Kursivsetzung des »*Den*« deutet schon im Schriftbild auf einen besonderen »*Ihn*«, der durch die folgende Qualifikation nun eindeutig nicht mehr nur als König zu deuten ist, sondern zugleich als »Gott«, von dem ja im Alten Testament gerade dies ausgesagt wird: Dass man stirbt, wenn man sich ihm naht, um ihn zu schauen. Auch die folgenden Attribute – der »strahlende Glanz«, die »übergroße Macht«, die wachsende Todesangst und Ehrfurchtsbeklemmung Esters – lassen sich unschwer auf »Gott« übertragen, den sie »fast von nahe«, aber eben doch nicht ganz von nahe sieht. Dass sie angesichts dieses Erschauten in Ohnmacht fällt, wird so gesehen plausibel, genauso wie die machtvolle Begnadigung, die sie selbst nur »ohne Sinne, innen« begreifen kann. Die Rettung der Juden vor dem Vernichtungsplan Hamans wird so als ganz und gar gnadenhaft göttliches Geschehen verstanden. Die bewusste Doppeldeutigkeit dieses Gedichtes gibt also den Lesenden eine zweifache Auslegungsmöglichkeit: Esters Geschichte wird einerseits als beklemmende, letztlich glücklich endende menschliche Begegnung mit dem König geschildert, andererseits aber auch – zumindest in Andeutung – als gnadenhafte Begegnung Esters mit Gott.

Gertrud Kolmar: Esther

Ein Blick auf Ester aus jüdischer Sicht eröffnet sich in dem 1937 geschriebenen Gedicht[20] der 1943 im Konzentrationslager ermordeten deutsch-jüdischen Dichterin *Gertrud Kolmar* (1894–1943), wie einige andere biblisch motivierte Gedichte Kolmars bereits angesichts der Schreckensherrschaft der Nationalsozialisten entstanden.[21] Auch sie konzentriert sich hier völlig auf das psychologische Moment der Begegnung von Ester und dem König.

Das sechsstrophige Gedicht, dessen Vierzeiler jeweils nach dem Prinzip des umschließenden Reims gebildet sind, das sich aber der somit scheinbar vorgefügten Ordnung immer wieder durch Zeilensprünge auch über Strophengrenzen hinaus entzieht, setzt ein mit einer unmittelbaren Abgrenzung: »Das aber war nicht Liebe«. »Das« – es geht von Anfang an um die Beziehung Esters zum König. Und als »Liebe« lässt sich diese Beziehung – wie schon die von Rut und Boas – nun gerade nicht bestimmen, zumindest nicht als jene romantische Liebe, die in den Folgeversen mit ihren traditionellen poetischen Bildmetaphern in Erinnerung gerufen wird. Eine Erinnerung, die nur kurz aufgerufen wird, um gleich noch einmal nachdrücklich zurückgewiesen zu werden: »Von dieser wusste keins«. Damit ist implizit die Frage gestellt: Welche Art von Beziehung war es dann?

Die folgenden zwei Strophen werfen einen Blick auf das traditionell-zeitgenössische, für Ester wie den König und sein Umfeld maßgebliche Frauenbild: Frauen waren, so lassen sich die poetischen Bilder Gertrud Kolmars wohl auflösen, primär Objekte der männlichen Lust. Sie selbst blieben dabei »rätselhaft«, »geheimnisvoll«, waren aber Hüterinnen eines traurigen Rätsels, eines »schweren« Geheimnisses. Sie hatten zu verlocken, sich schön, verführerisch und herausgeputzt zu zeigen, und dazu standen ihnen Schmuck und Schminkwerk »des ganzen Ostens« zur Verfügung. Die bildreiche Charakterisierung des damaligen Frauenbildes schließt bewusst nicht am Ende der dritten Strophe, sondern reicht mitten in die vierte hinein. Der Gegensatz zwischen dem aufgeworfenen Bild und der Realität Esters könnte so krasser nicht sein. Lapidar heißt es nach der sich kaskadenhaft steigernden Beschreibung der Frauen am Königshof: »Und Esther kam.«

ESTHER

Das aber war nicht Liebe. Die in Abendländern spricht
Und scherzt, auf Wiesen summt, mit süßen Veilchen tändelt,
Das Lämmlein, Hündlein maiengrün und kirschenfarb bebändelt:
Von dieser wusste keins. Sie nicht, der König nicht.

Der König und das Mädchen lernten eines bloß:
Die Frauen waren dunkle Schalen,
Mit rotem Wein beschenkt zu einsam glühnden Mahlen.
Sie lockten, Rätsel, mit der Berge Porphyrschoß,

Sie standen, Harfen, voll verstummter, schwerer Melodie,
Die ihr Geheimnis nur in Düster tönte.
Und Balsam, Gold, Gestein und Purpur: was sie schönte,
Der ganze Osten stürzte schimmernd über sie;

Sie troffen, dufteten und glänzten sehr. -
Und Esther kam. Der Blick, der hart ergriff und prüfte,
Befand an Haar und Antlitz, Brüsten, Arm und Hüfte
Sie reicher nicht als jene, um die her

Ein Glimmen schwamm und schwand, vom Jauchzen noch, vom Sieg,
Vom Frühruf, vom Geleucht und Glück der Sonnentage.
Sie aber trug die Qual, die ewige Niederlage
Als Last, als Krone, und sie schwieg.

So fern den andern, ihrem Prunk aus Funkeln, Klang und Macht
Begann sie und entdeckte langsam dem Beschauer
Die Lande Juda, Benjamin mit ihrer Völker Trauer
Und die gestirnte große Nacht.

Poetischer Gegensatz: Unter diesem Schlagwort stehen die folgenden Elemente des Gedichtes. Wie alle Frauen hat sich Ester zwar dem »hart greifenden und prüfenden« Blick des Königs zu stellen, der unbarmherzig ihren Körper taxiert, aber seltsam: Er fand sie gerade nicht »reicher als jene«. So wenig, wie es Liebe war zwischen Ester und dem König, so wenig hob sie auch die Schönheit aus den anderen hervor. Nein, die fünfte Strophe verdeutlicht das Besondere, das Einmalige, das Hervorstechende Esters: Alle anderen schwammen glücklich in ihrer Schönheit, strahlten in ihrem sommerlichen Glück, jauchzten in ihrem ungetrübten Vergnügen, sie aber trug »die Qual, die ewige Niederlage« gleichzeitig als »Last« und damit als »Krone«, und »sie schwieg«.

Die abschließende Strophe konzentriert sich auf das Resultat dieses Gegensatzes: Ester war »fern den anderen«, gerade in ihrer Qual, der Trauer, dem Schweigen, aber gerade so wortwörtlich gekrönt, dass der »Beschauer« – ohne Zweifel der König, der sie aber nun eben gerade nicht in seiner Eigenschaft als König sieht und folglich auch nicht mehr als solcher benannt wird – sie »langsam« und aufmerksam erkundet. Und Ester erschließt ihm ihr Land Juda, ihren Stamm Benjamin, die Trauer des jüdischen Volkes und »die große gestirnte Nacht«: eine Anspielung auf die Größe und Unendlichkeit des Kosmos, aber gleichzeitig – theologisch vertieft – doch wohl auch eine Anspielung auf die Nachkommensverheißung Gottes an Abraham beim Bundesschluss: »Sieh doch zum Himmel hinauf und zähl die Sterne, wenn du zählen kannst. Und er sprach: So zahlreich werden deine Nachkommen sein.« (Gen 15,5)

Wie bei Rilke, so ist auch bei Kolmar aufschlussreich, was alles nicht thematisiert wird: Vor allem das Ende des Gedichtes erscheint abrupt, da weder über des Königs Reaktion, die Begnadigung und Insrechtsetzung Esters etwas gesagt wird, noch über die somit erwirkte Rettung der Juden. Zentral ist hier: Weder Liebe bewirkt diese als bekannt vorausgesetzte Rettung noch erweicht Esters besondere Schönheit das Herz des Königs. Nein, Ester zeichnet sich dadurch aus, dass sie völlig anders ist als die strahlenden, glücklichen, geschmückten Frauen des Königshofes. Als Jüdin war ihre »Krone« die schweigende Trauer, die »ewige Niederlage«. Gerade so aber erweckt sie im Betrachter ein Gefühl für die Tiefe ihres Anliegens, für ihre Mission. Wie bei Rilke verbleibt auch bei der einem jüdisch-assimilierten Elternhaus entstammenden, sich dann freilich intensiv mit Geschichte, Sprache und Religion ihres jüdischen Volkes auseinander setzenden Gertrud Kolmar der transzendente Bereich völlig in der Dimension der Andeutung, der evozierten Möglichkeit: Die Anspielung auf die Abrahamsverheißung als ein Hinweis auf die besondere und bleibende Rolle des Judentums und seines Gottes beschließt das Gedicht. Die Macht dieser in Ester aufscheinenden Vision ist es, was den König zu Ester hinzieht. Ester wird so zur repräsentativen Trägerin der Heilsverheißung des Judentums.

Didaktische Verortung

Dieses Gedicht bedarf, wie schon Rilkes Text, der sorgfältigen Deutung und ist sicherlich nur für Schülerinnen und Schüler der Sekundarstufe II geeignet. Didaktisch können beide Texte an verschiedenen Lernorten eingesetzt werden: Es kann einerseits um die traditionellen Männer- und Frauenbilder gehen, die hier zwar aufgerufen, im Blick auf Ester jedoch umgewertet werden. Möglich ist grundsätzlich die Betonung der Rolle von Frauen in der biblischen Heilsgeschichte. Schließlich ist eine Betrachtung dieser Texte möglich im Blick auf das Schicksal des jüdischen Volkes als exiliertes, ständig vom Untergang bedrohtes Volk.

Methodische Vorschläge

Beide Texte sind nur über intensives Lesen erschließbar. Um eine solche Texterfassung zu ermöglichen, legt sich hier erneut die Methode der verlangsamten Textbegegnung nahe. Methodisch wäre es etwa möglich, die beiden Texte so ineinander zu verflechten, dass die Strophen als Einheiten erkennbar bestehen bleiben. Nur durch gründliches Lesen ist das Entflechten in die beiden Originalgedichte möglich, die im Vergleich betrachtet eine Unterrichtseinheit zur – bereits bekannten – biblischen Ester abschließen könnten.

12. Judit: Tyrannenmord in göttlichem Auftrag

Ester und Judit verbindet der Kontext. In beiden biblischen Büchern geht es jeweils – in rückgewandter literarisch-theologischer Fiktion – um die Rettung des jüdischen Volkes aus existenzbedrohender Gefahr durch eine außergewöhnliche Frau, die im Vertrauen auf Gott und mit seiner Hilfe beherzt und mutig die Initiative ergreift. Die Art und Weise dieser Initiative ist jedoch gänzlich verschieden. Wo Ester als Gattin des Königs dessen Gebot überschreitet und damit ihr Leben riskiert, greift Judit zu List und Schwert: In der Zeit des Assyrerkönigs Nebukadnezzar ergeht der Befehl, alle Feindvölker, und darunter die Juden, zu vernichten. Unter der Führung des großen Feldherrn Holofernes macht sich ein Riesenheer daran, diesen Auftrag auszuführen. Die Kriegshandlungen spitzen sich zu, als die Stadt Betulia belagert wird. Schon wollen die Ältesten der Stadt aufgeben, als Judit – eine fromme Witwe, die »eine schöne Gestalt und ein blühendes Aussehen« (Jdt 8,7) auszeichnete – dagegen aufbegehrt. Im Vertrauen auf Gottes Hilfe begibt sie sich blendend herausgeputzt in das Lager des Holofernes. Sie betört ihn mit ihrer Schönheit und Klugheit. Am Ende eines reichhaltigen Gastmahles zieht sich Holofernes mit Judit in ein Zelt zurück. Freilich: Zu betrunken der Held! Es kommt nicht zu dem erwarteten Beischlaf, stattdessen schlägt die kühlen Kopf bewahrende Judit Holofernes das Haupt ab. Sie schleicht sich aus dem Lager und zeigt die Trophäe stolz dem Feindesheer, das ohne seinen Anführer völlig verwirrt ist und die Flucht ergreift. Die Juden sind gerettet, Judit wird als Heldin des Überlebens gefeiert.[22]

Tyrannenmord im Auftrag Gottes? Kein Wunder, dass das Buch Judit – zudem ja »nur« deuterokanonisch, also nur in der katholischen Bibel enthalten, in den hebräischen und evangelischen Bibeln aufgrund seiner griechischen Ursprache nicht aufgenommen – zu den umstrittenen biblischen Büchern gehört. Theologisch, liturgisch und religionspädagogisch wird es geradezu verschwiegen. Als Quelle literarischer Auseinandersetzungen hat Judit hingegen zahlreichen SchriftstellerInnen faszinierenden Stoff geboten.[23] Es geht dabei stets auch um die Frage, ob ein Tyrannenmord, sei es auch in göttlichem Auftrag, moralisch vertretbar sein kann. Im Zentrum steht jedoch fast immer die Frage, warum gerade eine Frau diesen Auftrag ausführt. Die Verlockung mit den »Waffen der Frau« – mit Schönheit, Witz und erotischem Reiz: Dieser Aspekt steht im Zentrum der meisten literarischen und künstlerischen Bearbeitungen des Judit-Stoffes. In Gedichten aus der aktuellen Gegenwart verschiebt sich der Aspekt noch einmal: Hier wird Judit zur Identifikationsfigur weiblicher Sexualität. Verführungskraft wird zur Waffe, zu Stärke und Schwäche zugleich. In einem solchen Prozess können sich die Rollen von Opfer und Täter – schon im biblischen Buch dynamisiert: aus dem Täter Holofernes wird das Opfer, aus dem Opfer Judit (= die Jüdin) wird die Täterin – noch einmal umkehren. Die beiden Beispielgedichte verdeutlichen diese Dynamik.

Dagmar Nick: Judith

Der erste Text stammt von einer Lyrikerin, die nie im Rampenlicht des literarisch-öffentlichen Kulturbetriebs stand, von der 1926 in Breslau geborenen, seit vielen Jahren in München lebenden Dichterin *Dagmar Nick*. In ihren Gedichtbänden finden sich immer wieder Texte der Selbstbeobachtung, der Reflexion von Leben, Liebe und Tod, von Bedrohung und Hoffnung. Mehrfach finden sich dabei Bezüge zur biblischen Tradition. Das Judit-Gedicht[24] wurde zuerst 1969 in dem Band »Zeugnis und Zeichen« veröffentlicht.

JUDITH

Komm zu mir, komm.
Ich schlafe auf einem Messer.
Ich will dir Träume zu essen geben
aus Hagebutten und Fingerhut;
schmecke die Lust,
schmecke die stygische Süße,
das barbarische Rot.

Nein, lass uns nicht schlafen
zu dieser Stunde.
Lass uns mit angezogenen Knien
warten,
ob die Schlange den Kopf hebt.
Wenn wir das Eisen im Nacken spüren,
ist es zu spät.
Komm, ehe der Morgen
die Mündungsfeuer verschluckt.
Aus dem Dorn meines Herzens
will eine Eisblume wachsen.

In diesem Gedicht erhebt eine heutige Judit die Stimme, um einen nicht genannten Liebespartner anzulocken. Doch wie bei der biblischen Judit geht es um eine – nie eindeutig charakterisierte – Beziehung zwischen Lust und Gewalt. Die Bezüge zur Bibel sind ganz auf diesen Aspekt reduziert. Keine Rede vom Volk der Juden, von Gott, von der Rettungstat. Auffällig in dieser Reduktion: Die Aufforderung, in der Nacht zu ihr, zur modernen Judit zu kommen, bevor »die Mündungsfeuer« der morgendlichen Schlacht erklingen, bevor die Eisenklinge im Nacken spürbar wird, bleibt ambivalent: Zwar ist es eine Einladung zu »Lust« und »Träumen«, aber die Sprecherin schläft auf dem (Mord-?)Messer. Und die Träume sind Gift- und Rauschträume, in denen der Geschmack des Todesfluss Styx zu schmecken ist. Nicht um Schlaf geht es, so die zweite Versgruppe, sondern um Lust – angedeutet im Bild der »Schlange, die den Kopf hebt«. Einerseits wohl ein phallisches Bild, andererseits eine Anspielung auf die Schlange der Versuchung des Paradieses. Die Schlussverse setzen die Ambivalenz von Lust und Gewalt in ein neues zweifaches und jeweils doppelpoliges Bild: Das Herz als Ort der Liebe trägt einen Dorn, aus ihm will eine Blume wachsen, jedoch eine aus Eis.

Lioba Happel: Judith

Die Konzentration auf den Zusammenhang von Lust und Gewalt steht auch in Zentrum des zweiten Judit-Gedichtes. Es stammt von der jüngsten in diesem Buch erwähnten Lyrikerin, von der in Berlin und Lausanne lebenden *Lioba Happel* (*1957). Ihr Judith-Gedicht[25] ist dem 1995 erschienenen Band »Schlaf überm Eis« entnommen, einem Gedichtband, in dem immer wieder Bilder von Kälte und Gewalt mit Liebesgedichten verschmolzen werden.

Anders als bei Dagmar Nick kommt hier nicht Judit selbst zu Wort. Der Blick von außen richtet sich dem Titel des Gedichtes zum Trotz ganz auf den Mann, den Tyrannen, den »Er«. Im Blick auf ihn verwandelt sich die Judit-Geschichte zur Geschichte einer Vergewaltigung. Judit ist ihm und den Launen seiner Lust völlig ausgeliefert. Sie ist das machtlos ausgelieferte Opfer seiner Jagd, sie muss ihm – im Bild gesprochen – »die Kehle zeigen«. Dass darin ihr »Todesvogel singt«, die Umkehrung der Rollen von Opfer und Täter vorgezeichnet ist, weiß »Er« während der brutalen Befriedigung seiner Lust nicht.

JUDITH

Jetzt hat er Sehnsucht nach ihr bekommen
Jetzt hat er ihr seinen Zeremonienmeister geschickt

Jetzt ist er vor ihre Tür getreten
Jetzt hat er an die Tür geschlagen mit seinem Stock

Jetzt wird er Hunger nach ihr haben
Jetzt wird er sie rufen wollen

Rufen bis sie waid wund ist
Ihm die Kehle zeigt

Darin ihr
Todesvogel singt

Jetzt wird er ihn nicht hören können
Wo er anschreit gegen

das Wehen in ihrem Fleisch
Das Flüstern

Die Dauer

Gewaltig ist er in ihre Macht gekommen
Aus der Fremde die sie kannte

Gewaltig ist er ein König des Erinnerns
Ihrer Lust

Ihm in sein schreckliches Gesicht zu sehen
Jetzt ihm die Tür zu öffnen

Ihn zu lieben

Ihm sein Haupt herabzuschlagen
Seht der Tyrann enthauptet vor ihr einer Frau

Das Schlussbild richtet den Blick auf den Gegensatz: enthaupteter Mann und »Tyrann« – besiegt von und vor »ihr«, der »Frau«. Dass dieses durch die Satzstellung betonte Wort den Gedichttext abschließt, betont den vollzogenen Rollenwechsel von Täter und Opfer, ohne diese Rollen aufzulösen: der Täter bleibt Täter, der zum Opfer wurde; das Opfer bleibt Opfer, das zur Täterin wurde.

Didaktische Verortung

Die Juditerzählung der Bibel sprengt die »normale« Erwartung an biblische Texte genauso wie die beiden ausgewählten Gedichte die Erwartung an ein »Bibelgedicht«. Im Umgang mit diesen Texten muss man den Mut aufbringen, gewohnte Pfade zu verlassen. Im Blick auf das Bild von Frauen in unserer Zeit treten uns hier Werke entgegen, die dem romantisierten und verharmlosenden Frauenbild eines Fritz Rosenthal aus dem Rut-Gedicht (S. 111) radikal widersprechen. Ester und Judit setzen die »Waffen der Frau« ein, um ihr Volk zu retten. Welches Bild von den Rollen der Frau tritt uns hier entgegen? Welche Aufgabe im »Plan Gottes« wird ihnen eingeräumt? Handelt es sich hier um Texte positiver Emanzipation oder gerade umgekehrt um negative Stigmatisierungen? Solche Fragen können anhand dieser Texte – sicherlich nur im Oberstufenunterricht – angesprochen werden.

Methodische Vorschläge

Reizvoll ist insbesondere ein Vergleich mit den Darstellungen Judits in der Kunst.[26] Welche Bilder treten uns dort vor Augen? Welche Textaussagen werden hervorgehoben, betont, gestrichen, ergänzt, ausgemalt? Und was verrät uns die jeweilige Darstellung über die Künstlerin oder den Künstler? Im Blick gerade auf die Frauen des Alten Testamentes und ihr Fortleben in Literatur und Kunst erwacht die Bibel zu unerwarteter Aktualität und Provokation.

Vierte Abteilung: Propheten, Männer mit Durchblick

Nach biblischem Verständnis ist ein Prophet nicht unbedingt ein Mensch, der die Zukunft voraussagen kann. Diese in der Umgangssprache geläufige Bedeutung hat der Begriff »Prophet« erst viel später bekommen. Propheten sind vielmehr Menschen, die von Gott dazu in Dienst genommen werden, die Wahrheit jetzt und hier klar und deutlich auszusprechen, ohne Rücksicht auf Klugheit, Diplomatie und eigenes Wohlergehen. Propheten prangern soziales Unrecht an, nennen Missstände in Gesellschaft und religiösen Institutionen beim Namen. Diese schonungslose Offenheit und Direktheit gibt ihnen einen narrenhaften Zug. Wie die Narren werden auch Propheten verlacht, nicht ernst genommen, als Fantasten verspottet. Propheten sind jedoch mehr als Narren. Indem sie auf Konsequenzen von Fehlverhalten hinweisen, trägt ihre Botschaft immer auch einen zukunftsbezogenen Akzent. Sie sind vor allem Mahnredner und Warnboten, aber auch Tröster. Indem sie Fehlverhalten deutlich benennen, weisen sie gleichzeitig den Weg zu vor Menschen und vor Gott richtigem Handeln.

Im Religionsunterricht eröffnet der Blick auf Propheten zwei verschiedene, aber miteinander gekoppelte didaktische Dimensionen. Zum einen verdeutlichen sie einen zentralen Wesenszug der monotheistischen oder eben auch »prophetischen« Religionen. Propheten sind Prototypen des Menschen, der direkt vor Gott steht. Sie sind die herausgehobenen Vorbilder der Beziehung von Mensch und Gott, so von Abraham über Mose, Samuel, Nathan, Elia bis hin zu Amos, Hosea, Jeremia, Jesaia und den anderen alttestamentlichen Prophetengestalten. Diese Linie lässt sich ausziehen bis hin zu Johannes dem Täufer und Jesus, wenn man will: bis Mohammed. Propheten werden so zu Vorbildern hinsichtlich der Gottesbeziehung und Zeugen der Wahrheit. »Vorbild«[1] darf dabei nicht als blind zu imitierendes Muster missverstanden werden. Im Einzelfall ist sehr genau zu überlegen, worin der Vorbild- oder Modellcharakter besteht, häufig wohl gerade in der unbedingten Verpflichtung zur Wahrhaftigkeit.

Damit werden biblische Propheten nun zum Zweiten zu Zugangsfiguren für »gegenwärtige Propheten«: Welche Propheten lassen sich in der heutigen

Gesellschaft aufzeigen? Was zeichnet heutige Propheten im Vergleich zu den biblischen Urtypen aus? Wo lassen die Religionen Raum für den prophetischen Anspruch ihrer Glaubensquelle? Wie können wir selbst heute das prophetische Erbe der Bibel weitertragen? Diese Fragestellungen werden an verschiedenen Lernorten in beiden Sekundarstufen betont.

13. Propheten: In Dienst genommene Narren

Zunächst gilt es hier, anhand von Gedichten einmal ganz allgemein darüber nachzudenken, was denn Propheten eigentlich sind. Zwei Schriftsteller völlig verschiedener Provenienz bieten dazu Texte an. Der Erste von ihnen ist einer der herausragenden evangelischen Dichter der ersten Jahrhunderthälfte, *Jochen Klepper* (1903–1942). Als Pfarrerssohn widmet er einen Teil seiner schriftstellerischen Energie dem Verfassen von geistlichen Liedern in der Tradition des großen evangelischen Kirchenliedschreibers *Paul Gerhardt.* Er selbst versteht sich dabei immer mehr als »Prophet«, denn sein Schreiben wird für ihn zum göttlichen Apostolat. Sein wohl wichtigstes literarisches Vermächtnis ist sein Tagebuch »Unter dem Schatten deiner Flügel«, in dem er minutiös seinen Lebensweg unter der Nazidiktatur nachzeichnet. Mit einer Jüdin verheiratet, nimmt ihm die Diktatur mehr und mehr den Lebensraum, bis er schließlich 1942 gemeinsam mit seiner Frau Selbstmord begeht. In seinem Tagebuch ringt er immer wieder um sein Selbstverständnis als christlicher Dichter. Er lebe aus der »Hoffnung, göttliches Werkzeug zu sein«[2], heißt es dort, und wenig später: »Ich bitte Gott immer wieder, dass er aus meinem Schreiben etwas wie ein Pfarramt«[3] mache. Klepper – im neuen »Evangelischen Gesangbuch« von 1996 mit elf Lieder vertreten – verfasst seine geistlichen Gedichte und Lieder also selbst mit einem »prophetischen Anspruch«. Sie sind voller biblischer Zitate, Anspielungen und Ausdeutungen.[4]

Jochen Klepper: Der Prophet 2

Unter seinen erstmals 1962 gesammelt veröffentlichten Gedichten befindet sich das folgende Gedicht mit dem Titel »Der Prophet 2«[5]. Es entstand am 3. Juli 1933 nach ersten Erfahrungen von Verfolgung und Repression. In den Gedichtsammlungen wurde ihm ein später entstandenes, weniger aussagekräftiges Gedicht als »Prophet 1« vorausgestellt, das ich hier nicht aufnehme.

DER PROPHET 2

Kein Prophet sprach: »Mich Geweihten sende!«
Eingebrannt als Mal war es in allen:
Furchtbar ist dem Menschen, in die Hände
Gottes des Lebendigen zu fallen.

Kein Prophet sprach: »Mich Bereiten wähle!«
Jeder war von Gottes Zorn befehdet.
Gott stand dennoch jedem vor der Seele,
wie ein Mann mit seinem Freunde redet.

Kein Prophet sprach: »Gott, ich brenne!«
Jeder war von Gott verbrannt.
Kein Prophet sprach: »Ich erkenne!«
Jeder war von Gott erkannt.

Klepper hebt in diesem traditionell verfassten Kreuzreimgedicht die – in der Bibel vorgezeichnete – passive Rolle des Propheten hervor. Propheten wählen nicht ihr Schicksal, sie werden von Gott auserwählt. Doch diese Berufung führt nicht zu Stolz, Bestätigung und Lebensfreude, sondern im Gegenteil: »furchtbar« ist dieses Schicksal; man fühlt sich »von Gottes Zorn befehdet«, von ihm »verbrannt«. Und doch trägt Gott seine Auserwählten, auch das wird hier deutlich. Gott steht, heißt es in der zweiten Strophe, dem Propheten »vor der Seele«, redet mit ihm »wie ein Freund«. Und der Prophet darf aus dem Bewusstsein leben, von Gott »erkannt« – »anerkannt«? – zu sein. Hier mag ein Verweis zu Jeremia 1,5 vorliegen, wo es heißt: »Noch ehe ich dich im Mutterleib formte, habe ich dich ausersehen«. Mit diesem Gedicht, sicherlich als Selbstdeutung verfasst, warnt Klepper davor, ein prophetisches Schicksal als leichte Aufgabe misszuverstehen. Gleichzeitig spricht er sich selbst und allen, die sich in ähnlicher Situation befinden, Mut zu. Das Gedicht wird so in der Gleichzeitigkeit von Warnung und Tröstung selbst zum prophetischen Text.

Erich Fried: Ein Prophet

Als – freilich ausschließlich politischer – Prophet mag sich auch der zweite hier aufzuführende Schriftsteller verstanden haben: *Erich Fried* (1921–1988). Vor allem mit seinen 1964 veröffentlichten »Warngedichten« stellt er sich in diese Tradition. Wenig überraschend, dass sich dort ein Gedicht findet, welches den Titel »Ein Prophet«[6] trägt:

EIN PROPHET

Dieser Narr
erinnert sich
an die Zukunft

Mit seinem Auge
das verfinstert ist
vor der Nacht

Mit seinem Ohr
das nichts mehr hört
vor dem Schweigen

Mit seinem Hirn
das verbrennt
vor dem Feuer

Mit seinem Schrei

Auch dieses Gedicht ist sicherlich, wie Kleppers Text, als Selbstdeutung verfasst. Auffällig dabei die völlig andere Form: Keine liedartige Strophik, kein Reim, sondern die karg gesetzten wenigen Wortgruppen, dreifach parallel gestaltet. Was ist ein Prophet: ein Narr, der sich an die Zukunft erinnert. In einprägsamer paradoxaler Wortwahl bündelt Fried das Dilemma des Propheten. Aus dem Blick zurück ergibt sich seine durch nichts verbürgte Vision nach vorn. Seine ganze Kraft steht dabei im Dienste seines Prophetenschicksals: sein »Auge«, »Ohr« und »Hirn«. Doch sehen, hören und denken, diese drei prophetischen Hauptaufgaben, sind fast unmöglich geworden durch die Zeitumstände, ebenfalls in einer Begriffstrias gebündelt: »Nacht«, Schweigen«, »Feuer«. Wie in zahlreichen Texten von Erich Fried klingt hier assoziativ die Shoa an. Darum geht es in diesem Gedicht des sich selbst als nicht gläubig bezeichnenden jüdischen Lyrikers, in dessen Werk sich zahllose Verweise auf die Bibel[7] befinden: um Prophetie angesichts und nach der Shoa. Doch was bleibt dem Propheten nun? Wir erwarten eine vierte Hauptaufgabe: das Sprechen, die in Sprache gefasste Warnung, die Mahnung, vielleicht den Trost. Stattdessen bleibt ihm hier nur der »Schrei«[8]. Das Kurzgedicht endet in der Durchbrechung der Dreiversstruktur in diesem einsilbigen Schlusswort.

Methodische Vorschläge

Bei Klepper wie bei Fried findet sich also eine Aktualisierung der biblischen Vorstellung von Wesen und Auftrag eines Propheten. Beide Male dienen die Gedichte zudem zur Selbstdeutung. Wegen dieser Parallelstuktur legt sich hier methodisch ein Gedichtvergleich nahe. Beide Texte sind in Wortwahl, lyrischer Verdichtung und Aussage zudem nicht zu kompliziert, können also bereits in der Sekundarstufe I problemlos gelesen werden. Dabei bietet es sich an, die beiden Texte zunächst kommentarlos nebeneinander zu präsentieren, ohne Verweis auf Autoren und Entstehungszeit. Ein erster Blick soll klären, wie das jeweilige Gedicht inhaltlich und formal das Prophentenschicksal beschreibt. In einem zweiten Schritt können die SchülerInnen versuchen, die Gedichte einzuordnen: Wann könnten sie entstanden sein, vor welchem Hintergrund, welches Autorenprofil schwebt ihnen vor? Die Lehrkraft kann im dritten Schritt die Autoren und ihr Lebensschicksal kurz vorstellen. Am Ende könnte ein Blick darauf stehen, was Propheten heute ausmacht. Gerade vom Gedicht Frieds ausgehend wäre hier ein Versuch in kreativem Schreiben lohnend – gegebenenfalls erleichtert durch ein vorheriges gemeinsames Clustering zum Begriff »Prophetie heute«.

14. Jeremia: Von der unerträglichen Last der Drohbotschaft

Zwei Propheten ragen aus der Schar der biblischen Prophetennamen heraus, werden auch in der künstlerischen Rezeption immer wieder weit intensiver und herausfordernder gestaltet als alle anderen: Jeremia und Jona. Zwar ist das Jeremiabuch – neben dem Psalter die umfangreichste Einzelschrift des Alten Testamentes – sicherlich das Produkt langjährigen Wachstums, im Kern steht jedoch die historische Prophetenfigur Jeremia. Der Sohn einer benjaminitischen Priesterfamilie aus Anatot, einem nördlich von Jerusalem liegenden Städtchens, wurde wohl im Jahre 627/626 zum Propheten berufen. Schonungslos klagt er das Volk und die Könige wegen ihrer Treulosigkeit gegenüber Gott an, droht mit dem kommenden Gericht, das sich 587 in der Eroberung Jerusalems und der Verschleppung in das Exil für weite Teile der Bevölkerung tatsächlich erfüllt. Mehr als alle anderen ist Jeremia ein Drohprophet, die wenigen verheißungsvollen Abschnitte des so genannten »Trostbüchleins« (Jer 30–31) können den Gesamtton seiner Prophetie kaum mildern. Herausragend ist Jeremia jedoch vor allem durch sein persönliches Schicksal als Prophet. Wie kein anderer leidet er mit seinem Volk mit, erlebt er individuell das kollektive Trauerschicksal des Volkes und wird doch von diesem angefeindet, bedroht und verfolgt. Und wie kein anderer beklagt er nicht nur seine Unfähigkeit und äußert seinen Unwillen, überhaupt als Drohprophet auftreten zu müssen, sondern wendet sich in allgemeinen Klagen an Gott. Zusammen mit Hiob wird Jeremia so zur großen archetypischen Klagegestalt der Bibel.

Rainer Maria Rilke: Jeremia

Genau aus diesem Grund ist Jeremia jene prophetische Figur, die mehr als alle anderen in Kunst und Literatur fortlebt. Das lässt sich zunächst anhand eines weiteren Gedichtes von *Rainer Maria Rilke* veranschaulichen, das – wie das bereits betrachtete Ester-Gedicht – aus der 1908 erschienenen Sammlung »Der neuen Gedichte anderer Teil« stammt und dort inmitten einer Vielzahl biblisch motivierter Texte zu finden ist (vgl. S. 117f.). »Jeremia«[9] entstand Mitte August 1907.

JEREMIA

Einmal war ich weich wie früher Weizen,
doch, du Rasender, du hast vermocht,
mir das hingehaltne Herz zu reizen,
dass es jetzt wie eines Löwen kocht.

Welchen Mund hast du mir zugemutet,
damals, da ich fast ein Knabe war:
eine Wunde wurde er: nun blutet
aus ihm Unglücksjahr um Unglücksjahr.

Täglich tönte ich von neuen Nöten,
die du, Unersättlicher, ersannst,
und sie konnten mir den Mund nicht töten;
sieh du zu, wie du ihn stillen kannst,

wenn, die wir zerstoßen und zerstören,
erst verloren sind und fernverlaufen
und vergangen sind in der Gefahr:
denn dann will ich in den Trümmerhaufen
endlich meine Stimme wiederhören,
die von Anfang an ein Heulen war.

Der formal ähnlich wie das Ester-Gedicht gestaltete Text greift aus der breiten Jeremia-Tradition die Klage, die Anklage des Propheten gegen Gott heraus. Rilke knüpft damit an jene ähnlich strukturierten biblischen Texttraditionen an, die die »Konfessionen des Jeremia«[10] genannt werden. Ort dieser Klage ist hier offensichtlich noch das Jerusalem vor der Eroberung und der Verschleppung in das babylonische Exil. Aus der Ich-Perspektive wirft Jeremia Gott – dem »Rasenden«, dem »Unersättlichen« – vor, ihn gegen seinen Willen zum Instrument der Drohbotschaft zu machen. Von Gott gehen aber nicht nur die wie aus einer Wunde blutenden Drohworte aus, von ihm stammt zuallererst jene unverständliche Zerstörung, stammen jene »neuen Nöte«, die der Prophet verkünden muss. Im Zentrum dieses Jeremia-Gedichtes steht dabei das Problem der Identität: Eigentlich erfuhr sich Jeremia als »weich wie früher

Weizen«, als »Knabe«, »so jung«, wie es in Jer 1,6 heißt, ungeeignet und unwillig, ein Unglücksbote zu werden. Doch Gott ließ ihn zum »Löwen« werden, seinen Mund zur »blutenden Wunde«. Das ganze Gedicht wird so zur Rückfrage an Gott: Warum dieser Auftrag, warum dieses Zerstörungswerk? In der sechszeiligen Schlussstrophe gleitet der in den ersten drei Vierversstrophen rückwärts gewandte Blick in die Zukunft: Jeremia sieht voraus in die Zeit des Exils, wenn das Volk »verloren und fernverlaufen« sein wird. Dann endlich wird, so die vorherige Strophe, sein Unglücksmund »gestillt« sein, dann endlich will Jeremia *seine* Stimme wieder hören, die freilich angesichts des bezeugten und erfahrenen Elends doch nur noch ein »Heulen«, ein Weinen, ein Klagen sein kann.

Didaktische Verortung

Rilkes Gedicht führt zum Kernpunkt des Verständnisses dessen, wie man sich einen Propheten und seine Aufgabe vorstellen muss: Was heißt es, von Gott in den Dienst genommen zu werden? Wie ist das möglich, Gott als Unglücksstifter zu begreifen? Kann göttliche Berufung – wie hier bei Rilke – die Identität eines Menschen zerstören? Oder ist das alles nur wahnwitzige Einbildung und psychopathische Zwangsvorstellung? Möglich, wenn auch nicht zwingend, ist die Deutung *Karl-Josef Kuschels*, in diesem Prophetenschicksal eine »chiffrierte Selbstdeutung des Künstlers«[11] zu sehen, die Aussagen über den Propheten also akutalisierend auf andere Menschen zu übertragen, die sich ebenfalls von einem Auftrag in Dienst genommen sehen. Aus dem Gedichttext werden die benannten Rückfragen an Gott drastisch deutlich. Im schulischen Unterricht sind sie sicherlich nur in der Oberstufe ansprechbar. Vor allem die Gegenübersetzung von »ich« und »du« in dem Gedicht wird dabei die ganze Dramatik des Textes deutlich machen können. Im Kontext der Theodizee-Frage geht es hier vor allem um die Rückfrage danach, wie die Bibel Gott sieht und ob – und wieweit – dieses Gottesbild für uns maßgeblich ist: Schafft Gott Unheil und Leid?[12] Zerstört Gott mit unerträglichen Ansprüchen menschliche Identität?

Eva Zeller: Jeremiade

Wie Rilke, so ist auch die Autorin des folgenden Gedichtes uns in diesem Buch bereits begegnet: *Eva Zeller*, deren »Mose«-Gedicht oben bereits eingehend betrachtet wurde (vgl. S. 83). Auch der folgende Text[13] stammt aus der 1992 erschienenen Sammlung »Ein Stein aus Davids Hirtentasche«.

Dem Hinweis des Titels zufolge handelt es sich bei diesem Gedicht um eine zeitgenössische Meditation über die bildnerische Darstellung des Jeremia in der Sixtinischen Kapelle. Eva Zeller bringt ihre Gedanken bei der Betrachtung dieses Bildes in lose assoziative Versgruppen. Die ersten drei Strophen sind dabei zusammenfassende Darstellungen des biblisch überlieferten Jeremia-Bildes. Der aus den Psalmen bekannte, in Ursprung und Bedeutung nicht geklärte Begriff »sela« schließt diese knappe Zusammenfassung ab. Nun folgen eigene Reflexionen der Dichterin: Die vierte Strophe betont das Unverständnis darüber, dass Gott seine Schöpfung den sündhaften Menschen überhaupt anvertraut hat. Und dann wendet sich der Blick dem Jeremia des Michelangelo zu: ein Jeremia, der sein Prophetentum hinter sich gelassen hat, resigniert, unverstanden, verstummt, umlodert vom Blitzlichtgewitter der Fotoapparate des ausgehenden 20. Jahrhunderts. Und so wie ihn einst der Blick auf sein Volk deprimierte, das die von Gott angebotenen Lebensmöglichkeiten ins Gegenteil pervertierte, so würde ihn heute der Blick in die Zeitungen der Gegenwart verzweifeln lassen, wo er vom Gebaren der Menschheit an der Wende vom zweiten zum dritten christlichen Jahrtausend lesen müsste.

Didaktische Verortung

Ganz anders als bei Rilke unterbleibt hier die Rückfrage nach der prophetischen Identität oder der Verantwortung Gottes für Unglück und Not. Eva Zeller lässt den Blick vom biblischen Jeremia in unsere Gegenwart wandern. Das öffnet den didaktischen Rahmen, um mit Schülerinnen und Schülern über Propheten heute ins Gespräch zu kommen: Gibt es heute noch Propheten? Welche gesellschaftlichen Missstände würden sie heute anprangern?

Methodische Vorschläge

Es legt sich bei diesem Gedicht nahe, tatsächlich auch das Bild Michelangelos zu betrachten. Entweder mit der Frage als Vorgabe: »Wie deuten wir dieses Bild im Hinblick auf sein biblisches Vorbild?«, um dann die Deutung Eva Zellers vergleichend hinzuzufügen. Oder umgekehrt: Am Anfang der Betrachtung steht das Gedicht, steht der gemeinsame Versuch, sich vorzustellen und auszumalen, wie denn nun das gedeutete Bild tatsächlich aussieht, um dann der Betrachtung des Bildes breiten Raum zu lassen. Diese Verfahren sind schon in der Sekundarstufe I Gewinn bringend möglich.

JEREMIADE
(Michelangelo: Sixtinische Kapelle)

Jeremias, Sohn
des Hilkias, mit
Grimm erfüllt über sein
unbekehrbares Volk,
wünschte sich, dass seine
Mutter sein Grab geworden,
ihr Leib ewig schwanger
geblieben wäre.

Sooft er redete,
musste er wie ein
Blasebalg schnauben,
weil alle nur gräulichen
Götzen nachliefen,
wiehernd wie Kamelstuten
in der Brunst rannten
sie hin und her.

Brüllten Friede, Friede,
aber fraßen sich voll
und feist, nur um zu
morden und Gewalt über
Fremde zu üben. Sela.

Solchen Leuten, es sei
dem Himmel geklagt,
hat der Herr Herr das
blühende Land gegeben,
seinen allerschönsten
Besitz und im Ernst
geglaubt, sie würden Ihn
lieber Vater nennen.

Die Lippen der
Propheten weiden
die Worte nicht,
das Menschenbild,
sagen sie, liegt
in Scherben, Gott,
sagen sie, ist des
Erbarmens müde.

Wer sein Mund hat
sein sollen, zieht sich
besser in die eigene
Legende zurück,

Sitzt da, verkleinert
und seitenverkehrt
in Millionen Suchern,
geblendet von Blitz-
lichtgewittern,

Melancholisch das
Kinn aufgestützt, als

habe man ihm eine
Zeitung von heute
in die Hand gedrückt.

15. Jona: Prophetie in trostloser Zeit

Jona ist auch bei Schülerinnen und Schülern der bekannteste aller Propheten. Das liegt weniger an seiner konkreten Botschaft, seinem Leben oder seiner Wirkkraft, als vielmehr an der Kinderfantasie beflügelnden »Geschichte mit dem Wal«. Die Überlebensgeschichte eines Menschen im Fischbauch – diese Vorstellung allein macht Jona zu einer archetypischen Grundfigur, unabhängig davon, ob man hier tiefenpsychologische Deutungen von der Ursehnsucht nach dem Mutterschoß heranzieht, Urängste vor Dunkelheit und Eingeschlossensein an die Erzählung heranträgt oder schlicht die fantastische Idee als solche goutiert.

Anders als alle anderen Prophetenbücher besteht das Buch Jona, ein literarisches Kleinod, nicht vorwiegend aus den Sprüchen eines Propheten, vielmehr handelt es sich um eine fiktive Erzählung *über* einen Propheten. Berufen, der Stadt Ninive das göttliche Strafgericht anzudrohen, flieht er vor dem Auftrag. Vor einem göttlichen Auftrag gibt es aber auch hier wie bei Jeremia keine Flucht: Nachdem Jona sich auf einem Boot an das andere Ende der bekannten Welt einschifft, lässt Gott einen Sturm entstehen. Um Gottes Zorn zu besänftigen, lässt Jona sich als Opfer ins Meer werfen, wo er von einem großen Fisch verschluckt und nach drei Tagen an Land ausgespien wird. Nun macht Jona sich tatsächlich nach Ninive auf, um jedoch erneut zurückgewiesen zu werden: Gott begnadigt das Volk, Jonas Drohbotschaft erfüllt sich nicht. Ärgerlich hadert er mit Gott, um letztlich Gottes je größere Gnade zu erkennen.

Dietrich Bonhoeffer: Jona

Kein Wunder, dass diese Erzählung nicht nur Kinderfantasie anregt, sondern auch die Weltliteratur fasziniert hat. So gibt es zahllose Paraphrasierungen, Ausdeutungen, Assoziationen – Jona gehört zu den großen literarischen Archetypen.[14] Ich wähle zwei Gedichte aus, die einerseits die Jonageschichte pointiert aufgreifen, in denen aber vor allem die bleibende Bedeutung Jonas im Sinne einer möglichen Aktualisierung aufzeigbar wird. Der erste Text stammt von einem der größten evangelischen Theologen des 20. Jahrhunderts, von *Dietrich Bonhoeffer* (1906–1945). Sein Gedicht »Jona«[15] schrieb er am 5. Oktober 1944 im Wehrmachtuntersuchungsgefängnis Tegel, wenige Monate vor seiner Ermordung durch die Nazis, denen er als überzeugter Antifaschist ein Dorn im Auge war. Die lyrische Form war für Bonhoeffer vor allem Ausdruck persönlicher Frömmigkeit und eigener Erfahrungen. Am bekanntesten ist sein zum Lied ausgestaltetes Trostgedicht »Von guten Mächten«.[16] Wie Jochen Klepper verzichtete er in seinem lyrischen Schaffen ganz bewusst auf den Anspruch poetischer Originalität, stellte sich vielmehr in die Nachfolge des großen evangelischen Kirchenliedschreibers Paul Gerhardt. So liest sich sein Jona-Text wie eine kurze Ballade.

JONA

Sie schrien vor dem Tod, und ihre Leiber krallten
sich an den nassen, sturmgepeitschten Tauen,
und irre Blicke schauten voller Grauen
das Meer im Aufruhr jäh entfesselter Gewalten.

»Ihr ewigen, ihr guten, ihr erzürnten Götter,
helft oder gebt ein Zeichen, das uns künde
den, der euch kränkte mit geheimer Sünde,
den Mörder oder Eidvergess'nen oder Spötter,

der uns zum Unheil seine Missetat verbirgt
um seines Stolzes ärmlichen Gewinnes!«
So flehten sie. Und Jona sprach: »Ich bin es!
Ich sündigte vor Gott. Mein Leben ist verwirkt.

Tut mich von euch! Mein ist die Schuld. Gott zürnt mir sehr.
Der Fromme soll nicht mit dem Sünder enden!«
Sie zitterten. Doch dann mit starken Händen
verstießen sie den Schuldigen. Da stand das Meer.

In vier Strophen zu je vier Zeilen im umschließenden Reim fasst Bonhoeffer die Jona-Erzählung auf jenen Moment hin zusammen, in dem die Schiffsbesatzung nach einem Ausweg aus der drohenden Katastrophe sucht, bis Jona sich zu erkennen gibt, seine Schuld eingesteht, über Bord geworfen wird und dadurch tatsächlich das Meer beruhigt. Weder die Vorgeschichte (Beauftragung und Flucht) noch die Nachgeschichte (Fisch, Prophezeiung, Rettung Ninives und Belehrung) werden erwähnt. Der Dichter setzt die Kenntnis der biblischen Erzählvorlage voraus und richtet seinen Text auf den Spannungshöhepunkt aus.

So kann man diesen Text schlicht als konzentrierte Zusammenfassung der biblischen Geschichte um Jona lesen. Sprengt man jedoch diesen textimmanenten Zugang auf, so öffnet sich der Blick für die persönliche, identitätsstiftende Aktualisierung, die Bonhoeffer mit diesem Gedicht versucht. »Vermutlich am gleichen Tage«[17], an dem dieses Gedicht entstand, gab er seinen sorgfältig vorbereiteten Plan zur Flucht aus dem Gefängnis auf. Er hatte erfahren, dass sein Bruder Klaus gleichfalls verhaftet worden war, wusste zudem, dass seine Flucht für seine Familie und seine Verlobte unabsehbare Konsequenzen haben könnte. Er ergab sich also in sein Schicksal, sicherlich dennoch getragen von einer letzten Hoffnung auf Rettung. Liest man das Gedicht vor diesem Hintergrund, wird deutlich, dass Bonhoeffer sich selbst im Bild des Jonas begreift, sein eigenes Schicksal im Spiegel der biblischen Gestalt neu deutet. Sturm und Todesangst der ersten Strophe werden so zu einem Bild für die Gräuel der Naziherrschaft. Das Einstehen für die anderen wird so zu einem Akt stellvertretender Sühne, um die anderen zu verschonen. Und das Schlussbild des ruhenden Meeres wird zur Hoffnung, dass durch sein »Opfer« das Chaos bezwingbar sein möge. Auch die im Gedicht unbenannten Aspekte der Jona-Erzählung werden so in eine anderes Licht getaucht: Die so schwierige »Beauftragung« gilt auch im 20. Jahrhundert prophetischen Gestalten – wie Bonhoeffer –, denen es freilich nicht besser ergeht als ihren biblischen Vorbildern. Verbunden wird diese Selbstdeutung im Bild der Prophetie trotzdem mit der Hoffnung, am Ende möge Gott wie bei Jona sowohl das Volk als auch den Propheten verschonen.

Didaktische Verortung

Das Bonhoeffer-Gedicht lässt sich im Unterricht didaktisch vielfältig einsetzen. Am geeignetsten scheint mir die schon in Sekundarstufe I aufzeigbare Verbindung von biblischer zu aktueller Prophetie, die am Lebensschicksal Bonhoeffers Profil gewinnen kann. Die im Unterrichtsalltag oft so schwierige korrelative Brücke[18] vom Damals zum Heute wird in diesem Gedicht selbst geschlagen. Dem alttestamentlichen Prophet Jona steht mit vergleichbarem Schicksal der Prophet des 20. Jahrhunderts Dietrich Bonhoeffer gegenüber.

Methodische Vorschläge

Grundsätzlich legt das plastisch erzählte Jona-Buch in seiner Struktur die methodische Umsetzung des Bibeltextes in Bilder an. Gerade in der Sekundarstufe I bietet es sich an, mit den Schülerinnen und Schülern eine comicartige Übertragung der Geschichte zu versuchen.[19] Von den eher lustigen, durchaus schon mit aktualisierenden Zügen arbeitenden Comics ausgehend, verdeutlicht das Gedicht auf einer ganz anderen Ebene die bleibende Ernsthaftigkeit Jonas. Von ihm her öffnet sich der aktualiserende Blick auf die Rolle, Funktion und das Profil von Prophetie heute.

Günter Kunert: Jonah

»Prophetie heute« ist auch das Schlagwort für das zweite hier vorgestellte Jona-Gedicht, freilich in gänzlich anderem Kontext. Der Autor, *Günter Kunert* (*1929), ist seit vielen Jahren einer der wachsamsten Beobachter der kulturellen Strömungen in Deutschland (vgl. S. 63). Als Kind eines aus der Kirche ausgetretenen Katholiken und einer jüdischen Mutter religionslos aufgewachsen,[20] greift er dennoch in seinen zahlreichen Prosa- und Lyrikbänden immer wieder auf biblische, vor allem alttestamentliche Bilder und Sprachstrukturen zurück, um mit ihrer Hilfe Vorgänge in der heutigen Gesellschaft transparent zu machen. So findet sich auch das Jona-Motiv mehrfach in seinem Werk.[21] Bis zu seiner Ausweisung 1979 lebte Kunert in der DDR; diese Situation bildet für das folgende Gedicht den Hintergrund: »Jonah«[22] erschien 1974.

Kunert versetzt die Jona-Geschichte von vornherein in die Gegenwart. Aus der Bibel übernimmt er den dem Gedicht als Titel vorangestellten Prophetennamen, die auch biblisch schon metaphorisch gemeinte Ortsbezeichnung »Ninive« für die dem Untergang geweihte Stadt der Sünde sowie den prophetischen Auftrag »die Stimme zu erheben«. Aus der Flucht des Propheten wird hier freilich ein Verkehrsunfall, aus dem Wal ein U-Boot.

JONAH

Nach Erkenntnis von Ninives nahem Ende
nach Verkehrsunfall und Entführung im U-Boot
durch Agenten anonymer Macht
schließlich doch noch vorm ehernen Doppeltor

entschlossen trotz massenhaft Schuldiger
die Stadt der Unschuldigen wegen zu retten

abgewiesen von der örtlichen Verwaltung
da er seine Stimme erheben will

Schweigen wird verhängt

überzeugt
in Sachen Ninive bestens Bescheid zu wissen
vollstrecken die Beherrscher das Urteil
an ihrer Ortschaft

taub und blind für das Gesetz
demzufolge untergeht wer alle Warnung
in den Wind
des eigenen Besserwissens schlägt.

Die Mission des heutigen Jona endet anders als in der Bibel: Zwar gelangt er schließlich an den Ort seiner Bestimmung, zwar will er die Stadt um der wenigen Unschuldigen in ihr willen retten, doch lässt man Propheten heute gar nicht erst zum Reden kommen. Während der Prophet im ersten Teil des Gedichtes Subjekt des Textes ist, werden die Herrschenden zum Subjekt des zweiten Teils. Stimmig wird dieser Perspektivenwechsel dadurch, dass die örtliche Verwaltung ein Schweigegebot über den Propheten verhängt, der so sein Subjektsein verliert. Konsequenz: Wo keine Drohbotschaft, dort auch keine Rettung! Die besserwisserischen Beherrscher der Stadt unterdrücken die Mahnworte, um dadurch doch nur das Kommen ihres eigenen Untergangs zu beschleunigen.

Kunert erzählt die Geschichte eines abgewiesenen Propheten in einer Gesellschaft, die auf Warnrufe nicht mehr hört. Gerade so aber betreibt sie den eigenen Untergang. Jona wird zur Spiegelgestalt für das Schicksal von zum Schweigen gebrachten Mahnfiguren unserer Zeit, Ninive zum Decknamen für heutige Unrechtssysteme. Durchaus wahrscheinlich, dass sich Kunert dabei in Jona sein eigenes Schicksal in der DDR bildhaft verdeutlicht, dass das »Doppeltor« auf das Brandenburger Tor verweist und Ninive so mit dem Berlin als Hauptstadt der DDR verglichen wird. Von dieser Deutespur legt sich ein vergleichender Blick auf *Johannes R. Bechers* in diesem Buch aufgenommenen Gedicht »Turm von Babel« nahe, das ja inhaltlich ähnlich strukturiert ist (vgl. S. 66). Das derart bildhaft beschriebene System lässt sich jedoch auch unschwer auf andere Staaten und Gesellschaftsformen übertragen.

Didaktische Verortung und methodische Vorschläge

Gerade hier dürfte auch der Reiz dieses gut schon in der Sekundarstufe I einsetzbaren Gedichtes für den Religionsunterricht liegen. Wer sind die Propheten in unserer Gesellschaft? Welches Schicksal erfahren sie heute? Warum werden sie – Kunert zufolge – stillgestellt? Diese gesellschaftskritischen Fragen lassen sich anhand dieses Gedichtes beleuchten. Spannend kann dabei ein Vergleich von Prophetengedichten aus atheistischer oder agnostischer Sicht (Fried, Kunert) mit solchen aus christlicher Sicht (Klepper, Bonhoeffer) werden. Welche Gemeinsamkeiten im Verständnis von Prophetie lassen sich zwischen Texten explizit christlicher und explizit atheistischen Autoren feststellen? Welche Dimensionen trennen sie? Von hierher wird es möglich, mit Schülerinnen und Schülern für sie tragfähige Verständnismöglichkeiten von Prophetie heute zu formulieren.

Fünfte Abteilung: Weisheit in der Krise

Die Weisheitstheologie der Bibel als »Theologie der praktischen Vernunft« führt sowohl in der theologischen Tradition und in der liturgischen Praxis als auch im alltäglichen Bewusstsein der Christen eher ein Schattendasein. In ihrer internationalen, interkonfessionellen Ausrichtung[1] scheint sie dem jüdisch-christlichen Spezifikum als exklusive Offenbarungsreligion entgegenzustehen. Auch wenn exegetische Untersuchungen die Rückbindung der stark systematisierten, verstandesmäßig geordneten Weisheit an die Offenbarung betonen – ein Durchbruch weisheitlichen Denkens zeichnet sich nicht ab. Die besonderen Chancen einer weisheitlich geprägten Theologie werden dabei freilich viel zu wenig genutzt. Da ist zum einen die Ausrichtung zum religiösen Dialog hervorzuheben, die Öffnung hin zum Gespräch mit anderen weisheitlich geprägten Weltreligionen. Zum anderen liegt das Spezifikum der Weisheitstheologie aber gerade darin, innerbiblische Gegenströmungen, Infragestellungen, Kontrapunkte mit aufzunehmen. Weisheitstheologie fragt sich selbst an, zweifelt an ihren Grundlagen – ohne daran zu zerbrechen. Die Anfrage gehört vielmehr konstitutiv hinzu. So wie die Weisheit eine Orientierung in der Krise sein kann, so sehr nimmt sie dabei ihre eigene Krise auf. Gerade hierin ist Weisheitstheologie ein kritisches und aufklärerisches Korrektiv in den Religionen selbst, das unverzichtbar ist. In der modernen Gesellschaft gehört ein solches Sich-Selbst-Hinterfragen als Teil der Identität zu den großen Stärken der jüdisch-christlichen Tradition. Dieser Aspekt soll daher in den folgenden Ausführungen ins Zentrum gestellt werden.

16. Psalmen: Vergänglichkeitsgebete

Keine literarische Gattung ist in ihrer spirituellen, liturgischen und auch literarischen Rezeption wirkmächtiger als die Psalmen, die zu den Höhepunkten der Weltliteratur zählen. Dabei ist es gar nicht leicht zu definieren, was das ist: ein Psalm. Im Versuch, nicht nur den biblischen Vorbildern, sondern auch den in deren Gefolge verfassten Texten gerecht zu werden, schreibt *Paul Konrad Kurz* als Herausgeber einer großen Sammlung moderner literarischer Psalm-Texte 1978: »Ein Psalm ist ein religiöses Gedicht in freien Rhythmen, das eine Anrufung Gottes enthält.«[2] In einer in weiten Teilen veränderten Neukonzeption dieses Buches von 1997 öffnet Kurz diese Definition noch einmal. Nun heißt es vorsichtiger: »Der Psalm ist ein Gedicht in freien Rhythmen, das eine spirituelle Aussage, meist die Anrufung Gottes spricht.«[3]

Wie nur wenige andere biblische Texte nehmen die Psalmen sehr persönliche Tiefenerfahrungen auf: Erfahrungen von Freude und Hoffnung, Sehnsucht und Ergebung genauso wie Erfahrungen von Leid und Trauer, Verzweiflung und Auflehnung. Aus diesem Grund sind diese religiösen Gedichte Texte, die Menschen tief ansprechen können. Auch in religionspädagogischen Lernprozessen kommt den Psalmen eine besondere Stellung zu. Vor allem der evangelische Religionspädagoge *Ingo Baldermann* hat eindrucksvoll demonstriert, wie Kinder und Jugendliche im Umgang mit Psalmen ihre Erfahrungen verbalisieren und deuten können[4]. Nicht nur die biblischen Texte selbst können dabei hilfreich sein, sondern auch der Blick darauf, wie Menschen der Gegenwart an diese Traditionslinie anknüpfen. Vor allem in den beiden genannten Bänden von Paul Konrad Kurz stehen dazu klug zusammengestellte Sammlungen zur Verfügung. Ich greife zwei eindrucksvolle Beispiele heraus, beide zuerst im Jahr 1963 publiziert.

Peter Huchel: Psalm

Der in Berlin geborene *Peter Huchel* (1903–1981) wird zu den großen deutschen Lyrikern des 20. Jahrhunderts gezählt. Er gehörte zunächst in der DDR zum literarischen Establishment, hatte als Herausgeber der Zeitschrift »Sinn und Form« (von 1948–1962) kulturpolitisch eine zentrale Stellung inne. Als 1962 seine Konflikte mit der offiziellen politischen Linie in der DDR eskalierten, zog er sich über Jahre zurück und durfte 1971 in den Westen ausreisen, wo er bis zu seinem Tod in Staufen/Breisgau lebte. Sein schmales Werk zeichnet sich vor allem durch einfühlsame Naturlyrik aus, die nur wenige, jedoch bedachtsam gesetzte biblische Bezüge aufnimmt. In seinem 1963 erschienenen Gedichtband »Chausseen, Chausseen« findet sich auch ein ausdrücklich so benannter »Psalm«[5].

PSALM

Dass aus dem Samen des Menschen
Kein Mensch
Und aus dem Samen des Ölbaums
Kein Ölbaum
Werde,
Es ist zu messen
Mit der Elle des Todes.

Die da wohnen
Unter der Erde
In einer Kugel aus Zement,
Ihre Stärke gleicht
Dem Halm
Im peitschenden Schnee.

Die Öde wird Geschichte.
Termiten schreiben sie
Mit ihren Zangen
In den Sand.

Und nicht erforscht wird werden
Ein Geschlecht,
Eifrig bemüht,
Sich zu vernichten.

Neben der Überschrift verweist zunächst auch die Form auf das bewusste Anknüpfen an biblische Tradition, die Wortwahl (»Ölbaum«, »Halm«), die gleichnishafte Sprache, der für Psalmen typische »Parallelismus membrorum« (parallel gestaltete Satzteile) in den ersten Versgruppen, der verlangsamend stockende Versfluss. Die formale Anknüpfung unterstützt gleichzeitig die inhaltliche Eigenständigkeit: Nicht um eine auf ein transzendentes Gegenüber ausgerichtete dialogische Sprache handelt es sich hier, sondern um eine besonnene Selbstreflexion. Angesichts der Möglichkeit der atomaren Selbstvernichtung der Menschheit (»Kugeln aus Zement« als Überlebenshorte) lässt Huchel ein apokalyptisches Szenario entstehen: In der ersten Strophe richtet er den prophetischen Blick auf das Ende der Welt. Unterstützt durch die Satzumstellungen (»Dass ...«) und das eingefügte »es« betont Huchel das abschließende Bild der »Elle des Todes«. Die Schöpfung wird zurückgenommen, der Kreislauf des Lebens gestoppt. Die drei restlichen Versgruppen setzen den Zukunftsblick in konkrete Bilder um: Kurzfristig Überlebende in Erdbunkern – vergänglich wie Halme im Wind; Insekten allein mögen vielleicht auf dem verödeten Erdball überleben; die menschliche Geschichtsschreibung aber wird beendet sein, fehlt es ihr doch an künftigen Subjekten: spurlos verschwunden der Mensch.

Im Schlussbild kehrt sich dabei der Zukunftsblick wieder zurück in die Gegenwart, denn das »Geschlecht, eifrig bemüht, sich zu vernichten« ist ja gerade die gegenwärtige Menschheit, der Huchel sein Warngedicht als Spiegel vorhält. Nicht um ein genüssliches Ausmalen des apokalyptischen Untergangs geht es dem Dichter, sondern um eine Mahn- und Warnrede in der Hoffnung, dass der Mensch sich doch noch besinnen und die Selbstvernichtung vermeiden möge. Weisheitliche Selbstbesinnung mischt sich hier so mit prophetisch-apokalyptischer Mahnrede zu einer ganz eigenen Sprachform, in der Gott weder benannt oder gar angerufen noch aber ausgeschlossen würde.

Didaktische Verortung

Im schulischen Religionsunterricht bietet der Psalm von Peter Huchel eine Vielzahl von sinnvollen Einsatzmöglichkeiten. Zum einen lässt er sich als Warntext im didaktischen Kontext von »Schöpfungsverantwortung« einsetzen. In gleicher Funktion kann er im Bereich von »Weltende und Apokalyptik«, aber auch im Feld von »Krieg und Frieden« seinen Platz finden.

Methodische Vorschläge

Methodisch legt sich in jedem Fall der formale wie inhaltliche Vergleich der biblischen Gattung mit dem aktualisierten literarischen Psalm an. Die dafür notwendige textliche Differenzierung legt eine Betrachtung in der Sekundarstufe II nahe. Gerade so kann die Eigenart der biblischen Gattung der Psalmen deutlich werden, gleichermaßen aber auch das kreative Ausdeutungspotenzial. Und von hierher wird der Übergang zu eigener kreativer Textarbeit der SchülerInnen möglich. Welche Themen hätten ihre eigenen Psalmen – sei es im Gefolge der Bibel als an Gott gerichtete Texte, sei es im Gefolge von Huchel als Selbstreflexion der Menschen? Wie könnten sie selbst an den biblischen Sprachmustern anknüpfen, wie sie aufgreifen, erweitern, umstellen? Hier bietet sich ein in verschiedenen thematischen Konkretionen möglicher didaktischer Dreischritt an: »biblische Psalmen« – »literarische Psalmen der Gegenwart« – »Psalmen der Schülerinnen und Schüler«.

Paul Celan: Psalm

Im selben Jahr wie Huchels »Psalm« erscheint ein weiteres Gedicht, das ebenfalls schlicht den Titel »Psalm«[6] trägt. Es stammt von dem vielleicht auf Dauer wirkmächtigsten deutschsprachigen Dichter des 20. Jahrhunderts überhaupt, von *Paul Celan* (1920–1970). Dieses Gedicht aus dem Band »Die Niemandsrose« gehört neben der »Todesfuge« zu seinen am meisten abgedruckten und ausgedeuteten Texten. Es darf hier nicht übergangen werden, weil es einerseits typische Züge der Celanschen Dichtung bündelt, andererseits für die Bibeldeutung von Schriftstellern des 20. Jahrhunderts entscheidende Wegmarken setzt.

PSALM

Niemand knetet uns wieder aus Erde und Lehm,
niemand bespricht unsern Staub.
Niemand.

Gelobt seist du, Niemand.
Dir zulieb wollen
wir blühn.
Dir
entgegen.

Ein Nichts
waren wir, sind wir, werden
wir bleiben, blühend:
die Nichts-, die
Niemandsrose.

Mit
dem Griffel seelenhell,
dem Staubfaden himmelswüst,
der Krone rot
vom Purpurwort, das wir sangen
über, o über
dem Dorn.

Nicht um eine lückenlose Ausdeutung dieses Textes kann es hier gehen – die genaue Analyse des breiten Deutungsspektrums ist an anderer Stelle nachzulesen[7] –, sondern um einige wenige Deutehinweise.

Arnold Stadler, selbst Georg-Büchner-Preisträger des Jahres 1999, hat in seiner literaturwissenschaftlichen Dissertation überzeugend herausgearbeitet, dass der zwischen Klage und Lob ausgespannte Psalter als zentrale Hintergrundfolie zum lyrischen Schaffen Celans anzusehen ist.[8] Nur in diesem Gedicht erfolgt freilich ein direkt-unmittelbarer Bezug zu den Psalmen. Entscheidend für die Deutung des Textes ist zunächst die Frage, wer als Sprecher des Gedichtes anzusehen ist, wer »wir« sind. Sind es – im Gesamtwerk des jüdischen Dichters Celan denkbar – die in der Shoa Ermordeten? Sind es die nach der Shoa um ihr geistiges Überleben Ringenden? Beide Lesarten lassen sich an den Text herantragen. Die zweite Grundsatzfrage an diesen Text ist noch schwieriger zu lösen: Wie ist die Zentralmetapher des »Niemand« zu deuten? Ist das schlicht die Absage an die Existenz eines »Jemand«, der im Kontext des Psalms nur Gott sein könnte? Handelt es sich also um die definitive Absage an Gott angesichts der Shoa? Oder wird hier »der unerkennbare ›Niemand‹ der jüdischen Mystik«[9] aufgerufen – ein sich in der Katastrophe verbergender Gott, ein verdunkelter, zurückgezogener, aber eben doch als Wirklichkeit noch vorausgesetzter Gott? Vom Text selbst her lässt sich die Frage kaum lösen, im Blick auf den Autor lässt sie sich ebenfalls nicht eindeutig beantworten, so bleibt gerade diese Entscheidung in der Verantwortung von Leserin und Leser.

Die erste Versgruppe greift Motive der Schöpfungsgeschichte, der Erschaffung des Menschen auf. Doch wo die Bibel von Gott erzählt, der »den Menschen aus Erde vom Ackerboden« formte und »in seine Nase den Lebensatem« (Gen 2,7) blies, nimmt diesen Platz nun »Niemand« ein. So erhält die erste Strophe einen für die Psalmen typischen Klageton. Wie personifiziert dieses »Niemand« gedacht ist, macht die zweite Strophe deutlich, in der die klassische Antwort des Menschen auf die Schöpfungstat Gottes, das Lob an diesen »Niemand« gerichtet wird. Auch dieser Umschwung von Klage zum Lob ist für die Psalmen charakteristisch, bleibt hier aber durch das unsichere Gegenüber im Ton gedämpft, fast verzweifelt. Als hielte man an einer vorgeprägten Form fest, die angesichts des Ausgesagten jedoch eigentlich unmöglich geworden ist.

»Blühn« als Metapher der Lebensausrichtung auf diese Macht hin – oder dieser Macht zum Trotz: »entgegen« bleibt zweideutig – wird zum Schlüssel für die weitere Bildsprache dieses eng gefügten Gedichtes. In der dritten Versgruppe steigert sich die grundlegend paradoxale, sich selbst immer wieder unterlaufende Sprache des Textes. Der Blick richtet sich reflexiv auf die imaginären Sprecher des Textes, die »Nichts« sind. Diese Nichtigkeit wird durch die Konjugation durch alle Zeitstufen noch verstärkt. Doch was ist damit gemeint: Nichtigkeit angesichts der anderen Größe, des »Niemand«? Schlichte Nicht-Existenz der paradoxerweise genau dieses aussprechenden Existenzen? Im Begriff der »Niemandsrose« bündelt sich die Nichtauflösbarkeit des Wortbildes. Es wird zum Schlüssel für die letzte Versgruppe, in welcher diese »Rose« unter Zuhilfenahme von botanischen Begriffen (»Griffel, Staubfaden, Krone, Dorn«) näher betrachtet wird. Die zugeordneten Adjektive (»seelenhell, himmelswüst, rot«) deuten zugleich auf Transzendenz wie auf Verwirrung und Zerstörung. Das königliche »Purpurwort«, die lobende Anerkennung der Herrschermacht, ist so nur noch als Vergangenheitsform denkbar – es *wurde* gesungen.

Didaktische Verortung

Das Volk der Juden angesichts der Shoa als »Niemandsrose«, als »Nichts«, das einstmals zum Lob des Schöpfers »blühte«; ein Schöpfer, der zum »Niemand« wurde; eine Beziehung von Schöpfer und Geschöpfen, die war, ist und bleiben wird – es ist unmöglich, die dichtgefügten Bildmotive dieses Gedichtes aufzulösen, eindeutig zu übersetzen. Das macht den Reiz und gleichzeitig die Schwierigkeit dieses Textes aus. Er ist sicherlich nur für Schülerinnen und Schüler der Sekundarstufe II sinnvoll. Mögliche Kontexte sind dabei einerseits die didaktischen Felder von Schöpfung und Schöpfungsbedrohung, vor allem aber die Beschäftigung mit der Shoa, die Frage nach der Beziehung von Gott zu seinem »auserwählten Volk«, den Juden.

Methodische Vorschläge

Darf man solch einen Text methodisch verfremden? Gerade hier wird vielen der Text als unantastbare Einheit erscheinen. Das ist nachvollziehbar und zu akzeptieren. Mein in der Praxis bewährter methodischer Vorschlag[10] geht hingegen davon aus, dass die Würde eines solchen Textes durch einen verzögerten Zugang keineswegs verletzt, vielmehr vertieft werden kann.

Die besondere sprachliche Gestalt dieses Gedichtes kann Schülerinnen und Schülern gerade dann aufgehen, wenn die Zentralmetaphern zunächst offen gelassen werden. Im verzögerten Zugang eines Lückentextes bleiben alle Stellen frei, in denen der »Niemand« erwähnt wird, genauso die »Rose« im Kompositum Niemandsrose und die Bildfügungen von »Griffel, Staubfaden und Krone«. Die Schülerinnen und Schüler werden gebeten, selbst stimmige Begriffe zu suchen. Nicht um ein Erraten der Lösung des Dichters geht es dabei, sondern um eine individuelle Einfühlung in Sprach- und Aussagewelt des Gedichtes. Die Wahl Celans, hier vom Niemand zu sprechen, wirkt so fast immer als Überraschung – und gerade deshalb lohnt sich das gemeinsame Nachdenken darüber, wie man es verstehen kann. Das Blumenbild leuchtet so in der Gesamtstruktur des Textes ein, wird in seiner Unauflösbarkeit umso eindringlicher erfahrbar. Schließlich kann auch hier, wie bei Huchel, der vergleichende Blick auf die biblischen Psalmen die Strukturgesetze damaliger und heutiger Gottesrede verdeutlichen.

17. Hiob: Urbild des Leidens

Keine Gestalt der Kulturgeschichte bündelt so sehr die fragende Rückfrage eines leidenden Menschen nach Sinn und Ziel des Leidens wie der biblische Hiob. Als Dulder wie Rebell verkörpert er die letztlich unbeantwortbare Frage nach dem Warum von Chaos, Tod und Verzweiflung. Seine im fiktiven biblischen Buch ausgetragene Auseinandersetzung mit Gott und vor Gott gehört in Inhalt wie Form zu den Hauptwerken der Weltliteratur. Hiob verkörpert dabei idealtypisch die Krise der alttestamentlichen Weisheitstheologie. Er stellt einen ihrer Grundpfeiler in Frage, das Vertrauen auf einen von Gott gewährten Tun-Ergehen-Zusammenhang. Dieser Hoffnungsvorstellung zufolge teilt Gott jedem Menschen im Leben gerecht das zu, was er verdient: Gute und Fromme werden belohnt, Ungerechte und Böse aber bestraft. Hiob zeigt auf, dass sich Gott und das irdische Ergehen eines Menschen nicht so einfach aufrechnen lassen. Da er als Unschuldiger leidet – im Rahmen des Tun-Ergehen-Zusammenhanges undenkbar – sprengt er diesen Grundsatz weisheitlicher Weltsicht auf. Hiobs Trösterfreunde sind deshalb so empört über seine Rebellion gegen Gott, weil er genau diesen Stützpfeiler ihres Weltbildes fortreißt. Mit Hiob müssen sie lernen, dass Gott in Extremfällen menschlicher Erfahrungen zu einem tieferen Vertrauen gegen alle Berechenbarkeit und gegen allen Augenschein einlädt.

Das Buch Hiob hat Menschen aller Zeiten zu Identifikation, Gegenreaktionen, Lebensdeutung und Rückweisung provoziert. Vor allem im 20. Jahrhundert finden sich zahlreiche, ästhetisch herausragende, inhaltlich völlig disparate Hiobdeutungen in der Literatur, die ihn zu einer Kerngestalt der Literatur des 20. Jahrhunderts, zu »unserem Zeitgenossen«[11] werden lassen. Die hier ausgesuchten Beispieltexte versuchen beide in je eigener Art und Weise, diese Zeitgenossenschaft Hiobs deutlich werden zu lassen.

Johannes R. Becher: Hiob

Das erste Gedicht führt uns zu einem Autor, dessen »Babel-Gedicht« wir oben bereits näher betrachtet haben: zu *Johannes R. Becher* (1891–1958; vgl. S. 65). Wie sein Babelgedicht stammt auch sein schlicht »Hiob«[12] benanntes Gedicht aus der Spätphase seines Schaffens, es wird im Jahre 1949 entstanden sein. Becher, überzeugter und selbst ernannter Kommunist und Atheist, ist zu diesem Zeitpunkt nach mehr als zehnjährigem Exil in der UdSSR in die DDR zurückgekehrt, lebt in Berlin als Präsident des »Kulturbunds zur demokratischen Erneuerung Deutschlands«. Er schreibt dieses Gedicht als Auseinandersetzung mit der Frage nach dem Leid im Wissen um Auschwitz und Hiroshima.

HIOB

Er bittet nicht, dass Gott sein Leiden wende,
Mitleiden ist es und ist Vorerleiden,
Und aller Leiden leidet er zu Ende.
In seiner Brust und in den Eingeweiden

Liegt bloß die Welt in ihrem Leidensgrund.
O Leidensabgrund, der wird offenbaren
Den Menschen sich nach aber tausend Jahren,
Vorhergesagt aus seinem, Hiobs, Mund.

Und dennoch hat er mit dem Leid gestritten,
Als wäre in dem Leid ein Widersinn,
Den er hat seiner Zeit vorausgelitten ...
Als er sich leidend fragte einst: »Worin

Besteht das Leid, womit uns Gott geschlagen?«,
Erkannte er – o unsagbare Pein –:
Das Unerträgliche, das wir ertragen,
Ist Menschenwerk und müsste nicht so sein.

Ein traditionell gebautes, kreuzreimiges Vierstrophengedicht, dem die Zeilensprünge eine eigene kraftvolle Lesedynamik verleihen. So wird der Spannungspunkt ganz auf die letzten zwei Zeilen zugespitzt. Bechers Hiob ist hier deutlich als *die* zentrale menschliche Leidensgestalt gezeichnet: »Und aller Leiden leidet er zu Ende.« Als Leidensgestalt wird er zum Vorläufer der Erfahrungen der Menschen in unserer Zeit (»Vorerleiden«). Dennoch: Hat nicht schon Hiob selbst den Hauch eines überzeitlichen »Widersinns« in seinem Leiden gespürt? Bechers Hiob ist von vornherein nicht als direkte Wiedergabe seines biblischen Vorbildes gezeichnet, denn der biblische Hiob bittet Gott ja unablässig, dass er »sein Leiden wende«. So gewinnt der Hiob dieses Gedichtes auch eine moderne, nicht etwa alttestamentliche Erkenntnis. Die Antwort auf die Frage nach dem Wesenskern des Leidens lautet hier: Es ist ausschließlich »Menschenwerk« und müsste »so nicht sein«. Bei Becher verschiebt sich – theologisch gesprochen – die Theodizee als Anklage Gottes völlig zur Anthropodizee als Anklage des Menschen. Hiobs Schrei zu Gott erweist sich als fehlgeleiteter Schrei ins Leere, der seine wahren und einzig möglichen Adressaten, die Mitmenschen, verfehlt. Deutlich wird dabei der in sich tief humane Aufruf, alles Menschenmögliche zur Aufhebung von Leiden zu tun. Aber was ist mit dem Leid, das nicht direkt vom Menschen verursacht ist, Naturkatastrophen oder schwere Krankheit? Bechers Hiob spitzt die Hiobsfrage bewusst als Frage an die Eigenverantwortlichkeit des Menschen zu.

Didaktische Verortung

Der didaktische Ort dieses Gedichtes liegt, wie die gesamte Hiobsfrage, im Bereich der Theodizee, der Rückfrage nach Gott angesichts des Leidens. Becher macht dabei deutlich, nicht allzu früh, allzu rasch Gott anzuklagen, vielmehr zunächst die Eigenverantwortlichkeit des Menschen einzufordern. Das ist die Stärke des in seiner formalen Konventionalität auch für Schülerinnen und Schüler der ersten Sekundarstufe verständlichen Gedichtes. Gleichzeitig legt sich die Rückfrage an das Gedicht nahe, ob damit die ganze Bandbreite der Hiobfrage ins Spiel gebracht wird. Für Becher als Atheisten heißt die Antwort Ja, denn wie sollte er Gott als ernsthafte Dimension in die Frage mit aufnehmen? Für gläubige Menschen ist jedoch mit der – notwendigen – Frage nach der Verantwortung des Menschen die Frage nach der Mit- oder Letztverantwortung Gottes gerade noch nicht geklärt. Das lässt sich an diesem Gedicht sehr deutlich aufzeigen.

Methodische Vorschläge

Das folgende Verfahren habe ich mit Gewinn ausprobiert: Auffällig an dem Gedicht ist die Häufung des Begriffs »Leiden«, der in unterschiedlicher Form insgesamt elfmal erwähnt wird (und dadurch den Gedanken an eine parodistische Überspitzung zumindest aufkommen lässt). Diese Häufung fordert geradezu zu einer Variation heraus: Nach einer Textbetrachtung bat ich die Lerngruppe, diese elf direkten Erwähnungen von »Leid« durch andere, ihnen treffend scheinende Begriffe zu ersetzen, wobei Mehrfachnennungen möglichst vermieden werden sollten. Gewählt wurden Begriffe wie Not, Schmerz, Schicksal, Leben, Mitfühlen, Vorerfahren, Wesensgrund, Mühsal, Erfahrung etc. Ergebnis: Die sinnvoll neu strukturierten Texte wirkten oft gerade im Vergleich sehr überzeugend. In jedem Fall wurde die Begegnung mit den Grundgedanken des Textes dadurch intensiviert. Die Originalfassung wirkt andererseits durch die elfmalige Nennung des Leid-Begriffes gerade zugespitzt und konzentriert.

Peter Henisch: Hiobs Psalm

Bechers Hiob-Gedicht greift die biblische Gestalt als Deutefigur eines kollektiven Schicksals auf, nämlich das der Menschheit angesichts von Shoa und den Gräueln der Weltkriege. Vor allem für jüdische Lyrikerinnen und Lyriker wie *Ivan Goll, Karl Wolfskehl* oder *Nelly Sachs* wurde Hiob hingegen zur Deutefigur des spezifisch jüdischen Schicksals dieser Zeit[13], für andere Schriftstellerinnen und Schriftsteller eher zur Deutefigur ihrer individuellen Existenz. Ich greife jedoch noch einmal ein Beispielgedicht heraus, das eine Aktualisierung im Blick auf das allgemeinmenschliche Schicksal versucht. Es stammt von dem Wiener Romancier und Schriftsteller *Peter Henisch* (*1943), der sich immer wieder mit Hiob als zentraler Deutegestalt seiner Existenz befasst hat. »Hiobs Psalm«[14] stammt aus dem 1977 veröffentlichten Gedichtband »Mir selbst auf der Spur/Hiob«, an zentraler Stelle wieder abgedruckt in der programmatisch mit drei Identifikationsgestalten benannten Gedichtsammlung Henischs »Hamlet, Hiob, Heine« von 1989.

HIOBS PSALM

Nicht zur Ruhe gekommen
seit 3000 Jahren

Unsere Klagen
nicht ernst genommen

Unsere Ängste
verspottet unsere Hoffnungen

Unsere Fragen
nicht beantwortet

Der Gottlose
geht zugrund
wer sich beugt unter Gott
wird errettet schön wärs

Verträge
nicht eingehalten
Versprechungen
nicht eingelöst
Vertröstungen
statt Trost

Warte noch
eine kleine Weile
Wie lang?

Was damals Zukunft war
ist Vergangenheit
Wir sind Gegenwart

Ewige Geistes-
gegenwart O Dein
Zynismus Ich
Dein Ebenbild &
Dein Gegenbild

Was bisher geschah
ist zu wenig
zu viel zu
wenig so
alpträumen wir so
wunschträumen wir

nach wie vor
schlaflos

Henischs schon in der grafischen Anordnung ungewöhnlicher Text gibt einen Psalmtext aus der Perspektive des heutigen Hiobs wieder. Nicht der Blick *auf* Hiob heute prägt dieses Gedicht, sondern der Blick Hiobs selbst. In gedanklicher Auseinandersetzung mit der biblischen Vorlage und dem dort vermittelten Gottesbild wendet sich der heutige Beter erneut an Gott: Immer noch nicht zur Ruhe gekommen, immer noch nicht ruhig gestellt, immer noch unbefriedigt mit der biblischen Auskunft. Henisch stellt sich in die Tradition jener Generationen von Hiob-Lesern, die letztlich mit der dort gegebenen »Antwort« nicht zufrieden sind. Klagen, Ängste und Fragen bleiben – aber eben *mit* Hiob. Hiob bleibt die Bezugsfigur, in deren Namen die Rückfragen an Gott gestellt werden. Auffällig: Es bleiben tatsächlich die gleichen Fragen. In der dritten Versgruppe wird das Schema des Tun-Ergehen-Zusammenhangs zitiert und hinterfragt – wie im biblischen Buch; die vierte Versgruppe verweigert sich der angebotenen Vertröstung, klagt nicht eingehaltene Verheißungen ein – wie bei Hiob; die vierte Versgruppe deutet die Antwort des biblischen Buches als aufschiebende Verheißung – erneut wie in der Vorlage. Nicht um eine Reflexion der möglichen Erkenntnisse des Hiobbuches geht es also hier, sondern um eine Wiederholung seiner Klagen.

Die fünfte Versgruppe vollzieht den damit schon angedeuteten Blickwechsel vom Damals ins Heute: »Wir sind Gegenwart«, »wir« sprechen Hiobs Psalm in der Hoffnung auf eine neue Antwort auf das Theodizeeproblem, die tragfähig scheint. Die alte Antwort – nur »Zynismus«, die den Menschen als Ebenbild Gottes eher in die Rolle des »Gegenbildes« drängt? Die alte Hoffnungs- und Vertrauensperspektive – »zu wenig«? Nur Alp- und Wunschtraum und Schlaflosigkeit bleiben? Henischs Gedicht spricht eindringlich die Rückfrage aus heutiger Sicht aus, ob die Antworten des Hiobbuches tragfähig sind.

Didaktische Verortung

Genau darin liegt die didaktische Chance dieses Textes: Er wendet den Blick nachdrücklich zurück auf das biblische Buch selbst und seine Angebote: Warum erscheinen sie Henisch als »viel zu wenig«, was sagen sie denn tatsächlich aus? Hier legt sich methodisch der Schritt zur kreativen Textauseinandersetzung nahe. Da der Psalm Henischs die Gegenperspektive gegen die biblische Vorlage eröffnet, wäre es hier wenig sinnvoll, diese Perspektive nach einer Textbetrachtung noch durch weitere Anfrage- oder Klagetexte zu verstärken. Eine Stärkung der Klagefähigkeit im Rahmen einer Unterrichtseinheit zur Theodizee und zu Hiob[15] zählt freilich zu den zentralen dortigen Lernchancen.

Methodische Vorschläge

Deshalb könnte man mit Lerngruppen *vor* der Betrachtung dieses Textes solche »Anfragen an Hiob« und seinen Gott selbst verfassen. Henischs Text könnte diese Anfragen ergänzen und vertiefen. *Nach* der Gedichtbetrachtung läge jedoch die besondere Chance noch einmal in einer perspektivischen Umkehr. Im Stile von Henisch können Schülerinnen und Schüler versuchen, einen Gegenpsalm zu verfassen, etwa von Gott an den Menschen nach dem Motto: »Immer noch nicht begriffen, nach 3000 Jahren...«; oder – in einem Oberstufenkurs – von Jesus an Hiob. Spannend daran wäre, dass sich Schülerinnen und Schüler in die »positive« Rolle des Antwortenden hineinversetzen sollten.

18. Kohelet: Nichtigkeit und Hoffnung

Wie Hiob gehört der »Prediger Salomo«, Kohelet, zu jenen alttestamentlichen Figuren, die in der christlichen Rezeption eher übergangen wurden. Stellt Kohelet nicht die Grundsätze der biblischen Offenbarung infrage mit seiner Relativierung aller vermeintlichen Sicherheiten, alles nur »Windhauch« (Koh 1,2)? Mit seiner Ver-Gleich-Gültigung sämtlicher Erfahrungen: »Alles hat seine Stunde« (Koh 3,1)? Mit seiner Aufzählung aller menschlicher Versuche, Glück und Weisheit zu erstreben, die sämtlich letztlich als unzureichend belächelt werden, egal ob Bildung, Weltgestaltung, Besitzstreben oder Frömmigkeit? Wird hiermit nicht die biblische Grundhoffnung auf Gott, mehr noch: die weisheitliche Grundzuversicht, der Mensch könne sich in Gottes Grundordnung orientieren, zurückgewiesen?

Die Großartigkeit der Bibel begründet sich nicht zuletzt dadurch, dass sie derartige Gegenströmungen aufnimmt, dass ein Hiob und ein Kohelet in ihr Platz haben. Gerade heute fühlen sich Menschen diesen Büchern und den in ihnen ausgesprochenen Lebensdeutungen oft näher als anderen biblischen Stimmen. Um das Jahr 200 vor Christus wird das Buch Kohelet vorgelegen haben, das kunstvoll mit Zitaten aus anderen geistigen Richtungen spielt, um sie doch nur unter die alles prägende Grundaussage zu stellen: Letztlich ist alles menschliches Streben »Windhauch«. Ist das Pessimismus? Ist das Pragmatismus? Oder Realismus? Oder in seiner aufmunternden Quintessenz des »Darum freu dich, junger Mann« (Koh 11,9) ungemein positive Lebensermunterung in demütiger Frömmigkeit? Die Letztdeutung dieses Buches ist nicht vom Text selbst her zu erheben, sondern von der Grundeinstellung der Lesenden geprägt. Gerade das macht das Buch Kohelet so spannend.

Mit Hiob teilt Kohelet das Schicksal einer weitgehenden Ausblendung in der Religionspädagogik, was in beiden Fällen zentrale Lernchancen für Heranwachsende mit der Bibel verstellt. Im Gegensatz zu Hiob jedoch führt Kohelet auch in der Literatur ein Randdasein, da sein eher philosophischer Duktus offensichtlich nicht so sehr zu direkten Nachdichtungen reizt wie die dramatische Figuration des Hiobbuches.

Christine Busta: Über dem Buch des Predigers Salomo

Aus den wenigen vorhandenen Texten wähle ich zwei Gedichte, in welchen die Grundaussagen des biblischen Predigerbuches aufgenommen und in unserer Zeit erneut ausgesagt werden. *Christine Busta* ist uns bereits mit ihrem »Kain und Abel«-Gedicht begegnet (vgl. S. 54). Während dieses aus den letzten Lebensjahren der Dichterin stammte, führt uns ihr Gedicht »Über dem Buch des Predigers Salomo«[16] in ihre literarische Anfangsepoche zurück. Es stammt aus ihrem zweiten Gedichtband »Lampe und Delphin« von 1955.

ÜBER DEM BUCH
DES PREDIGERS SALOMO

Alles ist eitel. Aber noch ist das Licht
ausgesetzt in unsres Vaters gestirntem Haus,
und eine Stimme singt in die Nacht hinaus:
»Fürchtet euch nicht!«

Alles ist eitel. Aber wir bleiben Kind.
Wenn auch die Mühlen schon leiser, die Schiffe langsamer gehn,
wir haben das Korn und die Ströme wachsen gesehn
unter dem Wind.

Alles ist eitel. Aber die Liebe macht fromm.
Flaum und Wolle, genug des Reichtums für Vogel und Schaf!
Arm und gut an den Hirtenfeuern wartet der Schlaf:
komm!

Wie die Überschrift des Gedichtes verrät, handelt es sich hier um eine lyrische Meditation »über« das Buch Kohelet. Der Grundthese dieses Buches wird dreimal bestätigend zugestimmt: »Alles ist eitel«, wobei »eitel« die traditionelle Übersetzung von »Windhauch« ist. Zwar beginnt jede Strophe mit diesem Grundthema, tatsächlich wird es jedoch jeweils durch ein nachgeschobenes »Aber« dreimal relativiert. In der ersten Strophe wird der Flüchtigkeit allen Seins das Vertrauen auf »Licht« – klassische Sphäre göttlicher Hoffnung – entgegengesetzt: einerseits das Licht des Kosmos, das vom als »Vater« benannten Schöpfer eingesetzt wurde; andererseits das damit über die Sternmetaphorik verbundene Licht des weihnachtlich geborenen Messias in Anspielung auf die Engelsbotschaft an die erschrockenen Hirten aus Lk 2,10: »Fürchtet euch nicht!« Die zweite Strophe nimmt die Beziehung der Menschen zu Gott im Bild von Vater und Kind noch einmal auf. Diese Beziehung bleibt – auch in der Vanitas-Einsicht Kohelets – bestehen. Der »Wind« – als Wirkkraft des Geistes – lässt immer noch Korn und Wasserströme wachsen. In der Schlussstrophe wird nach »Licht« und »Wind«/Geist der dritte Kontrapunkt gesetzt: die Liebe. Unter Aufnahme der Anspielung auf die Hirten aus der ersten Strophe wird ein kleines pastorales Idyll gemalt. So wie Vögel und Schafe in ihrer natürlichen Ausstattung genug zum Überleben haben, so bietet das Hirtenfeuer Wärme und Schutz. In seinem Glanz erfolgt die der Einsicht in die »Eitelkeit allen Strebens« abgetrotzte Einladung zur Gemeinsamkeit: »Komm!«

Didaktische Verortung

Christine Busta reflektiert in diesem rhythmisch in der jeweils zweiten Strophenzeile etwas ungelenk geratenen Gedicht die Konsequenzen aus den Einsichten Kohelets. Gerade wenn man zu der Einsicht gelangt, dass im Kern »alles eitel« ist, kann man sich als gottgläubiger Mensch im Vertrauen auf Gottes Beistand, angedeutet in den Bildern von Licht und Wind, dem anderen liebevoll zuwenden. Für die Dichterin wird die Botschaft des Predigers so zu einem Impuls zur positiv-aktiven Lebensgestaltung. An diesem Punkt kann eine religionsdidaktische Betrachtung dieses Textes ansetzen. Kohelet kann in seiner geistigen Grundhaltung sicherlich Schülerinnen und Schüler ab der achten Klasse faszinieren.

Methodische Vorschläge

Am Beginn einer Unterrichtseinheit über dieses Buch und seine geistige Welt sollte der Blick auf ausgewählte Passagen des biblischen Buches selbst stehen. Bustas Gedicht deutet den biblischen Text »positiv«. Diese Deutung kann zu kontroversen Text- und Lebensdeutungen Anlass geben. Überzeugt die vorgeschlagene Grundrichtung? Wird sie dem biblischen Buch gerecht? Methodisch legt sich nach der Gedichtsdeutung eine differenzierte Schriftmeditation nahe. Eine Gruppe erhält auf einem Plakat die aus dem Gedicht abgeleitete Vorgabe: »Alles ist eitel. Aber ...« Die andere Gruppe setzt sich hingegen mit der Vorlage »Alles ist eitel. Und deshalb ...« auseinander. Nach der Phase der wortlosen freien schriftlichen Fixierung werden die Ergebnisse verglichen und diskutiert. So lässt sich das Deutespektrum des Buches Kohelet zwischen Resignation und positivem Aufruf zur Lebensgestaltung gut erschließen.

Heinz Piontek: Der Prediger Salomo. Das 12. Kapitel (Paraphrase)

Das zweite Gedicht setzt in Form und Aussage andere Schwerpunkte bei der Betrachtung Kohelets. Es stammt von einem viel zu wenig beachteten Lyriker, von dem Georg-Büchner-Preisträger des Jahres 1976, *Heinz Piontek* (*1925). In Pionteks unprätentiösen Naturbetrachtungen, Alltagsdeutungen und philosophischen Besinnungen werden immer wieder biblische Figuren, Formen und Gedanken aufgegriffen und gestaltet. Zentralen Platz bekommen diese Bibeldeutungen in dem 1987 erschienenen Band »Helldunkel«, in denen ein zentraler Zyklus unter dem Titel »Mann Gottes« steht: In mehreren Gedichten werden Gideon, Samson, David, Elia und der namenlose »Prophet« einfühlsam dichterisch gestaltet. Nicht aus diesem Zyklus, jedoch aus demselben Band stammt der hier vorgestellte Text[17].

DER PREDIGER SALOMO.
DAS 12. KAPITEL
(Paraphrase)

Was wusst ich schon von all den bösen Tagen,
von all den Jahren, die man Alter nennt.
Nein, sie gefalln mir nicht, hör ich nun sagen –
obwohl und nach wie vor die Sonne brennt,

die Wolken weiß und klar am Himmel stehen,
und wie vorzeiten ziehn die Flüsse weit ...
Doch find ich bärtige Müller müßig gehen,
und rotgesichtige Maurer plagt die Zeit.

So werden finster hinter Fenstern Mienen
von Mann wie Frau und ihre Stimmen leis.
Sind die verhassten Kläger schon erschienen
und gehn umher in Gassen auf Geheiß?

Groß wird die Angst. Und Türen dichtzuhalten,
was nützt es denn? Selbst Hohe scheun die Stadt.
Dauert noch Schönes? Heimlich in Gestalten
von Vögeln, Mandelbäumen, Blatt um Blatt ...?

Der Müllerin Gesang verliert sich heiser;
ihr Wassereimer ist verbeult und schief.
Doch jemand wirft ins Feuer goldne Reiser.
Und der am Born Ermattete schläft tief.

Wie bei Busta weist auch hier die Überschrift auf den Gesamtcharakter des Gedichtes hin: Es handelt sich um eine dichterische »Paraphrase« des letzten Kapitels des Buches Kohelet. Bei einem genauen Vergleich stellt sich jedoch heraus, dass es sich hier um weit mehr als nur um eine Paraphrase handelt, die ja von eigenen Deutungen, Verfremdungen und Hinzufügungen absehen würde. Im zwölften Kapitel des biblischen Buches wird der Leser als imaginärer »junger Mann« ermahnt, an die kommenden Tage des Alters zu denken, an die Tage von Krankheit und schließlich des eigenen Sterbens, in denen die bildreich geschilderte Umwelt das individuelle Vergehen spiegelt: Sterne werden verlöschen, Wächter des Hauses werden zittern, starke Männer sich krümmen, Müllerinnen ihre Arbeit einstellen, sämtliche Geräusche werden verstummen und Klagende durch die Straßen ziehen. Dieser Vorausblick soll den »jungen Mann« dazu gemahnen, seine Zeit in Jugend und Kraft zu nützen.

Piontek münzt diesen mahnenden Zukunftsblick zum wehmütigen Gegenwartsblick um: Jetzt ist er bereits der »alte Mann«, dem all das widerfährt, was im biblischen Buch nur Vorausschau war. Als Gegenwartsbeschreibung liest sich der biblische Text nun anders. Zwar spiegelt der Kosmos das eigene Vergehen gerade nicht: Die Sonne brennt nach wie vor, die Flüsse ziehen wie immer, doch das Erleben des eigenen Zerfalls angesichts der Gleichgültigkeit der Welt ist umso schlimmer. Nur die Menschen spüren ängstlich den Niedergang. Bild um Bild aus der biblischen Vorlage ruft Piontek auf: arbeitslos gewordene Maurer und Müller, leiser werdende Stimmen, Klagende, geschlossene Türen, Naturerscheinungen, die verstummende Müllerin und ihr ausgebeulter Wassereimer. Angesichts der gegenwärtigen Erfahrung des Altseins und der drohenden Gewissheit des baldigen Sterbens erscheint tatsächlich alles als »Windhauch«, obwohl dieses Grundmotiv auffälligerweise gar nicht direkt benannt werden muss. Gibt es noch »Schönes«? Durch seine Gegenbilder scheint das Gedicht diese Frage zu verneinen. Die letzten zwei Zeilen öffnen zumindest Raum für einen Gegenzug zu dieser Deutung. All dem subjektiv erlebten Niedergang zum Trotz bleibt der goldene Schein des wärmenden Feuers und der tiefe Schlaf des Gesättigten.

Methodische Vorschläge

Nicht nur in diesem Schlussbild sind die Parallelen zum Gedicht von Busta, das ähnliche Bilder aus der Vorlage aufgreift, deutlich. Der Grundton freilich ist verschieden. Aufforderung zur Lebensgestaltung dort, kaum durch Hoffnungsfunken überstrahlte Resignation hier. Bei Pionteks Gedicht, das aufgrund von Textgestalt und Aussage wohl nur in der Oberstufe eingesetzt werden kann, legt sich ein dreifacher Textvergleich nahe: von Kapitel zwölf des biblischen Buches zu Bustas und dann zu Pionteks lyrischen Deutungen. Wenn man diese drei Texte dreiecksartig auf ein großes Blatt kopiert, können Schülerinnen und Schüler mit Farbstiften ähnliche Motive herausheben. So wird deutlich, welche Aspekte der Vorlage die Dichter aufgreifen, welche sie fortlassen, welche sie verändern und hinzufügen. Dadurch kann die Grundabsicht aller drei Texte optisch hervorgehoben werden. Alle menschlichen Bestrebungen sind »Windhauch« – ermöglicht diese Einsicht sinnvolle Lebensgestaltung oder erstickt sie jegliche Bemühung im Keim? Im Blick auf den Bibeltext wie auf die Gedichte wird diese Frage an jeden Einzelnen zurückgespiegelt.

ZWEITER TEIL

Neues Testament

Sechste Abteilung: Herkunftsdeutungen

Vom Alten zum Neuen, vom Ersten zum Zweiten Testament – im Blick auf die literarische Bibelrezeption zieht dieser Schritt zunächst einen Verlust nach sich. Während die hebräische Bibel die gemeinsame Basis von Judentum und Christentum darstellt und folglich von Schriftstellerinnen und Schriftstellern jüdischer wie christlicher Herkunft aufgegriffen und gestaltet wird, ist das Neue Testament Glaubensgrund allein der Christen. Zwar gibt es durchaus jüdische Autorinnen und Autoren, die sich mit der christlichen Tradition oder zumindest mit ihrem jüdischen Bruder Jesus beschäftigen, das Schwergewicht verlagert sich jedoch hin zu DichterInnen christlicher Provenienz. Während jüdische AutorInnen – der »Religion des Wortes« entstammend – sich intensiv mit ihren Glaubenswurzeln befassen, ist dies bei christlich geprägten nicht so häufig und nicht oft auf vergleichbarem literarischen Niveau der Fall. Von einer ästhetisch wertvollen konfessorischen »christlichen Literatur«[1] kann in den letzten fünfzig Jahren kaum gesprochen werden. Dieser Befund wird die folgenden Abteilungen immer wieder prägen.

In didaktischer Hinsicht bedeutet die Zuwendung zum Neuen Testament die noch einmal engere Konzentration auf die eigene christliche Identität. Im korrelativen Spannungsfeld der damaligen Erfahrungen mit Jesus auf der einen und den heutigen Erfahrungen auf der anderen Seite können die literarischen Texte in besonderer Weise eine Vermittlerrolle spielen. Während der direkte Weg zu den fast 2000 Jahre zurückliegenden Erfahrungen für Schülerinnen und Schüler mitunter zu weit sein mag, kann der Weg zu den literarisch gebündelten Erfahrungen unserer Zeit näher an ihre Lebenswirklichkeit angebunden sein. Und von dorther ist der Rückweg zur biblischen Welt möglicherweise erstens leichter, zweitens spannender und drittens intensiver. Von dieser didaktischen Rahmenvorstellung gehen die folgenden Texte und ihre Deutungen aus.

19. Weihnacht: Heutige und damalige Nächte

Texte über die Geburt Jesu gibt es in der deutschsprachigen Literatur des 20. Jahrhunderts in großer Zahl. Auch Textsammlungen, die sich eigens dieser Thematik widmen, werden immer wieder auf dem Buchmarkt präsentiert[2]. Wirklich gute und im Blick auf die Schule sinnvoll einsetzbare Texte sind jedoch schwer zu finden. Die meisten Gedichte sind entweder romantisierend, verniedlichend und biografisch rückwärts gewandt oder stark politisch-aktualisierend[3], dann jedoch häufig mit ganz engem Zeitbezug, der schnell an Aktualität verliert. Sicherlich kann es sinnvoll sein, mit Schülerinnen und Schülern diese beiden Aspekte herauszuarbeiten, also entweder stimmungsvoll die Festatmosphäre zu betonen oder umgekehrt die entlarvende harte Gegenwartsrealität mit der Weihnachtsbotschaft zu konfrontieren. Hier aufgenommen sind jedoch zwei Texte, die versuchen die Frage nach dem überzeitlichen Sinn von Weihnachten an jeden Einzelnen zurückzuspiegeln.

Erich Fried: Weihnachtslied

Gleich der erste Autor mag überraschen: *Erich Fried*, mit seinem Propheten-Gedicht in diesem Buch bereits vorgestellt (vgl. S. 134). Als Lyriker hat sich der nach eigenen Worten nicht gläubige Jude und Büchner-Preisträger des Jahres 1987 vor allem durch Liebesgedichte und politische Gebrauchstexte einen Namen gemacht. Sein Werk ist jedoch voller biblischer Anspielungen, Zitate und Verweise sowohl auf das Alte wie das Neue Testament. Sein

Gedicht mit dem Titel »Weihnachtslied«[4] ist ein Frühwerk aus dem Jahre 1947. Es wurde 1968 in den Band »Befreiung von der Flucht. Gedichte und Gegengedichte« aufgenommen. Konzipiert ist es als ein Gegengedicht gegen die gängige Weihnachtsverharmlosung angesichts der Erfahrungen von Weltkrieg und Judenvernichtung.

WEIHNACHTSLIED

Eine Streu von Stroh
Eine Wand von Wind
Eine Woge als Wiege
Ein Kind

Ein Schwamm voller Essig
Eine Kammer voll Gas
Eine Waage am Wege
Ein Grube im Gras

Eine Gasse voll Dirnen
Eine Gosse voll Wut
Eine Stirne voll Dornen
Eine Mutter voll Blut

Eine Streu von Stroh
Eine Wand von Wind
Eine Woge als Wiege
Ein Kind

Formal gesehen ein ganz einfacher Text: Vier Strophen zu vier Versen, von denen sich der zweite und vierte Vers reimt. Jede Zeile benennt in karger Sprache jeweils einen Gegenstand. Dabei wird häufig der gleiche Wortanlaut zweifach verwendet, um durch diese Alliteration die Assoziationskraft zu verdichten (»Streu von Stroh«). Denselben Effekt erzeugen die Wortpaare, in denen allein ein Vokal andere Bedeutungen hervorruft: »Dirnen/Dornen«, »Gasse/Gosse«, »Woge/Wiege«, »Waage/Wege«. Die erste und letzte Strophe sind identisch. So entsteht eine collagehafte Bildfügung, die sich selbst zunächst jeder Aussage und Wertung enthält. Gerade das ist die Stärke dieses Textes. Die Deutung wird an die Lesenden selbst zurückgegeben. Eine formale Beobachtung weist diesen Deutungen den Weg. Das metrische Muster der Einzelverse wird an einer Stelle signifikant unterbrochen, nämlich in der Schlusszeile der Rahmenstrophe »Ein Kind«. Dadurch bekommt dieser Vers ein Schwergewicht, das aus dem Gesamtgefüge hervortritt.

Verschiedene Bildfetzen werden aufgerufen. Zunächst fällt das klassisch mit dem Weihnachtsfest assoziierte Wortfeld »Krippe« ins Auge: »Stroh, Wiege, Kind, Mutter«. Daneben steht – für Weihnachten ungewöhnlich – das Wortfeld »Passion«: »Schwamm, Essig, Dornen, Blut«. Ein drittes Wortfeld nennt »widrige Lebensbedingungen«: »Wand, Wind, Woge, Gasse, Gosse«. Und schließlich das Wortfeld »Krieg, Konzentrationslager«: »Gas, Waage, Grube«. In den nur knapp angedeuteten Bildfragmenten wird ein Unheilsszenario heraufbeschworen, das die Wirklichkeit der Nachkriegswelt – aber darin jeder Gegenwartswelt – vor Augen stellt. In diese Wirklichkeit hinein wird »das Kind« geboren. Wie ist das zu deuten? Hier wird jeder Lesende selbst seine plausible Erklärung zu suchen haben: Überschattet die aufgerufene Wirklichkeit der damaligen und heutigen Passionen die Geburt des Kindes, sodass dieses »Weihnachtslied« nur zu einem bitteren Abgesang auf jegliche Hoffnungen wird? Oder durchbricht »das Kind« nicht nur das Metrum des Gedichtes, sondern auch die Wirklichkeit in dem Sinne, das in die harte Realität ein Hoffnungszeichen gesetzt ist? Beide Deutungen scheinen möglich.

Didaktische Verortung

In der Mehrdeutigkeit dieses Textes liegt seine didaktische Chance: Schülerinnen und Schüler – angesichts der einfachen Textstruktur auch schon in der frühen Sekundarstufe I – können und müssen diesen Text in ihr Weltbild einordnen, sich so darüber klar werden: Was bedeutet Weihnachten angesichts der im Text geschilderten, aber auch der eigenen Erfahrungen?

Methodische Vorschläge

Ein guter Zugang lässt sich über die oben genannten Wort- und Assoziationsfelder gewinnen. Durch farbliche Gestaltung und Zuordnung kann die Bildstruktur leicht erschlossen werden. Im Anschluss an die Textbetrachtung bietet sich der Versuch einer kreativen Fortschreibung des Textes an. Welche Bildelemente prägen die Lebenserfahrungen zu Beginn des dritten Jahrtausends? Wie lassen sie sich in vergleichbar einfachen Bildfetzen darstellen?

Christine Lavant: Es geht der Stern von Bethlehem mir nah

Mit dem zweiten Weihnachtsgedicht bleiben wir im selben Zeitrahmen wie bei Fried, begeben uns jedoch in eine völlig andere geistige, gesellschaftliche und literarische Welt. Die im abgeschiedenen Kärntner Lavant-Tal lebende, zeitlebens durch von Kinderkrankheiten herrührende körperliche Behinderungen geprägte Österreicherin *Christine Lavant* (1915–1973) gehört zu den wenigen großen christlichen Lyrikerinnen des 20. Jahrhunderts. Doch wie verstörend sind ihre Verse, die abseits jeglicher literarischen Strömungen und der breiten Leseöffentlichkeit entstanden sind. Die Gedichte sind geprägt von tiefstem Leid, weitgehender Isolation, stets auf der Grenze zur Verbitterung und doch sprühend von niemals erlahmender Sehnsucht nach Gottesbegegnung. Lyrische Gebete finden sich hier, Annäherungen an Gott im Vers, Daseinsdeutungen zwischen Resignation und Hoffnung auf Veränderung. Das Gedicht »Es geht der Stern von Bethlehem mir nah«[5] wurde nicht in eine der offiziellen Gedichtsammlungen von Christine Lavant aufgenommen. Es wurde in den frühen fünfziger Jahren verfasst, jedoch erst posthum dreißig Jahre später veröffentlicht.

Ein ungewöhnlicher Text, verfasst in einem romantisierenden Ton und in altertümlich anmutender Sprache (»hold«, »darein«), mit vier Strophen zu fünf Zeilen, die ersten vier Zeilen jeweils kunstvoll im umschließenden Reim aneinander gebunden, der Schlussvers jedoch mit dem Schlussvers der Folgestrophe gereimt. So entsteht ein geschlossenes und abgerundetes Textgefüge. Am Anfang des Gedichtes steht ein weihnachtlich vertrautes Bild, in dem die Elemente der beiden Geburtsgeschichten ineinander geschoben werden: Der im Matthäusvangelium bezeugte Stern und in seinem Licht die an die Hirtenszene des Lukasevangeliums erinnernden wachen, friedlich grasenden Schafe. Dieses Bild wird zum Ausgangspunkt einer gewagten Weihnachtsfantasie: Die Dichterin schlüpft in die Rolle eines dieser Schafe, betrachtet Weihnachten aus dieser verfremdenden Perspektive: Ein grasendes Mutterschaf, nachts seine blinden Jungen (»Herzgespenster«!) säugend, im Glanz des weihnachtlichen Sterns.

ES GEHT DER STERN VON BETHLEHEM MIR NAH

Es geht der Stern von Bethlehem mir nah
weil er so hold die Nachtgetiere weidet
so fass ich Mut und wage mich verkleidet
darein zu mengen, stehe grasend da
und säuge ein paar blinde Herzgespenster.

Der Engel Lieder fallen purpurn ein
mein Maul umgeht sie tastend so wie Flammen
die Jungfrau schlägt den Mantel eng zusammen
den alten Joseph stärkt ein herber Wein
ein grauer Esel äugt voll Gunst durchs Fenster.

Der Wind vergnügt sich mit dem Flötenton
den sich die Hirten herzgerührt ersinnen
und keiner weiß wohin die Tränen rinnen
ich, ewig dürstend, trinke viel davon
verberge noch den Rest in meinen Haaren.

Es bleibt der Stern von Bethlehem nie lang
kurz währt die Nacht darin die Engel blasen
wo werden wir am nächsten Morgen grasen?
Mir ist um meine Blindgeburten bang
wie sollten sie den hellen Tag erfahren?

Welche Elemente hebt die Dichterin aus dieser ungewöhnlichen Perspektive hervor? In der zweiten Strophe erwähnt sie kurz die bekannten Elemente der lukanischen Krippenszenerie: Engel, Jungfrau, Joseph, Esel. Doch schon diese Elemente werden nicht im bekannten Freudenton gezeichnet: Die Engelslieder der Freude werden mit Flammen verglichen, denen man sich eher vorsichtig nähert; Maria fröstelt trotz dieser eigentlich ja wärmenden Flammen; Josef schließlich muss sich mit Wein stärken. Die dritte Strophe gestaltet diese atmosphärische Umwertung vollends aus: Die Töne der Hirtenflöten wecken Tränen, die allein das Schaf – immer durstig nach »herzgerührter« Tröstung – aufsaugt und sogar noch auf Vorrat speichert. Aus der frohen Botschaft ist endgültig die tröstende Botschaft geworden. Diesen Aspekt greift denn auch die Schluss-Strophe auf, in der sich der Blick nach vorn weitet. Sternenglanz und weihnachtliche Fröhlichkeit sind doch nur eine Momentaufnahme. Wichtiger wird die Sorge um das Morgen: Wo wird man Nahrung finden auf dem Weg zu welchen Zielen? Doch nicht ihm selbst gilt diese Sorge, sondern – in der ersten Strophe angedeutet – den blindgeborenen Kindern. Das Nachtlicht könnten sie wohl ertragen, wenn sich ihre Augen dereinst öffnen, aber das helle, unbarmherzige Licht des Tages? Trägt der gierig aufgesogene Trost?

Didaktische Verortung

Lavants Weihnachtsgedicht spiegelt in einem fabelartigen Tierbild den Kontrast von Weihnachtsfreude und Alltagssorge um die Zukunft der Kinder, die als »Herzgespenster« zugleich nahe wie flüchtig und fiktiv sind. Durch die eigene skeptische Ausgangssituation verwandeln sich die lukanischen Hoffnungsbilder in Gaukelspiel. Damit wird die Weihnachtsbotschaft nicht zurückgewiesen, wohl aber fraglich.

Methodische Vorschläge

Für Schülerinnen und Schüler kann die Grundidee der perspektivischen Brechung durch die Identifikation mit dem Tier ein reizvoller Neuzugang zur sattsam bekannten und ewig wiederholten Weihnachtsgeschichte sein. Die altertümliche Sprache, typisch für den normalen, »weihevollen« Umgang mit Weihnachten, mag die Annäherung an dieses Gedicht zunächst verstellen. Deshalb empfiehlt sich als methodischer Zugang eine perspektivische Hinführung: Durch wessen Augen könnte man die Weihnachtsgeschichte heute besonders interessant erzählen? Was könnte diese Perspektive besonders gut hervorheben? Vielleicht nennen SchülerInnen als Antwort auf diese Fragen sogar die Tiere, was zunächst zu Heiterkeit führen könnte. Warum auch nicht? Diese Idee hat ja durchaus eine humorvolle Komponente. Von hier aus ist die Überleitung zu diesem Text möglich: »Ich habe ein Gedicht gefunden, das tatsächlich ernsthaft versucht, aus den Augen eines Schafes Weihnachten zu erzählen.« Von da aus kann das Gedicht anregen, über die Spannung von Fest und Alltag, von vorgeblichem Versprechen und ausbleibender Erfüllung – oder doch bleibenden Perspektiven? – ins Gespräch zu kommen. Außerdem kann das Gedicht dazu anregen, den scheinbar bekannten lukanischen Text doch noch einmal genauer anzuschauen und im Hinblick auf die im Gedicht aufgegriffenen Elemente zu vergleichen.

20. Herodes: Kindermörder ohne Skrupel

Herodes der Große ist eine historisch sicher bestimmbare Person. Er regierte in Palästina von 37 bis 4 v. Chr. ein Großreich, das etwa die Ausmaße des davidischen Reiches hatte. Aus Idumäa stammend galt er für die Juden aus Galiläa, Samaria und Judäa nicht als Jude in gleichem Rang. Seine Macht konnte er nur in Abhängigkeit von Rom ausüben. Da sowohl Matthäus als auch Lukas die Geburt Jesu in die Zeit seiner Regierung legen, geht man heute davon aus, dass Jesus tatsächlich im Jahr 7 oder 6 vor dem Jahre 0 der sehr viel später festgelegten Zeitrechnung geboren wurde. Allein in der Kindheitsgeschichte des Matthäusevangeliums wird jedoch jene Geschichte erzählt, durch welche dieser Herodes einen alle Zeit überdauernden, jedoch fragwürdigen Ruhm erlangen sollte. Nur Matthäus erzählt von der Reise der Sterndeuter zum Jesuskind, von ihrem Zwischenstopp bei Herodes auf der Suche nach dem »neugeborenen König der Juden« (Mt 2,2), was diesen veranlasst, den grauenhaften Kindermord in Betlehem zu befehlen.

Ist diese skrupellose Tötung aller Knaben Betlehems im Alter von bis zu zwei Jahren historisch? Mit großer Wahrscheinlichkeit ist diese Frage zu verneinen. Die Geburtsgeschichte Jesu ist vor allem theologisch, nicht historisch konzipiert. Schon der Geburtsort Betlehem dürfte eine theologische Ortsangabe sein, während Nazaret als tatsächlicher Geburtsort Jesu deutlich wahrscheinlicher ist. Grundsätzlich wird in den Geburtserzählungen in Ausdeutungen alttestamentlicher Traditionen die Messianität Jesu und ihre Bedeutung für die ganze Menschheit von Anfang an betont. Der Kindermord weist so zurück auf Jer 31,15, wo Rahel um ihre Kinder weint. Der Kindermord ist also höchstwahrscheinlich nur Legende. Dieser Befund ändert nichts an der Tatsache, dass Herodes in die Ikonographie, in die Literatur und die Vorstellungswelt allgemein als grausamer Tyrann eingegangen ist.

Christine Lavant: Am Tag der Unschuldigen Kinder

In dieser Rolle treffen wir ihn auch in den hier ausgewählten literarischen Texten an. Sie haben ihren Stellenwert denn auch in der Ausdeutung und psychologischen Ausmalung dieser legendarischen Tradition. Der erste Text führt uns wiederum zu *Christine Lavant* (vgl. S. 171). Ihr Gedicht: »Am Tag der Unschuldigen Kinder«[6] ist dem 1959 erschienenen Band »Spindel im Mond« entnommen.

AM TAG DER UNSCHULDIGEN KINDER

Am Tag der Unschuldigen Kinder,
in einem vergangenen Jahr,
das immer in mir noch daheim ist,
hat Herr Herodes sein Schwert geschickt
herab auf das Kind meiner Kindschaft.
Seither weicht die ganze lebendige Zeit
dem Herodesjahr aus und flieht nach Ägypten
samt Morgen, Mittag und Abend.
Und hätte ich Vater und Mutter und Kind,
ich müsste sie alle aufs Eselchen setzen,
das draußen vorbeirennt bei Tag und bei Nacht
mit den Stunden der Nachbarn, des Hunds und des Hahns,
wie gut, dass ich niemanden habe.
Mein Herz horcht zwar immer dem Eselchen nach
und klopft schon ganz so wie vier flüchtende Hufe,
doch kommt es nie um das Schwert ganz herum,
kommt nie, auch im Traum nicht, über Herodes,
der immer noch traurig und furchtsam und krank
mein Jesu-Kind umbringt bei Tag und bei Nacht
wie am Tag der Unschuldigen Kinder.

Im Gegensatz zu dem oben betrachteten Weihnachtsgedicht hat Christine Lavant hier die klassische Gedichtform mit Strophik und Reim aufgegeben und wählt stattdessen einen verdichteten Gedankenstrom. In direkter Identifikation setzt sie sich selbst hinein in die Geschichte vom Kindermord. Sie erinnert sich an einen lang zurückliegenden Festtag, an dem der unschuldigen Kinder von Betlehem gedacht wurde. Dieser Tag muss ein Einschnitt in ihrem Leben gewesen sein: Ist ihr damals – dem »Kind ihrer Kindschaft« – die Grausamkeit des Lebens an dieser Erzählung schlagartig klar geworden? In jedem Fall trägt sie seitdem die Elemente dieser Geschichte mit sich herum: die Gedanken an Angst, Flucht und Rettung. Diese Wirklichkeitsebene gehört seitdem zu ihrem Daseinsgefühl hinzu, ihr »Herz« kommt »nie um das

Schwert ganz herum«. Zwar gesteht sie dem Herodes in typisch psychologisierender Manier alle denkbaren Entschuldigungen zu: Krankheit, Furcht und Einsamkeit – sein Prägemal bleibt jedoch der permanente Kindsmord als bestimmendes Element von Wirklichkeit.

Methodische Vorschläge

In seiner erneut legendarisierenden und infantilisierenden (»Eselchen«) Sprache wird dieses Gedicht für viele Schülerinnen und Schüler – ab Klasse 7 – eher altbacken wirken. An ihm lässt sich jedoch sowohl der legendarische Charakter der biblischen Erzählung als auch die psychologische Wirkung solcher Erzählungen gut veranschaulichen. Methodisch legt sich bei diesem einfach strukturierten Text eine verzögerte und verfremdete Annäherung nahe. Möglich wäre es hier, den Text als Prosatext vorzustellen. Den Schülerinnen und Schülern wird die Aufgabe gestellt, Verse (und gegebenenfalls Textgruppen) selbst einzuteilen. So wird einerseits ein intensiviertes Lesen erreicht, andererseits reizt der Vergleich mit dem »Original«. Der fortlaufende Gedankenstrom des Gedichtes wird dort durch den Verzicht auf Strophen und Sinnabschnitte betont.

Georg Maurer: Herodes

Wo Christine Lavant den Gedankenstrom als Element nutzt, wählt der Autor des zweiten Gedichtes einen imaginär-monologischen Redestrom. Der in Rumänien geborene *Georg Maurer* (1907–1971) – zunächst von christlichem Gedankengut geprägt und mit dem Selbstbewusstsein des christlichen Dichters schreibend – machte sich später in der DDR als sozialistischer Lyriker einen Namen. Immer wieder greift er in seiner reichen Metaphernsprache dabei auf biblisches Material zurück. So auch in dem Gedicht »Herodes«[7], verfasst am 19. April 1968 und aufgenommen in den Zyklus »Gestalten und Gedanken«.

HERODES

Ammenmärchen! - Holt Wein! - Ah! Histria bleibt Histria.
Ich mag den Wein von Chios nicht.
Geht! - Nein, bleibt!
Unter den Strohdächern Bethlehems?
Soll ich euch auspeitschen lassen? -
Im Traum fällt mir nicht ein, mich mit Augustus zu vergleichen.
Hier aber bin *ich* die Zeder. Der Tempel in Judäa
hat *meine* Muskeln. Hat nicht Natur ihre Ordnung?
Die Herde zittert vor dem Löwen.
Die Eselszunge reißt die Distel ab.
Hat Sinai Furcht, ihn trägt eine Kröte ab zu flachem Tümpel?
Ist der Mensch weniger als die Natur? -
Ein Stern über Bethlehem? Ein großer? Der Jupiter?
Ist das so wunderbar? Erschreck ich selbst nicht, wenn ich
bei Nacht den Saal verlass und mich ergeh auf der Terrasse?
Da scheinen die Planeten mir wie Feuerkugeln. Doch ich lach
und such mir einen aus und sage: Dort
wird meine Wohnung sein - als wäre ich ein Römer.
Ein Gott ist, *ein* Nordstern, *ein* Herodes.
Hätt Gott sich getäuscht, als er mich schuf?
Ich muss ihn retten vor dem Fehltritt.
Wenn ich nicht Herodes bin, wer ist noch wer? -
Holt die Stadtwache! Den ganzen Tag
blies schon ein scharfer Wind vom Libanon.
Nasse Flocken. Die Scheiben blind.
Nehmt weiße Mäntel! Sieben Meilen sind's
nach Bethlehem. Ihr stapft sie bis zum Morgengraun
bequem. Dort ruft ihr auf Befehl
des großen Herodes die Frauen aus den Häusern
mit ihren Kindern bis zu zweien Jahren.
Und dann stoßt zu! Und zu Rubin
den Schnee! - Seid ihr zurück,
fließt euch der Wein aus Histria.

Das Gedicht gibt nur die Worte des Herodes wieder, die zugehörigen Worte der Dialogpartner muss und kann man sich unschwer hinzudenken. Die Szene spielt im Herrscherpalast des Herodes in jenem Moment, als dieser durch die Sterndeuter von der Geburt des »Königs der Juden« erfährt. Dekadent auf sein Lager hingestreckt, so stellt man ihn sich mit diesem Gedicht vor, ordert er zunächst Wein (Histria liegt am Schwarzen Meer im heutigen Rumänien, Chios ist eine Insel der Südlichen Sporaden vor der westlichen Ägäisküste der Türkei). Völlig ungläubig weist er zunächst schon die Idee eines neu geborenen Königs zurück. Das verstieße ja gegen die Ordnung der Natur. In mehreren Bildern wird der Glaube des Herodes an seine gottgewollte Herrschaft wiedergegeben. Sprachlich interessant: In diesen Passagen orientiert sich Maurer an der hebräischen Sprachform des Parallelismus Membrorum, wie sie uns vor allem aus den Psalmen bekannt ist. Auch in der Bildwelt knüpft er bewusst an biblischen Vorstellungen an, um so den Eindruck von Authentizität zu wecken.

Psychologisch glaubwürdig wird sein Sinneswandel nachgezeichnet. Die anfängliche Skepsis gegenüber der Nachricht von der Königsgeburt weicht der Vorsicht: Ob nicht doch etwas Verhängnisvolles hinter dieser Botschaft steckt? Wenn dem so wäre, so muss er, Herodes, Gott »vor dem Fehltritt« retten, muss er die Ordnung der Schöpfung (»*Ein* Gott, *ein* Nordstern, *ein* Herodes«) retten. Aus diesem Grund gibt er der Tempelwache den Befehl zum Kindermord. Ohne Erbarmen malt er sich das Schreckensbild aus: »zu Rubin den Schnee«. Das Gedicht endet mit einer lapidaren Aussicht auf Realpolitik: Als Belohnung stellt er den Mördern den von ihm selbst favorisierten Schwarzmeerwein in Aussicht.

Didaktische Verortung

Wie bei Lavant ist auch hier an die Sekundarstufe I zu denken. Beide Herodes-Texte ermöglichen in didaktischer Hinsicht einerseits die vertiefende Auseinandersetzung mit den Weihnachtstexten. Andererseits wird ein Gespür für den legendarischen Charakter dieser Traditionen geweckt. Das Ziel müsste darin liegen, den theologischen oder mythologischen Wahrheitscharakter herauszuarbeiten und neben der Dimension historischer Wahrheit gelten zu lassen.

Maurer geht mit diesem Gedicht historisierend, psychologisierend und dramatisierend in die biblische Zeit zurück. An diesem Gedicht kann man diese drei Rezeptionsverfahren plastisch aufzeigen. Gleichzeitig fordert er zu dem Perspektivenwechsel auf, sich einmal in Herodes hineinzuversetzen. Herodes ist als Herrschertypus gezeichnet und wird dabei weder dämonisiert noch entschuldigt, vielmehr in seinem Größenwahn und seiner gleichzeitig kalten wie dekadenten Realpolitik bloßgestellt. Von hierher öffnet sich erneut der Blick auf den legendarisch-typisierenden Charakter der Weihnachtserzählungen selbst.

Methodische Vorschläge

Methodisch legt es sich nahe, die dramatisierende Grundidee Maurers aufzugreifen. Schülerinnen und Schüler erhalten – gut auch *vor* der Textanalyse möglich – den Auftrag, eine Texttransformation zu versuchen: Sie ergänzen die hier ausgesparten Textteile der unterschiedlichen Gesprächspartner zu Dialogen, vielleicht mit Bühnenanweisungen zu einer richtigen Szene (die man dann auch spielen könnte). So kann deutlich werden, dass die im Gedicht gewählte Textform die sich selbst überschätzende Ich-Zentrierung des Herodes widerspiegelt.

21. Drei Weise: Unglückliche Heilssucher

Mit den beiden folgenden Texten wird das Grundsystem dieses Buches insofern gesprengt, als hier ausnahmsweise zwei Gedichte nicht deutschsprachiger Autoren aufgenommen werden. Einerseits scheint mir das Thema der drei Weisen didaktisch wichtig. Andererseits gibt es dazu aus dem deutschsprachigen Bereich, soweit mir bekannt, keine auch nur annäherungsweise vergleichbaren Texte. Da beide Gedichte zudem in gelungenen Übertragungen vorliegen, erweitern sie Gewinn bringend das Spektrum der hier vorgestellten Texte.

Im Gegensatz zu Herodes sind die Sterndeuter keine historischen Gestalten. Schon ihre Dreizahl, mehr noch ihre vorgebliche Identität als Könige, vor allem jedoch ihre Namen Caspar, Melchior und Balthasar entstammen der Volkstradition, die sich in nachbiblischer Zeit entwickelte. Der damit assoziierte Hauch von Orient regte und regt jedoch offensichtlich die Fantasie stark an, die sich mit der Krippenszenerie verbindet. Bei Matthäus sind sie schlicht und ohne Zahlenangabe »Sterndeuter aus dem Osten« (Mt 2,1), die den neu geborenen König der Juden sehen wollen, um ihm zu huldigen. Nachdem sie das Kind gefunden haben, kehren sie spurlos in ihre unbekannte Heimat zurück. Matthäus will offenbar gleich zu Beginn seines Evangeliums zweierlei andeuten: Einerseits im Bild des Sterns, dass das Kommen des Messias ein kosmologisches, den ganzen Weltkreis betreffendes Ereignis ist; andererseits im Bild der Fremden, dass dieses Ereignis Menschen aller Völker betrifft. Hier greift er die Verheißung des Prophetenbuchs Jesaja auf, wo eine künftige Wallfahrt der Völker zum gesegneten Jerusalem visionär geschaut wird: »Völker wandern zu deinem Licht und Könige zu deinem strahlenden Glanz« (Jes 60,3). Für Matthäus hat sich diese Heilserwartung im Kommen Jesu erfüllt.

Didaktisch interessant sind diese »heiligen drei Könige« nicht nur deshalb, weil sie tief mit den Kindheitsvorstellungen von Weihnachten verknüpft sind und über die beliebte katholische Tradition des »Dreikönigssingens« weiterhin präsent bleiben. Sie sind außerdem besonders geeignet als Identifikationsfiguren im Zugang zum Jesusereignis. Da sind Menschen wie wir, Nichtjuden, die sich einer fremden Kultur annähern in der Hoffnung auf Lebensorientierung; Menschen unterwegs und auf der Suche nach Antworten und Sinnperspektive; Menschen, die Jesus begegnen und zurückgehen in ihren Alltag, ohne dass man wüsste, welche Folgen diese Begegnung für sie haben wird. Diese Perspektiven werden in den folgenden Gedichttexten aufgegriffen und gestaltet.

T. S. Eliot: Die Reise aus dem Morgenland

Der Literaturnobelpreisträger des Jahres 1948, *Thomas Stearns Eliot* (1888–1965), gehört zu den größten englischsprachigen Lyrikern des 20. Jahrhunderts. Geboren und aufgewachsen in den USA, lebt er ab 1914 in England, nimmt später die englische Staatsbürgerschaft an und konvertiert vom Puritanismus zur anglikanischen High Church. Nachdem er sich zunächst als Hauptvertreter des englischsprachigen Modernismus einen Namen gemacht hat – etwa mit dem epochalen Versepos »The Waste Land« von 1922 – steht sein Hauptwerk ganz im Zeichen einer konservativen, englisch-nationalen und religiösen Wende. Im Jahr 1927 entsteht das Gedicht »Journey of the Magi«, in der einfühlsamen Übertragung von Eva Hesse übersetzt als »Die Reise aus dem Morgenland«[8].

DIE REISE AUS DEM MORGENLAND

›Wohl einen kalten Anweg hatten wir,
War grad die schlimmste Zeit im Jahr
Für eine Reise, eine so lange Reise:
Die Wege tief, das Wetter harsch,
Mitten im tiefsten Winter.‹

Und die Kamele fußkrank, wund gelaufen, mürrisch,
Legten sich in den Schnee, der ringsum schmolz.
Es gab Zeiten, da uns die Sommerpaläste reuten
In den Berglehnen, die Terrassen, und der Sorbet,
Kredenzt von seidnen Mädchen.
Dann die Kameltreiber, fluchend und schimpfend,
Die uns durchbrannten, sie wollten Schnaps und Weiber;
Und die Nacht-Feuer, die ausgingen, und fast nie ein Obdach,
Die Städte feindselig, die Flecken unfreundlich,
Die Dörfer verschmutzt und überteuert:
Wohl kam uns die Zeit schwer an.
Zum Schluss reisten wir lieber übernacht,
Nur ab und an schlafend,
Mit den Stimmen, die uns im Ohr sangen,
Dass dies nur Unsinn sei.

Dann, im Morgengraun, stiegen wir in ein mildes Tal ab,
Taufeucht unter der Schneezone; es grunelte,
Ein schneller Bach war da und ein Mühlrad, das Dunkel stampfend,
Am Himmelsrand drei Bäume,
Ein alter weißer Gaul stob im Galopp über die Wiese.
Dann kamen wir an eine Schenke mit Weinlaub überm Türsturz,
Sechs Hände an der offnen Tür, würfelnd um Silberlinge,
Und leere Weinschläuche, Fußtritte fangend.
Doch es gab keine Auskunft und wir zogen weiter
Und trafen am Abend ein, fanden den Ort,
Kamen noch grad zurecht; und es ging (darf man sagen) gut ab.

All das liegt weit zurück, ich erinnre mich,
Und würd es wieder tun, doch schreibt
Dies schreibt nieder
Dies: Wurden wir den weiten Weg geführt
Zu Tod oder Geburt? Sicher, da war eine Geburt, wir hatten die Gewähr
Und waren frei von Zweifel. Mir war Geburt und Tod vertraut,
Doch hatte ich sie für Verschiedenes gehalten: diese Geburt war uns
Eine harte, bittere Agonie, so wie der Tod, unser Tod.
Wir kehrten wiederum an unsern Ort, in diese Königreiche,
Doch nimmermehr getrost hier in dem Alten Bund,
Über ein fremdes Volk, das seinen Göttern anhängt.
Ich wäre froh um einen neuen Tod.

Die äußere Struktur dieses Gedichtes ähnelt zunächst den oben vorgestellten Herodes-Gedichten: In einem Gedankenstrom wird ein weit zurückliegendes Ereignis in gebundener Sprache, aber ohne feste Bindung an Metrum und Reim erzählt. Wie bei Maurer so werden auch hier sprachlos bleibende Zuhörer als Dialogpartner vorausgesetzt: »Dies schreibt nieder«. Hier werden fiktive Zuhörer eingespielt, die von dem lebenssatten Alten die Geschichte der Reise hören wollen, um sie aufzuschreiben. In den Schlussversen wird deutlich, dass es sich bei dem Erzähler um einen der »Weisen« aus dem Morgenland handelt. Ganz anders als bei Lavant oder Maurer ist hier jedoch die Sprache, sie ist bewusst schwerfällig, umständlich, verlangsamend und an Sprechsprache orientiert (und/und/und). Einerseits trägt diese Sprache dem Alter des Erzählers Rechnung, andererseits wird so die historische Distanz heutiger Lesender zu den berichteten Ereignissen deutlich.

Die lange erste Versgruppe berichtet über die Reise der Sterndeuter, die so ganz anders war, als man sich in orientalisierender Romantik die Karawane nach Betlehem vorstellt. Kalt, beschwerlich, konfliktreich, voller Ärger mit den Bediensteten, geplagt von Heimweh und Zweifel über Sinn und Ziel des ganzen Unternehmens. Die zweite Versgruppe berichtet vom Finden des gesuchten Kindes. Aber auch hier wird die normale Bilderwartung scharf korrigiert. Zwar gelangen die Reisenden zunächst in ein warmes, fruchtbares, angenehmes Tal, doch von hier führt der Weg weiter zu einem unbekannten »Ort«, wo sie »es« tatsächlich fanden. Noch immer ist das eigentliche Reiseziel im Gedichttext ungesagt. Durch die Überschrift ist der Kontext, die Suche nach Jesus, jedoch geklärt. Ein seltsames Weihnachsgedicht in seiner Rücknahme und Lakonik: »und es ging (darf man sagen) gut ab«! Auffällig in dieser zweiten Versgruppe sind die Präfigurationen: Die »drei Bäume« zeichnen das Golgotabild voraus; die »Würfel und Silberlinge« spielen auf das Geschacher um die Besitztümer Jesu unter den Soldaten an (Lk 23,34). Schon hier mischen sich also Bilder von Geburt und Tod Jesu.

Diese Spannung des Zusammenhanges von Geburt und Tod prägt die letzte große Versgruppe des Gedichtes. Nun wendet sich die Szene in die fiktive Erzählgegenwart dieses Textes. Der Alte spricht jetzt nicht mehr von den Erinnerungen, sondern von seinen jetzigen Deutungen der Ereignisse. Wiederum werden unsere Erwartungen unterlaufen. Müsste nicht die Begegnung mit Jesus die Erfüllung aller Sehnsüchte und Hoffnungen gewesen sein, gerade nach all den Strapazen der Reise? Der Alte schwankt: Ja, er würde die Reise noch einmal unternehmen, gesteht er ein. Aber warum, das ist ihm letztlich unklar. Er hatte sich eine »Geburt« erhofft, die Geburt eines neuen Glaubens, neuen Lebens, neuen Ziels. Doch diese Geburt war Tod, der Tod des alten Lebens. Denn nach der Rückkehr konnten die Weisen bei ihrem ihnen nun entfremdeten Volk nicht mehr heimisch werden. Noch mehr: Die Kategorien von Tod und Leben überhaupt haben sich untrennbar vermischt. Das wurde schon in der zweiten Versgruppe angedeutet. Nun kommt es zu dem rätselhaften Schlussvers: »Ich wäre froh um einen neuen Tod.« Ist dies die Sehnsucht nach dem Ende des irdischen Lebens? Oder – in der Begriffsvertauschung des Gedichtes stringent – eigentlich die Sehnsucht nach einer neuen, anderen Geburt?

T. S. Eliot beschreibt in jedem Fall, wie schwierig der Weg religiöser Erwartungen und Sinnsuche sich gestaltet. Wer glatte Wege, gerade und bequeme Pfade, höchstmögliche Beglückung und ein beschwerdefreies Leben nach der Erkenntnis erwartet, muss enttäuscht werden. Lebenswege und Glaubenswege sehen anders aus. Diese Einsicht wird ins Bild der Sterndeuter gekleidet, hat jedoch eigentlich grundsätzliche, überzeitliche Geltung. Ob man darin zudem eine Spiegelung der eigenen Konversionserfahrung des Dichters sehen darf, kann offen bleiben.

Didaktische Verortung und methodische Vorschläge

Das Gedicht von T. S. Eliot ist angesichts seiner sprachlichen wie inhaltlichen Komplexität nur mit älteren Schülerinnen und Schülern zu behandeln. Ideal wäre eine Kooperation mit dem Fach Englisch. Didaktisch legt sich der Einsatz auch außerhalb der Weihnachtszeit dort nahe, wo es um die Fragen von Glaubensentscheidung und Glaubenserfahrung geht. Methodisch würde ich auf das Gedicht erst in einem zweiten Schritt eingehen. Vorschalten könnte man eine – möglicherweise an einer der traditionellen Abbildungen (s. S.184)[9] orientierte – Reflexion über »die Sterndeuter«: Was fällt Schülerinnen und Schülern zu den »heiligen drei Königen« ein (allgemeine Stichwortsammlung)? Wenn es diese Weisen tatsächlich gegeben hätte, warum wären sie dann wohl aufgebrochen und mit welchen Gefühlen und Aussichten wieder in ihre Heimat zurückgekehrt (individuelle Spekulationen)? Vielleicht könnte man in kreativer Textproduktion sogar rückblickende Monologe schreiben und aufführen. Wahrscheinlich werden die meisten Äußerungen im Rahmen der konventionellen Bildsprache bleiben, möglicherweise deuten aber auch schon kritische Rückfragen auf eine Brechung der Perspektive. Von hier aus ist der Blick auf T. S. Eliots Gedicht reizvoll: Warum diese eher triste Version? Welche Erfahrungen können dahinter stecken? Warum würde sich der Alte trotz allem wieder auf den Weg machen? Das Gespräch über das Gedicht ermöglicht so das Einbringen eigener Anschauungen und Positionen.

Julius Schnorr von Carolsfeld, Die Anbetung der Weisen aus dem Morgenland

Adam Zagajewski: Die drei Könige

Ein ähnliches didaktisch-methodisches Verfahren legt sich für das zweite hier vorgestellte Gedicht nahe. Es stammt von dem polnischen Lyriker *Adam Zagajewski* (*1945), der seit 1982 in Paris lebt und in den USA Philosophie lehrt. 1997 erschien eine von Karl Dedecius verantwortete Übertragung seiner Gedichte ins Deutsche unter dem Titel »Mystik für Anfänger«. Aus diesem Band stammt das Gedicht »Die drei Könige«[10].

DIE DREI KÖNIGE

Wären da nicht die Wüste, das Gelächter und die Musik
– kämen wir zurecht, und wenn unsere Sehnsucht
sich nicht mit dem Staub der Straßen vermengt hätte.
Wir haben arme Länder gesehen, ärmer noch
durch ihren ewigen Hass;
der Zug, gefüllt mit Soldaten und Flüchtlingen,
hielt lange noch auf dem Bahnhof, und der Bahnhof brannte.
Man empfing uns mit großen Ehrungen,
so dass wir dachten – vielleicht ist einer von uns
wirklich ein Monarch?
Die Frühlingswiesen hielten uns fest, die Dotter-
blumen und die Blicke der Dorfmädchen,
die nach fremder Liebe lechzen.
Wir hatten den Göttern Opfergaben dargebracht,
aber wir wussten nicht,
ob sie unsere Gesichter erkannten
durch den honiggoldenen Vorhang des Feuers.
Einmal waren wir eingeschlafen und schliefen viele Monate,
und die Träume in uns dröhnten gefährlich, schwer,
wie die Wellen der Flut bei Vollmond.
Die Bange machte uns wach und wieder mussten wir gehen,
das Schicksal, die schmutzigen Herbergen verfluchend;
vier Jahre lang wehte ein kalter Wind
und der Stern war gelb, nachlässig an den Mantel
genäht wie ein Schulwappen an den Ärmel.
Das Taxi roch nach Anis und nach dem zwanzigsten Jahrhundert,
der Fahrer sprach mit russischem Akzent.
Unser Schiff ging unter, das Flugzeug geriet plötzlich in Turbulenzen.
Wir zerstritten uns gewaltig und jeder
schlug eine andere Richtung der Hoffnung ein.
Ich erinnere mich kaum, was wir gesucht haben,
und ich bin auch unsicher, ob die Dezembernacht
sich jemals öffnen würde wie die Pupille
eines Fotoapparates.
Vielleicht wäre ich glücklich und lebte beruhigt,
wäre nicht das Licht, das über den Mauern
der Stadt gegen Morgen explodiert
tagtäglich und mein Verlangen blendet.

Auch hier spricht, identifiziert durch den Titel des Gedichts, einer der »drei Könige« im Rückblick auf sein Leben. Doch dieses Mal geht der Blick des Dichters nicht zurück in die Zeit Jesu, sondern bleibt in der Gegenwart des 20. Jahrhunderts. Das Gedicht ist ein typisches Beispiel für eine Verfremdung religiöser Tradition durch Aktualisierung. Einerseits werden Elemente der biblischen Erzählung und ihrer christlichen Ausdeutung aufgegriffen, das Motiv der Suche, der ehrenvolle Empfang, die Träume, das Sternmotiv, die Stadt, die Dezembernacht. Eingearbeitet werden diese Elemente jedoch in Motive unserer Zeit: Züge, Bahnhöfe, Taxis, Schiffe, Flugzeuge, Fotoapparat. So werden als Hintergrund die Katastrophen des 20. Jahrhunderts aufgerufen: Weltkriege, Vertreibungen, die Shoa (Judenstern), Hunger und Armut, Soldaten und Flüchtlinge. Aus den biblischen Sterndeutern werden so namenlose Vertriebene, Gehetzte, Heimatlose, untereinander Zerstrittene unserer Zeit.

Was suchen sie? Geborgenheit, Ruhe, ein Ende der Flucht? In den Text sind Hinweise eingebaut, die auf eine tiefer gehende Suche schließen lassen: Gleich am Anfang ist von »Sehnsucht« die Rede, später von verschiedenen »Richtungen der Hoffnung«, ganz am Ende von »Verlangen«. Zwar gibt der Sprecher des Gedichttextes vor: »Ich erinnere mich kaum, was wir gesucht haben«, in dieser Unsicherheit klingt aber bereits die Dimension einer Suche nach Grundorientierung an. Das allmorgendliche »Licht« wird so zu einem Symbol, das auf die weihnachtliche Geschichte mit ihrem zentralen Lichtsymbol zurückverweist. Nicht um eine Widerlegung der biblischen Hoffnungsgeschichte geht es in diesem Gedicht also, sondern um eine Relativierung angesichts der Erfahrungen einer Gegenwart, in welcher Menschen dennoch die gleiche Grundsehnsucht wie vor 2000 Jahren in sich tragen.

Methodische Vorschläge

Im Blick auf eine schulische Verwendung dieses Textes bietet es sich an, die beiden Drei-Königs-Gedichte zusammen zu behandeln. Nach der Konzentration auf die – perspektivisch gespiegelte – Suche damals (T. S. Eliot) stellt sich mit der Ausweitung auf die – erneut perspektivisch gespiegelte – Suche heute (Zagajewski) die Frage nach der Grundsehnsucht noch einmal neu: Was sind unsere Sehnsüchte; wonach lohnt es sich, heute zu suchen; wohin würden wir uns heute aufmachen; wie würden heutige Suchwege aussehen? Wäre diese Suche in irgendeiner Form mit der christlichen Botschaft im Weihnachtsbild verbunden? Gerade hier zeigt sich, das die suchenden Sterndeuter für Jugendliche und Erwachsene ideale Zugangsfiguren – in Identifikation oder Absetzung – für eine Beschäftigung mit dem Weihnachtsereignis sein können.

22. Johannes der Täufer: Wegweiser mit tragischem Schicksal

Alle vier Evangelien berichten uns von Johannes dem Täufer. Übereinstimmend erzählen sie von seiner Tauftätigkeit am Jordan. Unter den Getauften befand sich den Synoptikern zufolge auch Jesus selbst. Überliefert ist auch das Ende des Johannes im Zusammenhang mit seiner Kritik am unmoralischen Lebenswandel des Königs Herodes Antipas. Wer war dieser Johannes: ein Wüstenasket, ein prophetischer Rufer, ein charismatischer Moralprediger, erster großer Christuszeuge, ein – wie wir – verunsichert nach dem Wesen Jesu Fragender? Oder gar ein »Lehrer Jesu«[11], von dem sich der Schüler – in bleibender innerer Verbundenheit – erst spät trennt? Auffällig ist, wie viel Mühe die Evangelisten darauf verwenden, Johannes als den »Vorläufer« zu charakterisieren, Jesus ihm gegenüber aufzuwerten. Dieser Aufwand ist nur dann plausibel, wenn die Frage nach der Rangfolge der beiden tatsächlich umstritten war. Johannes bleibt also eine spannende Gestalt, gerade weil er die Frage nach dem Wesen Jesu wie kein anderer formuliert: »Bist du der, der kommen soll, oder müssen wir auf einen andern warten?« (Mt 11,2) Wie die Sterndeuter bietet er sich so aus heutiger Perspektive als fragende Zugangsfigur zu Jesus an.

Christian Morgenstern: Der Täufer

Angesichts dieser Ausgangslage überrascht der Befund, dass sich nur wenige Schriftstellerinnen oder Schriftsteller mit dem Täufer eigenständig befassen. Ihm bleibt meistens nur die Verweisrolle auf den eigentlich Interessanten, auf Jesus. Das wird am ersten Beispielgedicht sehr deutlich. Es stammt von einem Autor, dessen Name in diesem Zusammenhang verblüffen mag, von *Christian Morgenstern* (1871–1914). Bekannt ist Morgenstern vor allem als Verfasser von sprachwitzigen Kinderversen und der grotesk-fantastischen »Galgenlieder«. Tatsächlich finden sich in seinem Gesamtwerk jedoch zahlreiche Texte mit religiöser Thematik, anfänglich stark christlich geprägt, später eher auf die Anthroposophie Rudolf Steiners verweisend. Das kurze Gedicht »Der Täufer«[12] entstand im Jahre 1908, also kurz vor Morgensterns anthroposophischer Wende (1909).

DER TÄUFER

Siehe! Das ist Gottes Lamm.
Dieser wird für unsre Sünde
sterben an des Kreuzes Stamm,
dass er allen Völkern künde:
Gott nimmt ihr Gebrest auf sich.
Dass fortan die Menschheit wisse:
Träger ihrer Finsternisse
ist nicht nur ihr kleines Ich.

Der unprätentiöse Achtzeiler besteht aus zwei Vierversgruppen, einmal im Kreuzreim, einmal im umschließenden Reim verfasst. Schon das erste Wort verweist auf die Grundfunktion, die Johannes traditionell zugeschrieben wird: »Siehe!« Johannes ist der prophetische Hin-Weiser, die Seh-Hilfe. Als Hintergrundszenerie ist die Taufe Jesu zu denken, in der laut Markusevangelium die Stimme Gottes Jesus als Gottessohn ausweist: »Du bist mein geliebter Sohn, an dir habe ich Gefallen gefunden« (Mk 1,11). Im Johannesevangelium findet sich jener Vers, der diesem Gedicht direkt zugrunde liegt. Dort werden dem Täufer in der Taufszene die Worte in den Mund gelegt: »Seht, das Lamm Gottes, das die Sünde der Welt hinwegnimmt« (Joh 1,29). Bei Morgenstern weitet sich dieser Hinweis auf die Gottessohnschaft aus in eine visionäre Vorausschau von Passion, Auferweckung und Heilsdeutung. Im »Opferlamm« Jesus nimmt Gott alles »Gebrest« – ein altertümliches Wort für Leiden – stellvertretend auf sich. Gott trägt das Leiden und die »Finsternisse« der Menschen mit.

In der Christusdeutung bleibt Morgenstern hier ganz der traditionell heilsgeschichtlichen Deutung verhaftet. Interessant ist, dass das Gedicht den Titel »Der Täufer« trägt, obwohl im Text ausschließlich die Rede von Jesus Christus und seiner Heilsbedeutung ist. Genau darin zeigt sich die klassische Deutung des Täufers.

Didaktische Verortung

Das Gedicht kann vor allem dem Aufweis dieser »Täufer-Abwertung« dienen. Der Zugang zur Person des Johannes wird hier eher verstellt als eröffnet. Gegen diese Tradition kann ein suchender Blick in die Bibel die Eigenständigkeit des Täufers neu zu Tage fördern. Als didaktische Spur legt sich hier also die Frage nahe: Warum nicht einmal die Annäherung an Jesus aus der Perspektive von Johannes dem Täufer versuchen? Dazu muss dieser freilich zunächst ein eigenes Profil erhalten.

Methodische Vorschläge

Die Schülerinnen und Schüler erhalten den Text – mit der Worterklärung von »Gebrest«- zunächst ohne den Titel. Sie sollen überlegen, wer der Sprecher sein könnte. Vielleicht nennen sie Pilatus, vielleicht Maria oder Josef, vielleicht auch tatsächlich den Täufer. So kann man unter Aufnahme von möglichem Vorwissen hinleiten auf die Frage, warum der Sprecher im Text so profillos ist und daraufhin dieses Profil biblisch näher erarbeiten. – Zur schärferen Konturierung dieses Profils bietet sich nicht nur der Blick in die Bibel an, sondern auch das folgende Gedicht.

Johannes Kühn: Johannes der Täufer

Der im Saarland lebende Lyriker *Johannes Kühn* (*1934) hat sich in seinen lyrischen Texten neben Alltagsbeobachtungen und Naturschilderungen auch mehrfach mit biblischen Figuren befasst. Das Gedicht um seinen Namensvetter »Johannes der Täufer«[13] erschien zuerst in dem Gedichtband »Stimmen der Stille« aus dem Jahr 1970.

Johannes wird hier von dem Sprecher des Gedichttextes direkt angeredet. Faszination für diese Gestalt mischt sich mit Erschrecken über deren Radikalität. Dabei werden zahlreiche der biblisch vorgegebenen Charakteristika in Erinnerung gerufen, die Ernährung durch Heuschrecken (Mk 1,7), das »Ziegenfell« (bei Mk 1,7: Gewand aus Kamelhaar), der Fluss, die karg-heiße Landschaft um den Jordan, das abgeschlagene Haupt, von Herodias als Trophäe eingefordert (»Kopf auf einer Schale«; – Mk 6,28). Hinzugefügt wird als in diesem Charakterbild stimmig erscheinende Ergänzung die Geißelung der »Seidenherren«.

JOHANNES DER TÄUFER

Täufer,
es schreckt mich dein Heuschreckenessen,
dein Mut!
Es kamen die Seidenherrn
ausgeruht,
und du hast gegeißelt
mit Ruten ihr glattes Gesicht.
Noch ist es weit bis zu Herodias' Schüssel,
wo dein abgeschlagenes Haupt
blutig glänzt, nach dem Tanze –
aber begonnen hat schon der Weg dorthin.
Hinter dir
graue Felsen, beharrlich.
Über dir
heiße Sonne,
so in der Leidenschaft brennend dein Sinn
für des Herrn Gerechtigkeit.
Und vorbei
glänzt der Fluss, so
lebendig dein Geist wie der Wellenschlag
und blitzend hell.
Ziegenfell,
deiner Bescheidenheit Kleid,
raues Haar, deiner Zunge
Ausweis, es gilt,
die Seidenherren zu strafen
und aufzurichten zu gutem Hosiannahgesang:
denn er ist gekommen
aus seinen Himmeln,
der Herr.

Versetzt ist das selten und unregelmäßig mit Reimwörtern (»Mut – ausgeruht; dorthin – Sinn; hell – Ziegenfell; Gerechtigkeit – Kleid«) versehene Gedicht mit Zuschreibungen und Wertungen: Johannes ist mutig, leidenschaftlich, lebendigen Geistes, gerechtigkeitsbesessen, bescheiden, beharrlich, rau. Seine Botschaft ist Strafbotschaft (für die Reichen), zugleich und vor allem jedoch Rüstbotschaft. Er ruft dazu auf, bereit zu sein für das schon präsentisch erfüllte Kommen des Herrn. So schwankt der Text zwischen Bewunderung und Erstaunen. So sehr ein Respekt vor der Sendung des Johannes – und erst recht vor der des »Gekommenen« – durchscheint, so sehr erschreckt die Radikalität der Askese und des Mutes, die schließlich auch zum gewaltsamen Tod führen wird.

Methodische Vorschläge

Das Gedicht regt dazu an, den biblischen Befund zu Johannes dem Täufer mit den hier ausgewählten Elementen zu vergleichen. Warum lässt der Autor die Taufe Jesu weg, warum kein Eingehen auf die Nachfrage, wer Jesus denn nun sei? Und was bedeutet es für Johannes, dass »der Herr gekommen« ist? Methodisch legt sich wie bei dem Herodes-Gedicht von Georg Maurer (vgl. S. 177) ein Eingehen auf die Textstruktur nahe. Das Gedicht ist als imaginäre Anrede geformt. Was liegt näher, als eine imaginäre Gegenrede in kreativer Textarbeit zu versuchen! Schülerinnen und Schüler erhalten nach einer Textanalyse den Auftrag, orientiert an der Gedichtstruktur einen Gegentext zu verfassen, der mit den Worten beginnen kann: »Dichter, es wundert mich dein ...« So wird der im Gedicht aufgenommene Dialog zurückgespiegelt in die heutige Gegenwart. Dabei können die für die Schülerinnen und Schüler plausiblen Aussagen oder Anfragen über Johannes und Jesus, vielleicht auch über ein mögliches Profil von Prophetie heute im Text vorbereitet werden.

Siebte Abteilung: Lebensspuren in Galiläa

Wie kann man ihn literarisch beschreiben, den Mann aus Nazareth? Welche Sprache, welcher Stil wird ihm gerecht? Wie Stereotypen und Kitsch vermeiden? Wie das aussagen, was das Besondere, vielleicht Einmalige ausmacht? Vor diesen Fragen stehen alle Schriftstellerinnen und Schriftsteller, die sich mit Jesus beschäftigen. Wie schwierig es ist, diese Fragen literarisch überzeugend zu beantworten, zeigt ein Blick in die Romanliteratur der letzten zwanzig Jahre. Völlig überraschend findet sich dort eine breit bezeugte Wiederentdeckung Jesu als literarische Figur, vorangetrieben von Autorinnen und Autoren mit internationalem Ruhm wie José Saramago, Norman Mailer, Gore Vidal, Marianne Fredriksson oder Tschingis Aitmatow, im deutschsprachigen Raum von Gertrud Fussenegger, Luise Rinser, Stefan Heym oder Patrick Roth. Nur selten schaffen diese Romane eine wirklich eigenständige, ästhetisch wie theologisch überzeugende Annäherung an Jesus.[1]

Diese Wiederentdeckung Jesu in der Gegenwartsliteratur spielt sich jedoch fast ausschließlich in der Gattung des Romans ab. In der Lyrik finden sich nur wenige neue und herausfordernde Annäherungen an den Nazarener. Selten wagen Lyriker eine direkte Annäherung. Die indirekte Spiegelung über Nebenfiguren – wie schon bei Gedichten zu den Sterndeutern, zu Herodes und Johannes dem Täufer begegnet – überwiegt und wird auch die kommenden Ausführungen bestimmen. Vielleicht lässt sich dieser Befund als didaktischer Fingerzeig deuten: So wichtig es ist, die Person Jesu und seine bleibende Bedeutung ins Zentrum des christlichen Religionsunterrichtes zu stellen, so schwierig und abgenutzt kann es sein, sich ihm immer wieder direkt anzunähern. Spannend erscheint hingegen der Zugang zu ihm über – subjektiv stimmige und überzeugende – biblisch bezeugte und fiktiv ausgestaltete Erfahrungen mit ihm.

23. Jesus: Lebenslauf

Am Anfang der Betrachtungen zum Leben und Wirken Jesu in Galiläa sollen zwei lyrische Texte stehen, die beide versuchen sich diesem Jesus in direktem Zugang anzunähern.

Kurt Marti: jesus

Der erste Text stammt von dem wohl wichtigsten und am breitesten rezipierten christlichen Lyriker der zweiten Hälfte des 20. Jahrhunderts, von dem reformierten Schweizer Dichterpfarrer *Kurt Marti* (*1921). Wie kein anderer hat er sich seit fast vierzig Jahren in immer neuen Gedichtbänden darum bemüht, die christlichen Grundüberzeugungen, biblischen Sprachbilder und Figuren in Versen zu bündeln, neu auszusagen und provokativ zu aktualisieren. Das Gedicht »jesus«[2] stammt aus dem 1980 erschienenen Gedichtband »Abendland«.

In neun Viervers-Strophen – wie fast stets bei Marti ungereimt und in durchgängiger Kleinschreibung, um die Besonderheit der lyrischen Sprache und ihre eigene Sphäre von Wahrhaftigkeit zu betonen – wird zunächst der Lebenslauf Jesu knapp und gekonnt zusammengefasst (Strophe 1–6) und dann auf seine heutige Bedeutung befragt (Strophe 7–9). Jede Strophe hat dabei ihren eigenen inhaltlichen Schwerpunkt, bestimmbar etwa so: 1. Der Wanderprediger; 2. Zuwendung zu den Benachteiligten; 3. Vom Anbruch des Reich Gottes auf Erden; 4. Nicht König, sondern Anwalt der Schwachen; 5. Auf dem Weg nach Jerusalem; 6. Passion, Sterben und Auferweckung; 7. Vom mühsamen Weiterleben in den Kirchen; 8. Verstummt, verborgen oder vor neuem Leben?; 9. Orientierung für Menschen heute.

Insgesamt fällt die Orientierung an den Synoptikern und die Zurückhaltung bei der Erwähnung der Auferweckung auf. Diese steht nicht im Zentrum, sondern mehr das gelebte Programm Jesu. Der Ausblick auf die Bedeutung dieses Programms für die heutige Lebensgestaltung ist dabei eher nüchtern und fragend gestaltet als heilsjubelnd oder euphorisch. Christentum im Gefolge Jesu ist ein mühsamer Weg durch die Verkrustungen der Institutionen; der Geist Jesu scheint vielen immer weniger spürbar; uns bleibt die Erinnerung, aus der die Kraft wachsen kann, das »noch Mögliche« in seinem Namen zu gestalten – so lassen sich die drei Ausblickstrophen deuten.

JESUS

1
mit einer schar von freunden (freundinnen auch)
durch galiläas dörfer und städte ziehend
hat er kranke geheilt und geschichten erzählt
von der weltleidenschaft des ewigen gottes

2
privilegien der klasse der bildung galten ihm nichts
zu seinem umgang zählten tagelöhner und zöllner
wo mangel sich zeigte an nahrung oder getränk
teilte er fische brot und wein aus für viele

3
die gewalt von gewalthabern verachtete er
gewaltlosen hat er die erde versprochen
sein thema: die zukunft gottes auf erden
das ende von menschenmacht über menschen

4
in einer patriarchalischen welt blieb er der sohn
und ein anwalt unmündiger frauen und kinder
wollten galiläer ihn gar zum könig erheben? er aber
ging hinauf nach jerusalem: direkt seinen gegnern ins garn

5
auf einem jungesel kam er geritten – kleinleute-messias:
die finger einer halbweltdame vollzogen die salbung an ihm ...
bald verwirrt bald euphorisch folgten ihm die freunde die jünger
um bei seiner verhaftung ratlos unterzutauchen ins dunkel

6
über sein schweigen hin rollte der schnelle prozess
ein afrikaner schleppte für ihn den balken zum richtplatz hinaus
stundenlang hing er am kreuz: folter mit tödlichem ausgang –
drei tage später die nicht zu erwartende wendung

7
anstatt sich verstummt zu verziehen ins bessere jenseits
brach er von neuem auf in das grausame diesseits
zum langen marsch durch die viellabyrinthe
der völker der kirchen und unserer unheilsgeschichte

8
oft wandelt uns jetzt die furcht an er könnte
sich lang schon verirrt und verlaufen haben
entmutigt verschollen für immer vielleicht - oder bricht er
noch einmal (wie einst an ostern) den bann?

9
und also erzählen wir weiter von ihm
die geschichten seiner rebellischen liebe
die uns aufwecken vom täglichen tod -
und vor uns bleibt: was möglich wär' noch

Methodische Vorschläge

Der Text Martis ist durch seinen klaren Duktus und seine einfache, biblisch vertraute Bildsprache für Schülerinnen und Schüler auch der Sekundarstufe I leicht verständlich. Er eignet sich sehr gut, um am Anfang einer Unterrichtseinheit zu Jesus vorhandenes Vorwissen abzurufen, zu bündeln und zu ergänzen. Als Methode legt sich dabei nahe, die einzelnen Strophen zunächst ohne Ordnungsnummern zu präsentieren und die Schülerinnen und Schüler zu bitten, sie in die richtige Reihenfolge zu bringen. So ist eine verlangsamte, nicht nur oberflächliche Textlektüre leichter möglich. Nach dem Erstellen der Originalversion – vielleicht ist eine andere Lösung in gleicher Weise möglich (vor allem Strophe 2 und 3 sind durchaus austauschbar) – sollen die Schülerinnen und Schüler versuchen, Überschriften für die einzelnen Strophen zu finden. So ist eine vertiefte Texterschließung möglich. Mit diesem Text kann man schließlich gemeinsam nachfragen, welcher der im Gedicht genannten Aspekte in der weiteren Unterrichtseinheit zu Jesus zur vertieften Einzelbetrachtung reizvoll und lohnenswert scheint.

Robert Schneider: Wo steht?

Mit dem folgenden Gedicht betreten wir eine ganz andere ästhetische Welt. Es stammt von dem 1961 geborenen Österreicher *Robert Schneider*, der vor allem durch seinen Roman »Schlafes Bruder« von 1992 internationalen Ruhm erworben hat. Seine seitdem erschienenen Romane wurden hingegen von der Literaturkritik fast durchgängig scharf abgelehnt. Neben seiner literarischen Arbeit als Romancier ist Schneider auch als Dramatiker hervorgetreten, insbesondere durch sein 1993 erstmals aufgeführtes Erfolgsstück »Dreck. Über die Angst vor dem Fremden«. Dass er darüber hinaus auch Gedichte verfasst, ist nur wenig bekannt. In einem kleinen österreichischen Verlag erschien 1995 ein schmales Lyrik-Bändchen unter dem Titel »Gegengebet«. Es enthält thematisch wie formal überraschende Gedichte, die sich mit der biblischen und christlichen Tradition, vor allem aber mit Jesus auseinander setzen. Sie entziehen sich einer einlinigen Deutung, machen den Umgang mit ihnen nicht leicht. Gerade das reizt zur näheren Betrachtung. Das von mir hier aufgenommene Gedicht trägt den Titel »Wo steht?«[3].

Das grafisch eigenwillig gesetzte Gedicht setzt sich aus vier gleichartigen Versgruppen von je fünf oder sechs Zeilen sowie einer vierzeiligen Schluss-Einheit zusammen. Die vier Versgruppen bestehen jeweils aus zwei Teilen. Die ersten drei Zeilen sprechen ein Du – im Kontext eindeutig als Jesus identifizierbar – direkt an, die Folgezeilen schließen jeweils eine Frage an, eingeleitet durch »Wo steht«. Die Sprachbilder sind zumindest ungewöhnlich, zum Teil bewusst außergewöhnlich oder gesucht. Jesus ist nach den Aussagen der einleitenden Dreizeiler »kurzbeinig« (?) mit »vollendeten Augen«, ein »Schnellsprecher« mit dunkler Stimme; er vermag in die Seelen durch Berührung hineinzuschauen, ist ein »Rhetor des Elends« und »Überwacher«; er kennt »Jerusalems Nachtträume«, tröstet die »Unrechten« (?), »verschluckt« die Sünden; er bebaut die Herzen, wird mit dem »Regen Libanons« verglichen und mit der Sonne der »dunklen Mädchen«. Nicht in jedem Fall ist die blumig-bildfantastische Sprache einleuchtend. Hier versucht der Autor offensichtlich, die Besonderheit Jesu in neuen Sprachbildern jenseits der abgegriffenen Stereotype auszusagen.

Diesen Beschreibungen werden direkt biblisch inspirierte Fragen gegenübergestellt. Es wird zurückgefragt, woher die Informationen stammen, dass Jesus »dem versengten Olivenbäumchen ein Wort gegeben« habe; dass er »Psalmen gesungen« habe « vor Freude am Leben«; dass er »des Zebedäus Eselin das Fell gekrault« habe; schließlich dass er »Myrthen ausgelegt« habe, ehe

WO STEHT?

Du Kurzbeiniger mit den vollendeten Augen
Schnellsprecher
                    Dunkelstimmiger
Wo steht
Du habest dem versengten Olivenbäumchen
Ein Wort gegeben?

Du Seelenschauer durch eine Berührung
Rhetor des Elends
                    Überwacher
Wo steht
du habest Psalmen gesungen
Vor Freude am Leben?

Du Wisser Jerusalems Nachtträume
Tröster der Unrechten
                    Sündenverschlucker
Wo steht
Du habest des Zebedäus Eselin das Fell gekrault?

Du Bebauer der Herzen
Regen Libanons und der dunklen Mädchen
                    Südsonne
Wo steht
Du habest Myrthen ausgelegt eh du geredet?

Wo stehen deine Kirchen
                    Nicht unsre?
Wo warten deine Bücher
                    Nicht menschliche?

Hättest du gesungen
Vielleicht sängen auch wir

er redete. Offensichtlich geht es auch hier um neue Rückfragen nach Jesus und um die Verlässlichkeit der Überlieferung. Das Gedicht mündet zunächst in eine Doppelfrage, schließlich in eine zusammenfassende Aussage. Die Doppelfrage »Wo stehen deine Kirchen, nicht unsre? Wo warten deine Bücher, nicht menschliche?« deutet auf die Sehnsucht nach einem direkteren Zugang zu Jesus selbst. Dahinter verbirgt sich wohl die Wunschvision, seine Kirche wäre anders als die menschlichen Institutionen, sein Buch wäre anders als alle menschgeschriebenen Bücher. Aus dieser Vision und sehnsüchtig beschworenen (Un-)Möglichkeit erklärt sich der Schluss: »Hättest du gesungen, vielleicht sängen auch wir«. Darf man das so deuten: Hätte Jesus selbst seine Kirche aufgebaut, hätte er selbst sein Buch geschrieben, dann, ja dann vielleicht würden wir ihm wirklich nachfolgen?

Eine eindeutige Interpretation des Gedichtes ist sicherlich nicht möglich. Es deutet zumindest auf die Faszination und Einzigartigkeit Jesu hin – ohne direkt seinen Namen zu nennen – baut aber gleichzeitig Distanz zu ihm auf. Die Rückfragen mit »wo steht« deuten diese Distanz an, die sich schließlich als Distanz zu den menschlichen Verzerrungen der Ausstrahlung des Nazareners zu erkennen gibt. Die Faszination für Jesus bleibt hinter dem Vorhang der Verstellungen seiner Person und seiner Botschaft spürbar.

Didaktische Verortung

Ist das ein Gedicht, das man in der Schule betrachten kann? Durch die Rätselhaftigkeit und die umkreisende Annäherung an Jesus hält das Gedicht Chancen bereit, die direkter und leichter erschließbare Texte nicht haben. Durchaus vergleichbar mit den Christusnovellen *Patrick Roths*[4] (»Riverside« 1991; »Johnny Shines oder die Auferweckung der Toten« 1993; »Corpus Christi« 1996) versucht das Gedicht eine verhüllende Kenntlichmachung der Besonderheit des Mannes aus Nazaret: keine Glaubensaussagen, sondern blumige Umschreibungen; keine eindeutigen Charakterisierungen, sondern Rückfragen an die Glaubwürdigkeit unserer Überlieferungen; kein Kirchenbekenntnis, sondern die Sehnsucht nach einer individuellen Annäherung an Jesus. Das mag man schwülstig nennen, man kann es aber auch als ungewöhnliche Chance der Annäherung nutzen.

Methodische Vorschläge

Für Schülerinnen und Schüler der Oberstufe kann vielleicht gerade diese eigentümliche Sprache, das Nicht-Festlegen auf bestimmbare Glaubensaussagen einen provokativ-eigenen Zugang zu Jesus ermöglichen. Methodisch legt sich eine assoziative Spontanbegegnung nahe. Kleinere Gruppen erhalten jeweils ein Plakat, in dessen Mitte der Gedichttext steht. Die Schülerinnen und Schüler dürfen sich – wortlos – zu dem Text schriftlich äußern: Kommentare, Fragezeichen, Unterstreichungen – sämtliche schriftlichen Äußerungen sind erlaubt. So kann eine sehr intensive Textbegegnung erfolgen, die der möglichen Befremdung Platz gibt. Nach einiger Zeit werden die Plakate miteinander verglichen, dann erst erfolgt das gemeinsame Gespräch. Ziel der Betrachtung dieses Gedichtes kann dabei genau die oben benannte Doppelspannung sein: die Suche nach einer neuen und unverbrauchten Sprache über Jesus (mit der Frage, ob der Versuch von Schneider überzeugt) auf der einen Seite, auf der anderen das Aufzeigen der hier durch alle Institutionskritik hindurchscheinenden Faszination, die von Jesus ausgeht.

24. Maria: Begleiterin Jesu von Anfang bis Ende

Die Literatur über Maria füllt ganze Regale. Immer wieder haben sich – vor allem katholische – Schriftstellerinnen und Schriftsteller an die Mutter Jesu herangeschrieben, haben in Marienlob und Marienverklärung ihre Frömmigkeit und Erlösungssehnsucht in Sprachbilder gekleidet. In direkter gebetsartiger Anrede, in Liedern, in Litaneien haben sie Maria als Trösterin und Helferin in der Not angefleht. Später finden sich auch Brechungen, Reflexionen, Absetzungen von Maria und jener Frömmigkeit, die sie repräsentiert. Dichtung beschäftigt sich zum einen dabei vorzugsweise mit Maria selbst und ihrer Rolle in der Heilsgeschichte, beliebt ist aber auch der Blick auf ihren Sohn aus ihren Augen. All das ist literatur-theologisch bestens aufgearbeitet und dokumentiert.[5] –Ich wähle hier zwei Texte, die ganz unterschiedliche Autoren zu Wort kommen lassen und einander entgegengesetzte literarische wie inhaltliche Herangehensweisen repräsentieren.

Bertolt Brecht: Maria

Längst ist *Bertolt Brecht* (1898–1956) nicht nur als Dramatiker, sondern auch als großer Lyriker etabliert. Der Einfluss der Bibel und der christlichen Tradition insgesamt auf sein Gesamtwerk wurde bereits vielfach untersucht.[6] Die Bibel ist für Brecht Anregung, motivische Fundgrube, Gegenfolie, Anreiz zu

Provokation und Satire, Herausforderung zur Gegenrede und formale Inspiration. Was für ein Gedicht über Maria kann man also von Brecht erwarten: 24 Jahre alt, mitten in der Sturm-und-Drang-Phase als Bürgerschreck in Augsburg, ein Lebensgenießer und Provokateur bürgerlicher Moral. 1922 erscheint als eines von drei später unter dem Titel »Weihnachtsgedichte« zusammengefassten Gedichten auch jenes mit dem schlichten Titel »Maria«[7].

MARIA

Die Nacht ihrer ersten Geburt war
Kalt gewesen. In späteren Jahren aber
Vergaß sie gänzlich
Den Frost in den Kummerbalken und rauchenden Ofen
Und das Würgen der Nachgeburt gegen Morgen zu.
Aber vor allem vergaß sie die bittere Scham
Nicht allein zu sein
Die dem Armen eigen ist.
Hauptsächlich deshalb
Ward es in späteren Jahren zum Fest, bei dem
Alles dabei war.
Das rohe Geschwätz der Hirten verstummte.
Später wurden aus ihnen Könige in der Geschichte.
Der Wind, der sehr kalt war
Wurde zum Engelsgesang.
Ja, von dem Loch im Dach, das den Frost einließ, blieb nur
Der Stern, der hineinsah.
Alles dies
Kam vom Gesicht ihres Sohnes, der leicht war
Gesang liebte
Arme zu sich lud
Und die Gewohnheit hatte, unter Königen zu leben
Und einen Stern über sich zu sehen bei Nachtzeit.

Wer ein Provokationsgedicht von Brecht erwartet hat, sieht sich getäuscht. Zwar arbeitet das Gedicht mit Distanzierungen, doch gilt diese Distanzierung den Tendenzen einer fromm-verharmlosenden Marienverehrung der katholischen Tradition. Maria und ihrem Sohn selbst nähert sich Brecht hier jedoch mit bemerkenswerter Zurückhaltung und Vorsicht, geradezu mit Respekt. Gegen verkitschte Weihnachtsromantik setzt Brecht einerseits den Realismus der Fakten, andererseits die Diskrepanz im Blick auf die Wirkungsgeschichte. Erster Schwerpunkt also: die unverschleiert erzählte Realistik der Geburt Jesu im Gefolge der lukanischen und matthäischen Betlehemgeschichte: Kälte, Frost, Rauch, Kummer, Armut, die Nachgeburt, Scham, rohes Geschwätz, ein Loch im Dach. Was aber wurde aus diesen konkreten Umständen in der Deutungsgeschichte? Maria selbst vergaß die jämmerlichen Details. Nur deshalb wurde daraus ein Fest, das die Umstände ins positive Gegenteil umkehrte: Statt Armut Reichtum, aus Hirten wurden Könige, aus dem Wind wurde Engelsgesang, aus dem Loch im Dach ein Stern. Wie konnte Maria die erbärmliche Realität vergessen, was verursachte die radikale Veränderung der Erinnerung in ein Geburtsfest? »All dies kam vom Gesicht ihres Sohnes«. Fast scheu wird Jesus selbst als Grund des Umschwungs genannt, Jesus, der »leicht war« und den »Gesang liebte«. Er lud die Armen zu sich und lebte doch gleichzeitig »unter Königen«. Und er selbst war es, der nachts den Stern über sich sah.

Das Gedicht wendet unmerklich den Blick: Von einer Betrachtung Marias hin zu einer Betrachtung Jesu. Maria dient hier – ganz wie in der Bibel und der recht verstandenen katholischen Tradition – als Hinweisende auf Jesus. Einerseits wird so gerade nicht die Tradition der Madonna, der Gottesmutter oder der Himmelskönigin aufgerufen, vielmehr erscheint Maria ganz real und menschlich als Frau und Mutter. Andererseits rückt sie den Lesenden gerade so nahe. Am Ende bleibt die Frage nach Jesus offen, der die große Veränderung brachte – nicht nur für seine Mutter, sondern auch für die Menschen, die sein Fest so ganz anders feiern. Was macht sie aus, die »Leichtigkeit« des Sohnes; wie erklärt sich sein gleichzeitiger Umgang mit Armen und Königen; wofür steht schließlich sein Blick auf die Sterne?

Didaktische Verortung

Mit diesem Gedicht Bertolt Brechts wird für Schülerinnen und Schüler schon in den oberen Klassen der Sekundarstufe I tatsächlich ein ungewohnter Blick auf Maria und Jesus möglich.[8] Einerseits führt die Realistik zu einer wohltuenden Distanz zur verkitschten Tradition. Andererseits führt die Distanz nicht zu Ablehnung, Lächerlichmachung oder Absage, sondern zur neuen Doppelfrage: Wer war diese Maria, wer war ihr Sohn Jesus?

Methodische Vorschläge

Im Zugang zu diesem Gedicht gibt die Distanzierungstechnik des Textes selbst eine methodische Möglichkeit vor. Zunächst sammelt man freie Assoziationen zu einem weihnachtlichen Gedicht: Welche Substantive werden wohl in einem Weihnachtsgedicht auftauchen, welche Adjektive, welche Verben? Welche Gesamtatmosphäre wird wohl gezeichnet? Diese Ergebnisse werden strukturiert an der Tafel (oder auf Plakaten) fixiert. Brechts Gedicht wird dann präsentiert und auf dieselben Kategorien untersucht. Gerade von dem so vermutlich entstehenden kontrastierenden Befund her legt sich dann die Frage nahe, warum Brecht das Gedicht nicht als Ganzes als Kontrast- und Absagetext gestaltet hat. Was fasziniert ihn trotz allem an Maria und Jesus?

Reinhold Schneider: An die Mutter des Herrn

Mit dem zweiten Gedicht treffen wir auf einen Autor, der fünf Jahre jünger ist als Brecht, der jedoch in seinem Schreiben viel eher die Vergangenheit und Tradition verkörpert als der Ältere. *Reinhold Schneider* (1903–1958) ist der wohl wichtigste deutschsprachige Repräsentant der klassischen katholischen Literatur der ersten Hälfte des 20. Jahrhunderts. Ihn nur auf die Rolle als »katholischer Autor« festzulegen wäre dabei sicherlich eine Verkürzung. Vor allem in seinem autobiografischen Spätwerk (»Verhüllter Tag«, 1954; »Winter in Wien«, 1958) voller Zweifel und Anfragen zeigt er eine Öffnung zur Moderne. In Erinnerung bleiben wird er jedoch wohl vor allem als Meister des Sonetts. Einen solchen Text mit mariologischem Thema habe ich deshalb hier auch ausgewählt, weil er zum einen in Form und Aussage typisch ist für die Lyrik Schneiders und gleichzeitig typisch für die klassisch-katholische Deutung Marias. Das Sonett »An die Mutter des Herrn« entstand im Mai 1942 und wurde ein Jahr später in der Sammlung »Jetzt ist des Heiligen Zeit«[9] gedruckt.

AN DIE MUTTER DES HERRN

Wenn ohne Trost dahin die Seelen schwinden
Und deines Sohnes mächtig Wort verweht,
So lässt du unser zagendes Gebet
Und unsre Schmerzen eine Heimat finden.

Du bist die Mutter auch der Scheu'n und Blinden,
Die nie zu dir und deinem Sohn gefleht;
Da durch ein Herz das Schwert der Liebe geht,
So muss es dich und deinen Sohn empfinden.

In tiefer Not wirst du Sein Reich erbauen;
Wenn sich Verlorne an die Mutter schmiegen,
Dann ist des Sohnes Herrlichkeit nicht fern.

Die Blinden dürfen gläubig aufwärts schauen,
Du wirst das Herz, das Antlitz übersiegen,
Und mit der Mutter finden wir den Herrn.

Trostlosigkeit wird gleich im ersten Vers als Thema und Grundzustand der Menschen in dieser Zeit benannt. Warum ist die Welt trostlos? Weil das Wort Jesu – obgleich »mächtig« – »verweht«, spurlos verschwindet. In dieser trüben Situation bleibt dennoch ein letzter Halt: das Gebet zu Maria. Dort finden alle Sorgen »Heimat«. Platz für Zweifel oder Raum für die Spuren eigener Erschütterung dieser Erhörungsgewissheit bleibt hier nicht. Durch die übergroße Liebe Marias selbst zu denjenigen, die sich nicht gläubig an sie und ihren Sohn wenden (die »Scheu'n und Blinden«), wird sie das Reich Jesu »erbauen«, darauf setzt der Dichter ganz fest. Diese Zuversicht ist der Trost, den er spendet. Die Herrlichkeit Jesu – noch nicht da, aber eben in Maria auch »nicht fern« – wird am Ende den Menschen zuteil.

Die von Schneider gewählte lyrische Form seiner Trostbotschaft sagt viel aus über den gedanklichen Grundduktus. Die kunstvolle Gebundenheit, Stimmigkeit und Sicherheit der strengen Form von Metrum und Reim im Sonett steht bewusst als Gegenprogramm zum Chaos, zur Form- und Ordnungslosigkeit der Zeit, in der es entstanden ist. Am 11. Oktober 1931 schreibt er in sein Tagebuch mit Bezug auf den Escorial, den architektonisch streng gegliederten, monumentalen Renaissancepalast Philipps II.: »Meine Verse baue ich ganz im Stil des Escorial: symmetrisch, schwer; ich opfere die Form unter keiner Bedingung, weil die Form Inhalt ist; so kommt etwas Architektonisches zustande ... Meine eigene höchste Lust ist es nun, in diese Strenge einen chaotischen Gehalt zu bannen: das Lob der Schwermut, des Untergangs, des Chaos, wodurch die Form zur notwendigen Ergänzung des Gesagten wird. Da der Untergang in streng gebändigten Worten gefeiert wird, ist er von dem unbesiegbaren Bau- und Formtrieb doch schon überwunden.«[10] Schon die strukturgebundene Form des Sonetts trotzt also dem Chaos, der Verzweiflung und Angst der scheinbar trostlosen Gegenwart.

In späteren Phasen seines Lebens erkannte Schneider durchaus, mit dieser Art von Lyrik »religiösen Sanitätsdienst« in Form von Literatur geliefert zu haben. Tatsächlich ist die wirkmächtige Trostfunktion seiner Gedichte in zahllosen Dokumenten bezeugt. Vielen heutigen Leserinnen und Lesern werden diese Texte trotzdem in Form und Inhalt wie Relikte aus lang vergangenen Jahrhunderten erscheinen. Dass siebzehn Jahre nach Brechts Mariengedicht ein solch traditioneller Text entstehen kann, zeigt die Ungleichzeitigkeiten der Lebenswelten auch im Bereich der Literatur.

Methodische Vorschläge

Für Schülerinnen und Schüler der Sekundarstufe II bietet das Sonett Schneiders die Möglichkeit, die klassische Form der Marienverehrung und die große Hoffnung, die der Marienfrömmigkeit eigen ist, kennen zu lernen. Die Ernsthaftigkeit eines solchen Textes darf deshalb nirgendwo verletzt werden. In der Textpräsentation ist im Sinne der verzögerten Texterschließung folgendes Verfahren möglich: Zunächst wird kurz die Reimstruktur des Sonetts an der Tafel festgehalten. Dann bekommen immer zwei Schülerinnen oder Schüler Textschnipsel mit den insgesamt 14 Textzeilen und der Aufgabe, diese zu einem sinnvollen Gesamttext zusammenzufügen. So kann man nicht nur mit spielerischem »Spaß« einem ja doch fremdartigen Text begegnen, man muss ihn auch ganz genau in den Detailstrukturen erfassen. Hilfreiche Zugangsfragen zur anschließenden Deutung des Sonetts: Wie wird hier das Verhältnis von Mutter und Sohn bestimmt? Welche Rolle wird jedem der beiden zugeschrieben? Wie beschreibt der Beter seine eigene Befindlichkeit? (Strukturierende Hilfestellung: dreifarbige Unterstreichung der Worte zu Beter, Sohn, Mutter.) Wie verhalten sich Inhalt und Form dieses Textes zueinander? Der Vergleich der Texte von Brecht und Schneider kann schließlich eine Diskussion über Tradition und bleibende Bedeutung Marias anregen.

25. Maria Magdalena: Sünderin oder Emanze?

An keiner biblischen Gestalt lässt sich der Wandel in der Einschätzung besser beobachten als an Maria Magdalena. Spontan fällt den meisten kirchlich sozialisierten Zeitgenossen zu diesem Namen wohl ein: Ist das nicht die Prostituierte, die Jesus die Füße salbte, sich ihm daraufhin anschloss und schließlich unter dem Kreuz sein Sterben beweinte? Richtig daran ist, dass Maria aus Magdala eine Begleiterin und Jüngerin Jesu war, von ihm »von sieben Dämonen« geheilt wurde (Lk 8,1–3), die nicht nur seinen Tod miterlebte, sondern auch bei seiner Grablegung und bei der Bezeugung seiner Auferweckung eine wichtige Rolle spielte. Dem Johannesevangelium zufolge war sie sogar Erstzeugin der Auferweckung (Joh 20,1–18). Falsch daran ist hingegen die Verbindung mit der Prostituierten. Diese begegnet uns Jesus unter Tränen die Füße salbend in Lk 7,36–50, bleibt dort jedoch namenlos. Erst in der Traditionsgeschichte hat man diese beiden Frauen miteinander verbunden.

Wie neuere feministisch-theologische Studien[11] überzeugend herausgearbeitet haben, lässt sich dieser Vorgang nur als bewusste patriarchale Stilisierung erklären: Eine starke Frau in der Gruppe der Jesusanhänger, eine Jüngerin, eine Erstzeugin der Auferweckung – damit konnte die zunehmend von Männern bestimmte frühe Kirche schwer leben. Als Prostituierte und Prototyp der demütigen Büßerin hingegen passte diese Maria Magdalena viel besser in gängige Konzepte und Frauenbilder. Genau diese Grundspannung zwischen dem in den Evangelien gezeichneten Bild einer eigenständigen, starken Frau als Jesusbegleiterin und dem in der Traditionsgeschichte gezeichneten Bild, welche diese Frau zu einer Sünderin und Büßerin degradiert, eröffnet nun auch der Didaktik zahlreiche Chancen und Möglichkeiten. Ganz selten werden im Religionsunterricht positive weibliche Identifikationsfiguren vorgestellt und Mädchen als Bezugsgestalten angeboten. In den Gedichten zum Alten Testament haben wir mehrere solcher möglichen Figuren vorgestellt: Eva, Mirjam, Rut, Ester, Judit etwa. Im Neuen Testament ist die Zahl der möglichen Zugangsfiguren zum Jesusereignis aus weiblicher Sicht geringer. Gerade deshalb sollte Maria Magdalena ein Thema im Bibelunterricht sein: als Beispiel einer eigenständigen starken Frau, die in der Wirkungsgeschichte bewusst klein gemacht und in fragwürdiges Licht gerückt wurde, nun jedoch auch in den Kirchen wieder entdeckt wird als große Frauengestalt des Neuen Testamentes.

Agnes Miegel: Magdalena

Die aufgezeigte Grundspannung von Zurückweisung und Neubetonung von Maria Magdalena soll sich in den hier ausgesuchten Texten beispielhaft wiederfinden. Zunächst ließe sich eine riesige Zahl von scheinbar rührend-harmlosen, in Wahrheit jedoch die Verzerrungsgeschichte der kirchlichen Tradition nur fortschreibenden literarischen Werken nennen, in denen Maria Magdalena als »bekehrte Büßerin« porträtiert wird.[12] Als Beispiel dazu wähle ich noch einmal – nach Ricarda Huchs »Saul« (vgl. S. 88) – als Gattung eine Ballade. Sie stammt von *Agnes Miegel* (1879–1964), einer in Ostpreußen geborenen Schriftstellerin, die vor allem als Verfasserin von schwerblütigen Balladen oder volkstümlich-traditionellen Gedichten bekannt ist. Im Jahr 1901 erschien ihre »Magdalena«[13] als Werk einer gerade Zwanzigjährigen.

MAGDALENA

Von den rosigen Zehen
Streife die goldenen Ringe ab,
Deine Purpursandalen
Wirf in den steinigen Bach hinab.
Büße, büße,
Goldhaarige Sünderin!
Deine verwöhnten Füße
Schreiten durch Dornen und Disteln hin.

Deine Linnengewänder
Zieh die ambraduftenden aus,
Schreite im Büßerhemde
Aschebestreut aus dem weißen Haus.
Weiche, weiche,
Fern von der lärmenden, schwärmenden Stadt,
In des Elends Reiche,
Wo der Jammer sein Lager hat.

Nicht mehr im Bett der Großen
Wälzt du der zärtlichen Glieder Pracht,
Einsam auf kalten Steinen
Betend wirst du durchwachen die Nacht.
Schlage, schlage
Deine heißen Brüste dir wund,
Ruft dich aus blühendem Hage
Lockende Flöte, der Sünde Mund.

Deine flutenden Haare
Drin die fiebrige Gier gewühlt,
Raufe sie, bis der Morgen
Deine brennende Schläfe kühlt.
Weine, weine
Steigt der Tag aus des Ostens Tor,
Sieger im Flammenscheine
Über deiner Buße empor.

Deine Buhlen wandern,
Gold in der Hand, mit bekränztem Haupt,
An dir vorbei zu andern.
Von ihren schleppenden Mänteln bestaubt
Senke, senke,
Deine Stirne bei ihrem Spott.
Jenes Tages denke
Da sich deiner erbarmt ein Gott.

Deine müden Füße
Färbt deines Blutes Purpur, Kind.
Deiner Lippen Süße
Dörrt der brennende Westwind.

Aber schon schreibt der ragenden
Palme wehender Wipfelschwung –
Schattenhand über flammendem Sand –
Ende und Ziel der klagenden,
Büßenden Wanderung.
Vor der Schakale Rotte
Bangt noch dein Herz, ein bebendes Wild,
Aber in blauender Berge Wand
Wartet die schirmende Grotte,
Wartet der Fels,
draus die Labung quillt.

Maria von Magdala wird hier schon in der ersten Strophe in klischeehaft-stereotypen Bildern als Prostituierte gezeichnet: »rosige Zehen«, »goldene Ringe«, »Purpursandalen« – solche Bilder aus orientalischen Haremsfantasien setzen sich im weiteren Gedicht fort: »goldhaarig«, »ambraduftend«, »zärtliche Glieder«, »fiebrige Gier«. Ein unspezifiziertes Ich mahnt die Sünderin zur Umkehr, den moralischen Impetus der Anrede durch Wiederholungen der Zentralverben unterstützend: »büße«, »weiche«, »schlage«, »weine«, »senke«! Die Bilder der Buße werden denen der Lust krass entgegengesetzt: »Dornen und Disteln«, »aschebestreut im Büßerhemde«, »einsam auf kalten Steinen«. Mit geradezu sadistischer Wollust werden Bilder von Not und Pein gemalt und erinnern dabei fast an Beschreibungen der Grausamkeiten von mittelalterlichen Foltern und Hexenverbrennungen. Zwar wird als Ziel dieser Buße die Hoffnung auf einen erbarmenden Gott benannt, zwar endet das Gedicht mit dem legendarisch vorgeprägten Bild, Maria Magdalena fände nach ihrer »büßenden Wanderung« in einer »schirmenden Grotte« Zuflucht und Ruhe, dennoch prägen die Gegensatzbilder von den Verführungen der Lust und den Qualen der Buße dieses Gedicht.

Auffällig: Von der biblisch bezeugten Maria von Magdala ist hier an keiner Stelle die Rede. In diesem Gedicht – typisch für die klassische Deutung dieser Figur – wird allein der Gegensatz von Hure und Büßerin betont. Offensichtlich regte dieser Kontrast die Fantasie an und war willkommene Möglichkeit zur mahnfingrigen Moralpredigt.

Didaktische Verortung und methodische Vorschläge

Selbst aus seinem Kontext heraus fällt es schwer, dem Gedicht gerecht zu werden. Als eingängiger Typus einer eindeutig benennbaren Traditionslinie behält es jedoch seinen Wert. Unter dieser Rücksicht ist es auch für Schülerinnen und Schüler interessant: Über Wortfelderhebungen (in zweifarbigen Anstreichungen) lässt sich die drastische Gegenüberstellung von »Verführungen der Lust« und den »Qualen der Buße« erheben. Was bezweckt jemand, der in seinem Text so arbeitet? Die fast schon moritatenhafte Moralisierung ist leicht einsehbar. Ein solches Gedicht kann dabei gerade am Anfang einer Annäherung an Maria von Magdala stehen. Nach der Lektüre des Gedichts, kann man mit den Schülerinnen und Schülern Erwartungen sammeln, welches Profil dieser Figur wohl in der Bibel zukommt. Umso erstaunlicher wird der Befund werden, dass sich diese Figur in der Verzerrung à la Miegel völlig von den biblischen Texten abgelöst hat. Dieser Befund lässt sich an Beispielen aus der Kunstgeschichte vertiefen, in denen Maria häufig blondlockig, vielfach in leichter Bekleidung oder barbusig dargestellt ist. Davon ausgehend stellt sich die Doppelfrage: Was für eine Person stand am Beginn dieser Tradition? Und warum wurde sie zu einem solchen Zerrbild von Sünde und Buße entstellt?

Christa Peikert-Flaspöhler: Maria aus Magdala

Gegenversionen zu dieser Entstellungstradition finden sich in den letzten 20 Jahren vor allem im Umfeld von feministischen Rückbesinnungen auf die Bibel. *Luise Rinsers* Erfolgsroman »Mirjam« von 1983 – als Vertiefungsroman auch für den schulischen Einsatz durchaus geeignet – markiert die Wiederentdeckung Maria Magdalenas als positiver Identifikationsfigur für Mädchen und Frauen heute. Vor allem im französischen und englischen Sprachraum finden sich zahlreiche feministisch inspirierte Maria-Magdalena Romane, die allerdings selten ins Deutsche übersetzt worden sind. Provokativ als Abrechnungsroman verfasst ist besonders das Buch der Engländerin *Michèle Roberts*. Ihr 1984 erschienener Roman »The Wild Girl« trägt in der deutschen Übersetzung den irreführenden und verharmlosenden Titel »Die Freundin des Herrn« (München 1986). Zwei neuere Romane zeichnen wie Rinser ein positives Bild ihrer Heldin: *Regina Berlinghof* mit ihrem literarisch freilich sehr konventionell bleibenden Buch »Mirjam. Maria Magdalena und Jesus« (Eschborn 1997) sowie die schwedische Erfolgsautorin *Marianne Fredriksson* (»Maria Magdalena«, Frankfurt 1999).

Der hier aufgenommene lyrische Beispieltext für diese Tradition der positiven Wiederentdeckung Maria Magdalenas führt uns zu einer Schriftstellerin, die bereits zu Beginn dieses Buches als Verfasserin eines »Eva-Gedichtes« vorgestellt worden ist, zu *Christa Peikert-Flaspöhler* (vgl. S. 51). Sie hat sich mehrfach mit der Frau aus Magdala beschäftigt, sich immer wieder an sie heran und fiktiv in sie hineingeschrieben. Ich wähle als Beispiel ein Doppelgedicht[14], das im Jahre 1988 entstanden ist.

MARIA AUS MAGDALA

I

Misstrauen
einzige Macht
im Gefängnis der Krankheit
einziger Schild
gegen Geißelhiebe
aus dem Mund der Gerechten

Brot warfen sie
vor meine Füße
wie einem Hund
der nicht springen kann
aber ich leckte
ihre Sandalen nicht
im verborgenen Winkel
wusch ich das Brot mit Tränen
ehe ich aß

Liebe aus deiner Hand
fand vom Scheitel bis in
die Zehenspitzen
und ich träumte
das neugeborene Kind

II

wie ich dir, Jesus
angehörte
als Befreite
wann
Lebensströme sich berühren
und gemeinsam
Tiefe orten
die Sonne kosten
weiterdrängen windbewegt
erhoffend Ewiges

allzeit und überall
wird es die Liebe
hüten
als Geheimnis

Peikert-Flaspöhler schlüpft hier in die Rolle der Maria Magdalena. Als Ich-Sprecherin der mit sparsamen Worten gesetzten Gedichte betrachtet sie ihr Leben aus der Retrospektive. Zunächst erinnert sie sich an die Zeit ihrer Krankheit, als sie – so Lk 8,1 – von »sieben Dämonen« besessen war. Als Kranke ist sie aus der Gesellschaft ausgeschlossen, wird dazu noch verspottet von den »Gerechten«, lebt von Brosamen der Barmherzigkeit, ohne sich anzubiedern oder »die Sandalen zu lecken«. Einziger Schutz: das »Misstrauen« gegen die Menschen, die auf sie herabsehen. Diesem Misstrauen wird in der dritten Versgruppe des ersten Gedichtes das Wort »Liebe« entgegengesetzt, Liebe »aus deiner Hand«. Der Name Jesus muss hier nicht fallen, da als bekannt vorausgesetzt wird, dass es sich um den Mann aus Nazaret handelt. Diese Liebe verwandelt sie, die Misstrauische, von Kopf bis Fuß, sodass sie das Leben fortan wie ein neugeborenes Kind neu betrachten kann.

Vom Wesen dieser Verwandlung zum Leben erzählt das zweite Gedicht. Als »Befreite« fühlt sie »Lebensströme«, lotet »Tiefe« aus, »kostet« die Sonne, sie ist »windbewegt« (Wind als Bild von Geist, von weiblicher »ruach«), in der Hoffnung auf »Ewiges«. In diesen Bildern deutet die Sprecherin ihr neues Leben, das von Jesus und seiner Liebe ermöglicht wurde. »Liebe«? Greift auch Peikert-Flaspöhler die in modernen Romanen, Gedichten, Filmen und Essays zum Stereotyp geronnene Behauptung auf, Jesus und Maria seien ein – auch geschlechtlich vereintes – Liebespaar gewesen? Das zweite Gedicht weist diese skandalträchtige Frage gerade zurück. Dies bleibt ein »Geheimnis« der Liebe, bleibt offen, weil es den Kern der Verwandlung und Befreiungserfahrung nicht berührt.

Didaktische Verortung

Für Schülerinnen und Schüler kann zunächst die Identifikation mit Maria Magdalena überraschend sein. Hier spricht nicht ein Moral einforderndes Gegenüber, sondern in Personifikation die biblische Frau selbst. Der Gegensatz des Lebens vor der Begegnung mit der Befreiung zum Leben mit Jesus prägt dabei den Grundton des Doppelgedichts. In Kategorien von »Vorher« und »Nachher« lassen sich so auch die Grunderfahrungen des Textes kategorisieren. Die Frage, was denn den Wandel herbeigeführt hat, weitet den Blick von der biblisch bezeugten Heilungserfahrung hin zu Erfahrungen, die wir uns heute als »Heilserfahrungen« vorstellen können. Hier dürfte somit auch der ideale didaktische Ort dieses Gedichtes liegen: Maria Magdalena kann als Identifikationsfigur entdeckt werden – für die Annäherung an Jesus einerseits, für Erfahrungen von »Umkehr« und »Befreiung« andererseits.

Methodische Vorschläge

Eine Unterrichtseinheit zu Maria Magdalena in diesem Sinne könnte mit dem Gedicht von Agnes Miegel beginnen, die dort auftretende Typisierung durch einen Blick in die Kunstgeschichte vertiefen, dann die Bibel selbst befragen, schließlich das Gedicht von Peikert-Flaspöhler als Aktualisierung entdecken und von dort aus die Frage nach der heutigen Relevanz stellen.

26. Petrus: Versager oder Held?

Eine ganz besondere Zugangsfigur zur Person und Bedeutung Jesu ist zweifellos Simon Petrus, wird er doch von Jesus zum Anführer der Jüngerschaft berufen und – so zumindest in römisch-katholischer Tradition – zum Stellvertreter Christi auf Erden eingesetzt, auf den sich die Papst-Tradition seit fast 2000 Jahren beruft. Simon, ein einfacher Fischer, wird von Jesus am See Gennesaret berufen (Mk 1,16), tritt mehrfach als Sprecher der Jünger auf, sein Haus in Kafarnaum wird zu einem Sammelzentrum der Jesusschar, schließlich erhält er von Jesus den Beinamen Petrus, der Fels (Mt 16,18; Joh 1,42). Vor allem im Matthäusevangelium wird seine besondere Vormachtstellung betont: »auf diesen Felsen werde ich meine Kirche bauen«, sagt Jesus dem Simon Petrus dort zu, und weiter: »Ich werde dir die Schlüssel des Himmelreichs geben; was du auf Erden binden wirst, das wird auch im Himmel gebunden sein, und was du auf Erden lösen wirst, das wird auch im Himmel gelöst sein.« (Mt 16,18f.) Nach dem Tod Jesu, so berichtet die Apostelgeschichte, gehört Petrus zu den zentralen Gestalten der entstehenden christlichen Gemeinde: Er leitet zusammen mit Johannes und dem Herrenbruder Jakobus die Jerusalemer Urgemeinde, unternimmt früh Missionsreisen, wird im Apostelkonzil zur Hauptautorität im Konflikt mit Paulus um die Frage der Beschneidung von Heiden. Die Legende berichtet schließlich von seinem Tod in Rom.

Kein anderer Jünger, keine andere Gestalt neben Jesus erhält in den Evangelien so viel individuelles Profil wie dieser Simon Petrus. Eigentlich müsste er sich also als literarische Figur geradezu anbieten. Der Befund an ernsthafter literarischer Auseinandersetzung mit Petrus[15] bleibt jedoch erstaunlich schmal. Der Verdacht legt sich nahe, dass diese biblische Figur so sehr von der auf ihr aufbauenden Papsttradition überschattet wird, dass sich Schriftstellerinnen und Schriftsteller mit Petrus selbst nur zögerlich befassen. Interessant jedoch, welche Szene aufgegriffen wird, wenn Petrus dann doch literarisch gestaltet wird: Es ist die Szene des Verrats. In seltener Einmütigkeit berichten alle vier Evangelisten (im Folgenden nach Mk 14,66–72) von diesem Ereignis: Jesus ist gerade vom Hohen Rat verhört und verurteilt worden. Im Hof des Palastes wärmt sich Petrus an einer Feuerstelle. Da spricht ihn eine Magd des Hohenpriesters an: »Auch du warst mit diesem Jesus aus Nazaret zusammen«. Petrus streitet ab, wird jedoch noch zweimal als Jesusanhänger erkannt, leugnet jedoch aus Angst, ja: flucht und schwört: »Ich kenne diesen Menschen nicht.« Da kräht ein Hahn zum zweiten Mal und Petrus erinnert sich an die Vorhersage Jesu: »Ehe der Hahn zweimal kräht, wirst du mich dreimal verleugnen.« Entsetzt über seine Treulosigkeit, seinen Verrat aus Angst, beginnt Petrus zu weinen.

Diese Szene ist – unabhängig von der Rückfrage nach der Historizität – tatsächlich ganz und gar außergewöhnlich: Da wird der Held zum Versager, da wird das Vorbild zum schwächlichen Mensch, fehlbar, ängstlich und dadurch menschlich wie wir alle. Zudem wirkt diese Szene fast wie aus einem Drehbuch zu einem rührseligen Drama. Kein Wunder also, dass Schriftsteller gerade diese Szene aufgreifen, wenn sie sich Petrus annähern. Denn so können sie der »unfehlbaren« Papsttradition die biblisch bezeugte Menschlichkeit des Simon entgegensetzen. Ohne billige Provokation wird so der Rückweg zur Bibel zur Anfrage an kirchliche Tradition.

Heinz Piontek: Der Jünger

Simon Petrus, der Mensch – unter diesem Schlagwort stehen denn auch die folgenden zwei Gedichte als Beispiele einer breiter bezeugten Traditionslinie. Der erste Text führt uns zurück zu einem Lyriker, dessen Kohelet-Gedicht wir bereits näher betrachtet haben, zu *Heinz Piontek* (vgl. S. 164f.). Aus seinem zweiten Gedichtband – 1953 unter dem Titel »Die Rauchfahne« erschienen – stammt das Gedicht »Der Jünger«[16], in dem der Endzwanziger die Szene des Verrats schildert:

DER JÜNGER

Klingt der Palasthof,
setzen die Häscher
den Holzstoß in Brand –
Behagen
den Aufgewiegelten,
prahlenden Bütteln!
Ausgekühlt
ist die Nacht
vom Unrecht.

Kein Verlass
auf die Tapferkeit.
Eine Magd erkennt dich –:
Angst
verleugnet deine Wahrheit,
verrät deinen Glauben –
für etwas Wärme.

Dein Gewissen spreizt
das Hahnengefieder:
Schrei in der Frühe,
die spinnengrau
aus dem Ölbaumgeäst
sich löst,
wo deine Tränen
Reue mischen
in die Schwermut des Taus.

Aus dem Palasthof
folgen dir
Hohn und Flüche.
Dein Kreuz?
Ein Zimmermann
sägt die Balken zurecht,
pfeifend.

Vier Versgruppen fassen den Verrat des Petrus in vier Szenen zusammen. Die erste Szene setzt den Rahmen: eine Nacht vor dem Palasthof, kalt, Häscher und Büttel sind bereit und zufrieden über das Urteil, warten auf das Signal zum Vollzug. In den folgenden Szenen wird Petrus von einem nicht identifizierten Gegenüber mit »du« angeredet. Zunächst wird knapp der Verrat aus Angst und mangelnder Tapferkeit benannt. Dann spitzt sich das dritte Bild auf den Hahnenschrei und die Erkenntnis des Verrats zu. Schließlich folgt das Schlussbild dem von Spott und Verfluchung begleiteten fliehenden Petrus aus dem Palasthof, endet jedoch mit einem Vorausblick auf das legendarisch bezeugte Schicksal des Petrus, den Tod am Kreuz in Rom. Jetzt war es die Angst vor dem gleichen Schicksal wie das seines Meisters, die Petrus zum Verrat trieb, später wird er doch wie dieser gewaltsam sterben.

Das Besondere dieses Textes liegt nicht so sehr in den vier gekonnt knapp aufgerissenen Szenen, sondern in der Bildsprache. Piontek setzt ungewöhnliche, gewagte expressionistische Bildfügungen: Die Nacht ist »ausgekühlt« vom Unrecht des Todesurteils gegen Jesus; das schlechte Gewissen des Petrus »spreizt das Hahnengefieder« zum Schrei; die Tränen des Petrus »mischen Reue in die Schwermut des Taus«. Mit diesen Bildfügungen wird das Erzählte emotional vertieft und psychologisch gedeutet. Simon Petrus erscheint so als einfacher, verängstigter, fehlbarer Mensch. Dass dem Gedicht der Titel »Der Jünger« vorangestellt ist, entbindet Petrus zusätzlich von der übermenschlichen Höhe des Christusrepräsentanten, reiht ihn schlicht ein in die Gruppe der Anhänger Jesu.

Didaktische Verortung und methodische Vorschläge

In dieser menschlichen Erdung des Simon Petrus liegt auch die didaktische Sinnspitze für den schulischen Einsatz dieses Gedichtes. Es kann in zwei Kontexten aufgegriffen werden. Zum einen im Rahmen einer Annäherung an das Papstamt, denn im Blick auf die biblischen Wurzeln rückt dieses Gedicht gerade die Menschlichkeit und Fehlbarkeit des Simon Petrus in den Vordergrund und fungiert so als mögliches kritisches Korrektiv gegen spätere Überhöhungen seiner Person und Bedeutung.

Hier scheint methodisch ein direkter Vergleich mit der Markusperikope sinnvoll, weil eine präzise und überschaubare Textvorlage literarisch direkt ausgestaltet wurde: Was nimmt der Dichter auf, was lässt er weg, was fügt er hinzu, welche Sprachbilder prägt er mit welchem Effekt? Das Gedicht kann jedoch auch – wie alle in dieser Abteilung vorgestellten Gedichte – als Zugangstext zu Jesus dienen. Simon Petrus wird dann durch seine zutiefst menschliche Angst und Flucht zur Identifikationsfigur. Hätten wir anders reagiert?

Rudolf Otto Wiemer: Der Hahn

Der zweite Beispieltext betrachtet dieselbe Szene, hier jedoch nicht in Anrede an Petrus präsentiert, sondern im Rückblick von Petrus selbst erinnert. Das 1963 erstmals veröffentlichte Gedicht »Der Hahn«[17] stammt von dem evangelischen Schriftsteller *Rudolf Otto Wiemer* (1905–1998), bekannt vor allem als Kinderbuchautor, Verfasser von Kurzgeschichten, Erzählungen und von direkt für den katechetischen Gebrauch verfassten Texten unterschiedlichster Art. Aus dem Bereich christlich-katechetischer Gedichte stammt auch dieser Text.

DER HAHN

Verdammter Hahn. Jede Nacht
hör ich ihn krähn und schmecke
den Rauch des Wachtfeuers
auf der Zunge.

Und höre die pockennarbige Magd,
die mit den Haarzotteln:
Warst du nicht bei ihm? Und höre mich
sagen: Nein.

Und seh bei der Glut die Soldknechte
würfeln. Und sehe die Hände, die
mich befreiten,
gefesselt.

Und spüre den Blick beim Qualm der Fackel,
das blutige Aug, das mich sucht. Und
wende mich ab und sage: Ich
bin's nicht.

Verdammter Hahn. Jede Nacht
schneide ich ihm den Hals ab. Doch
das Vieh kräht, kräht. Kräht
unterm Messer.

Gustave Doré, Petrus verleugnet Jesu

Petrus wird hier dargestellt als jemand, der allnächtlich von der Erinnerung an sein Versagen gequält wird. Immer wieder hört er imaginär den Hahnenschrei, der seinen Verrat besiegelte. Dieser Schrei weckt die Erinnerungsbilder, die er schmeckt, hört, sieht und spürt. Diese Verben der sinnlichen Wahrnehmung strukturieren die ersten vier additiv gefügten Strophen des Gedichtes. Die kargen Erzählzüge der Bibel werden dabei einerseits in ihrer dialogischen Struktur übernommen, andererseits mit Adjektiven und Attributen ausgeschmückt, um die Szene lebendiger zu gestalten und emotional zu vertiefen. Die Magd ist »pockennarbig«, das Auge Jesus, der nach ihm sucht, »blutig«. Die letzte Strophe führt zu einer Art Schlussvision: Erneut wird der »verdammte Hahn« direkt angesprochen, verbunden mit dem Wunsch, ihn umzubringen. Dieser Petrus möchte die Quelle der ständigen Erinnerung an seine Schuld, sein Versagen beseitigen. Doch umsonst, wie es die dreifache Wiederholung verdeutlicht: der Hahn kräht weiter, Petrus kommt von der Erinnerung nicht los.

Didaktische Verortung

Petrus wird auch hier in seiner Menschlichkeit vorgestellt: gequält von der Erinnerung an sein Versagen, immer wieder neu mit dem Ablauf der Ereignisse konfrontiert. Durch die einfachere Textstruktur sowie die Konzentration auf das Realsymbol Hahn – der möglicherweise auch in der biblischen Erzählung weniger ein konkretes Tier, als vielmehr Bild für eine bestimmte Uhrzeit ist – lässt sich dieses Gedicht jedoch in der Schule schon früher einsetzen als der in der Bildsprache schwierigere, in der Aussage aber vergleichbare Text von Piontek. Der didaktische Rahmen bleibt gleich, bezieht sich hier aber schon auf frühe Klassen der Sekundarstufe.

Methodische Vorschläge

Methodisch wäre es hier möglich, zunächst ein eher klassisches Bild von Petrus zu zeigen – etwa aus der Doré-Bibel[18] – und dann den Bibeltext zu erschließen (vgl. S. 217). Ausgehend vom Bild kann man konkret fragen: Was sieht, hört, spürt und schmeckt dieser Petrus wohl, wenn er an dieses Ereignis zurückdenkt? Die Schüleräußerungen kann man stichwortartig festhalten und dann mit dem Gedicht vergleichen. Insgesamt ist so eine emotional dichtere Annäherung an Petrus möglich.

Achte Abteilung: Deutungen von Passion und Auferweckung

Der Weg Jesu führte ihn früh zu einem grauenvollen Ende – dem Martertod am Kreuz. Warum Jesus so sterben musste ist eine viel diskutierte Frage, die nicht erst die Dogmatiker der Kirchengeschichte bewegt hat. Schon für die Jünger Jesu selbst war dieser Tod zunächst unfassbar, hatten sie doch – wie alle gläubigen Juden – den Spruch des Buches Deuteronomium vor Augen: »Ein Gehenkter ist ein von Gott Verfluchter« (Dtn 21,23). Demnach war der Kreuzestod nicht nur das Werk verirrter hasserfüllter Menschen, sondern eine Verfluchung durch Gott! Das Glaubensparadox des Christentums setzt in seiner ganzen Provokation hier an: Gerade diesen Gekreuzigten verkündeten seine Anhänger als von Gott auferweckten Sohn Gottes! Spätere Reflexionen versuchten dem Leidensschicksal theologische Deutungen aufzupfropfen, die man für sinnvoll und treffend halten mag oder auch nicht. Fakt bleibt: Die Botschaft Jesu, sein Auftreten, seine Predigt, sein Handeln führten dazu, dass er grausam zu Tode gefoltert wurde. In der Auferweckung aber, so glauben es die Christen von Anfang an, hat sich Gott gerade zu diesem Menschen und seinem Lebensprogramm bekannt. Die Spannung von Karfreitag und Ostermorgen prägt seitdem das Christentum. Der realistische Blick darauf, wie viele Leidenswege es in dieser Welt gibt, wird im Bild des Kreuzes nicht verwischt, sondern ausgehalten. Im Blick auf die Auferweckungshoffnung wächst jedoch die Kraft, gegen die Ursachen von Leiden so weit wie möglich anzukämpfen in der »größeren Hoffnung«, dass den Gesetzen dieser Welt nicht letzte Gültigkeit zukommt.

In der religionspädagogischen Praxis sind sowohl der Karfreitag als auch Ostern ungeachtet des eben Gesagten äußerst sensible Problemfelder. Schülerinnen und Schüler der »Fun-Generation« verweigern sich zunehmend dem Karfreitagsblick auf die Leidensorte ihrer Gesellschaft, geschweige denn auf die weiter entfernten Leidensorte der vermeintlich »einen Welt«. Sie folgen damit Tendenzen unserer Gesellschaft insgesamt: Vor »Karfreitagserfahrungen« anderer Menschen schottet man sich ab, eigene solche Erfahrungen werden oft eher verschwiegen, tabuisiert, unter den Teppich der Privatsphäre gekehrt. Noch schwieriger gestaltet sich Ostern: Was heißt »Auferweckung«, wenn man es ganz buchstäblich bedenkt? Wovon soll der Erlösungstod Jesu überhaupt befreien und wozu, woraufhin? Stellvertretende Sühne, Hingabe des Sohnes, Himmelfahrt, ewiges Leben – all diese zentralen christlichen Vorstellungen sind gleich mehrfach fragwürdig für heutige junge Menschen. Das betrifft zunächst die kirchliche Sprache, die inzwischen völlig vom Alltagsleben abgehoben ist und als schlichte Vokabelsprache kaum noch verstanden wird. Es geht aber nicht nur um die Sprachebene, sondern auch um theologische Vorstellungen, die auf dem Prüfstand der Plausibilität, der Tragfähigkeit im eigenen Leben stehen. Es gilt, Gehalt und Gestalt von Karfreitag und Ostern – in angemessener Ausdeutung der biblischen und kirchengeschichtlichen Vorgaben – neu zu bestimmen und zu formulieren. Die bloße Wiederholung alter Sprachmuster reicht nicht aus. Vielleicht kann der Blick auf literarische Texte der Gegenwart hier hilfreich sein?

27. Am Kreuz: Marterzeichen und Hoffnungssymbol

Das Kreuz ist das Zentralsymbol des Christentums. Es ist einmal ein Rückverweis auf den historischen Tod Jesu, gleichzeitig aber ein Grundsymbol der Verbindung von Vertikale und Horizontale der Beziehung der Menschen untereinander und der Beziehung von Mensch und Gott. Das Kreuz[1] gehört so zum Grundbestand der immer wieder verwendeten Verweiszeichen, der Ursymbole der Menschheit.

Hilde Domin: Ecce homo

Mit dem ersten hier aufgenommenen Gedicht begegnen wir einem mit Recht oft gedeuteten Text. Er stammt von *Hilde Domin* (*1912), ohne Frage eine der wichtigsten Lyrikerinnen deutscher Sprache in der zweiten Hälfte des 20. Jahrhunderts. Als Jüdin in Köln aufgewachsen, wurde die aufgeweckte, intellektuell hoch begabte, 1935 in Staatsgeschichte promovierte junge Frau von den Nazis ins Exil vertrieben. Den Ort ihres Exils, Santo Domingo, hat sie in ihrem Namen zum festen Bestandteil ihrer Identität gemacht. Nach 22 Jahren kehrte sie nach Deutschland zurück, seit 1961 ist sie in Heidelberg zu Hause. Erst spät, 1951, begann sie zu schreiben. In wenigen schmalen Lyrikbänden hat sie seitdem ihre Grunderfahrungen thematisiert: Vertreibung, Flucht, Heimatsuche, den Umgang von Menschen miteinander, die Sehnsucht nach Glück, die häufig auch in biblischen Bildern formulierte unaufgebbare Hoffnung. Sie selbst sagt 1962 über ihr Schreiben: »Wenn alle es heute mit Kafka halten, der sagt, seine Taube sei heimgekehrt und habe ›nichts Grünes‹ gefunden«, so sehen meine Gedichte mit aufgerissenen Augen, wie abgefressen alle Wiesen sind, wie leer die Äste. Wie es überall hohl ist. Und vor Schrecken fliegen sie dann so weit und so hoch, dass sie irgendwo doch noch ein – schon ganz durchsichtiges – Blau oder Grün erwischen. Wie wir es in Wahrheit doch alle immer wieder tun, denn sonst leben wir nicht.«[2] In ihrem überschaubaren Werk finden sich Texte von bleibender Prägnanz und Sprachkraft. Dazu zählt das folgende Gedicht, in dem sie versucht aus jüdischer – oder allgemein menschlicher – Perspektive auf Jesus als am Kreuz gehenkten Schmerzensbruder zu blicken. »Ecce homo«[3] wurde in der Sammlung »Ich will dich« im Jahr 1970 zuerst veröffentlicht.

ECCE HOMO

Weniger als die Hoffnung auf ihn

das ist der Mensch
einarmig
immer

Nur der gekreuzigte
beide Arme
weit offen
der Hier-Bin-Ich

»Seht den Menschen, ecce homo!« (Joh 19,5) – dieses Pilatuswort über den abgeurteilten, gemarterten, verhöhnten Jesus gibt dem kurzen, in wenigen, sehr genau kalkulierten Worten gesetzten Gedicht nicht nur den Titel, sondern zielt im Sinne einer Frage auf die Kernaussage: Was ist der Mensch? Das ganze Gedicht ist vor dem Hintergrund dieser Pilatusgeste lesbar. Die erste, für sich allein stehende Zeile gibt eine erste Antwort: Der Mensch, das ist jemand, der stets hinter den Erwartungen an sich selbst zurückbleibt, der stets die auf ihn, auf sich selbst gesetzten Hoffnungen enttäuscht, stets sich selbst in seinen Ansprüchen verfehlt: »Weniger als die Hoffnung auf ihn«. Menschsein ist stets Mangeldasein, Fragment, Versuch, Stückwerk, Scheitern. Der folgende Dreizeiler bestätigt diese Lesart in einem poetischen Bild: Einarmig ist der Mensch, verkrüppelt, unfähig, das zu sein und zu tun, was er eigentlich sein und tun könnte oder müsste. Unbeholfen, unfähig, sich und anderen zu helfen, oder wenn nicht unfähig, dann immer nur teil-fähig.

Das aber ist nicht die ganze Antwort auf die Frage, was er – der Mensch – denn sei. »Hoffnung« – in der ersten Zeile des Gedichtes programmatisch angesprochen – hat einen Zielpunkt, bekommt eine Perspektive, findet eine Vision: im »gekreuzigten«. Bewusst ist dieses Wort im Text klein geschrieben. Es geht hier zweifelsfrei einerseits um ihn, *den* Gekreuzigten, um Jesus, aber eben nicht nur um ihn. In der Kleinschreibung nimmt Hilde Domin all die anderen tatsächlich oder im übertragenen Sinne gekreuzigten Menschen in die folgende Aussage mit hinein. Was zeichnet den Gekreuzigten, die Gekreuzigten im Gegensatz zu den zuvor porträtierten »normalen« Menschen aus? Wo der Mensch normalhin einarmig bleibt, verkrüppelt, unfähig – da ist der Gekreuzigte zweiarmig, komplett, seine beiden Arme sind als weit geöffnete Einladung ausgespannt. Diese Offenheit bedeutet freilich allergrößte Schutzlosigkeit und Verwundbarkeit; eben der bedingungslos Offene und Schutzlose wird zum Gekreuzigten.

Diese offene Einladung konkretisiert sich im »Hier-Bin-Ich«, im »Ich-bin-da«, in jener Gottesbezeichnung, mit der sich Gott dem Mose aus dem brennenden Dornbusch als treuer, sich sorgender, aufseiten der Menschen stehender und wirkender Gott offenbarte (Ex 3,14). Im Gekreuzigten – so Domin – zeigt sich Gott neu, wird der Jahwe des Alten Testaments neu sichtbar; in dem einen Gekreuzigten genauso wie in all den anderen ihm Nachfolgenden. Nachfolge darf dabei nicht tragisch missverstanden werden als krampfhafte Leidsuche, als bedingungslos-ohnmächtiges Ducken unter unerklärliches Schicksal, sondern als Nachfolge in der Offenheit den anderen Menschen gegenüber, in jener Offenheit, die Jesus »Nächstenliebe« genannt hat; Nachfolge als Versuch der »Einarmigen«, ihre öffnende »Zweiarmigkeit« zu entdecken. So wird Hilde Domins »Ecce homo« zu einer vorsichtig angedeuteten Wegweisung zu wahrem Menschsein.

Didaktische Verortung

Hilde Domin versucht hier, Karfreitagserfahrung und Ostererfahrung in ganz neuer Sprache, mit ganz neuen Assoziationen als bleibend aktuelle Botschaft zu formulieren. Gerade darin liegt die Faszination dieses Textes, der mit dem Bild der Einarmigkeit ein eindrückliches Symbol neu geprägt hat. Vielfache didaktische Orte für diesen Text lassen sich denken. Im Bereich Anthropologie kann er helfen, den Mensch als »Mängelwesen« und seine »Erlösungsbedürftigkeit« in unverbrauchter Sprache neu auszusagen. Im Rahmen von Passion und Ostern deutet der Text Auferweckung als »Befreiung zur Zweiarmigkeit«, die ja im Schöpfungsplan eigentlich immer schon gegeben ist. Im Blick auf Jesus wird seine unlösbare Verbundenheit zum Jahwe-Gott des Alten Testamentes deutlich. Das Thema Hoffnung gewinnt hier konkrete Gestalt. Im Zusammenhang mit der Shoa oder der Theodizee-Frage zeugt das Gedicht für die Verbundenheit jüdischer Dichter mit dem Leidensbruder Jesus.

Methodische Vorschläge

Wer den Text im Unterricht nicht einfach nur vorlegen und analysieren will, kann zu zahlreichen Varianten greifen: Eine Hinführung kann über ein Bild von Pilatus und Jesus erfolgen, um den lyrisch inszenierten Ort vor Augen zu stellen. Es ist aber auch möglich, den Schülerinnen und Schülern die Einzelverse des Textes auszuteilen mit der Bitte, ihn zu einem sinnvollen Ganzen zusammenzufügen. Dieses Verfahren führt sicherlich zu verschiedenen Lösungen, vertieft aber in jedem Fall die Beschäftigung mit der Textstruktur und weckt ein Gefühl für die Präzision der Wortsetzung in diesem knappen Text.

Reiner Kunze: Auf dem Kalvarienberg bei Retz

Der zweite Text zum Thema Kreuz stammt von einem ostdeutschen Schriftsteller mit evangelischem Hintergrund: *Reiner Kunze*, 1933 im Erzgebirge geboren, wurde nach einer langen Kontroverse mit dem DDR-Regime – unter anderem um sein regimekritisches Buch »Die wunderbaren Jahre« – 1977 nach Westdeutschland ausgewiesen, wo er seither lebt. Wie Domin tritt auch er vorwiegend mit schmalen Gedichtbändchen an die Öffentlichkeit, wie Domin setzt er dabei wortkarge, sparsame, bildintensive Verse. Im Jahr 1980 schrieb er das Gedicht »Auf dem Kalvarienberg bei Retz«[4].

AUF DEM KALVARIENBERG BEI RETZ IM JANUAR

Auch der weinstock ist ein gekreuzigter

Wie er sich in seiner nacktheit krümmt, die arme
zur seite gebunden

Ganz die gebärde des erlösers
am sandsteinkreuz

Und *blut und wasser* wird zur beere, aus der sie
jahr für jahr
den süßen einträglichen wein keltern

Wie aus dem stein den glauben

So viele gekreuzigte auf dem weg zu dem einen

Das Gedicht präsentiert sich als lyrische Reflexion eines spirituellen Erlebnisses angesichts eines Sandsteinkreuzes oben auf einem Weinberg. Im Titel wird der konkrete Ort dieses Kreuzes angegeben. Es steht auf dem Kalvarienberg in Retz im österreichischen Waldviertel nordwestlich von Wien. Entstanden ist ein mehrdimensionales Deutungsspiel, in dem es zentral um die christliche Grundsymbolik vom Wein als Blut Christi geht. Realismus und Symbolik bestimmen so die Doppelbödigkeit dieses Textes. Da geht es zunächst ganz konkret um die Beschreibung eines winterlich-kahlen Weinstocks: nackte, verkrümmte Zweige, in die von der Erntepraktikabilität bestimmten Richtungen gebunden. Wie augenfällig aber sind dem Dichter die Parallelen zu den Aussagen über den Gekreuzigten. So wechselt der Blick vom Weinstock zum Sandsteinkreuz und stellt verblüfft die Vergleichbarkeit der wie im Schmerz verrenkten Gebärde fest. Aber nicht nur die Haltung ist vergleichbar, sondern auch der symbolische Gehalt, der Zielpunkt. Wie der Weinstock den Wein, so ermöglicht das Steinkreuz den Glauben. Ja, mehr noch ist angedeutet: Die Assoziation ruft »Blut und Wasser« auf,

Christus in der Kelter, Bildstock, 15. Jahrhundert

die aus Jesu Seitenwunde auf Golgota flossen, auf; auch dort führte grausames Geschehen letztlich in paradoxer Weise zur Erlösung.

Der Gedichttext von Kunze endet offen mit dem Blick auf die ungezählt vielen Gekreuzigten. Das mögen zum einen die endlosen Reihen der kreuzförmig gebundenen Weinstöcke um den Kalvarienberg in Retz herum sein. Das sind aber andererseits auf der symbolischen Ebene die vielen Menschen, denen es im Gefolge Jesu ähnlich erging und ergeht wie ihm: Gekreuzigte auf dem Nachfolgeweg zu ihm, »dem einen« hin. So wird für Kunze der Anblick des Kreuzes über dem Weinberg zum Anlass, über das Rätsel, das Paradox von Leid und Erlösung nachzudenken. Der Text ist eine Einladung, in diesen offenen Reflexionsprozess einzutauchen.

Methodische Vorschläge

Die im Gedicht aufgegriffene Tradition des Vergleichs von Weinstock und Kreuz, vom Blut des Gekreuzigten mit dem Wein geht auf eine alte Traditionslinie zurück, findet sich etwa in der Kunstgeschichte in dem berühmten moselanischen Bildstock aus dem 15. Jahrhundert »Christus in der Kelter« (auf der vorherigen Seite abgebildet). Vielleicht öffnet ein solches Bild für Schülerinnen und Schüler den Zugang zu diesem in seiner doppelbödigen Symbolsprache sicherlich schwierigen Text. Reizvoll wäre auch der Versuch, das Gedicht ins Bild zu setzen. Das Gedicht eignet sich so zu einer vertiefenden Betrachtung über die Bedeutung des Kreuzes. Wofür stand das Kreuz damals, wofür steht es in christlicher Tradition, wofür kann es in diesen Gedichten stehen?

28. Judas: Verratener Verräter?

»Judas« – mit diesem Namen werden viele Schülerinnen und Schüler zumindest die Kategorie von »Verräter«, »gewissenloser, geldgieriger Charakter« in Verbindung bringen. Dass sich dahinter eine Gestalt des Neuen Testamentes verbirgt, werden viele möglicherweise auch noch wissen, viel mehr wahrscheinlich jedoch nicht. Dabei ist dieser Judas Ischariot die wohl rätselhafteste aller Gestalten des Neuen Testamentes. Zwar stimmen alle Evangelien darin überein, dass er einer der Jünger Jesu war und diesen nach Verhandlungen mit dem Hohen Rat verriet, nachdem Jesus ihn beim letzten Abendmahl als Verräter angesprochen hatte. Aber was verriet Judas? Der Aufenthaltsort Jesu wird doch bekannt gewesen sein bei einem, der öffentlich predigte und sich nicht versteckt hielt? Und warum beging Judas seinen Verrat? Weil er den Glauben an Jesus als den Messias verloren hatte, so Mt 26? Oder weil er immer schon ungläubig gewesen war, wie es das Johannesevangelium voraussetzt (Joh 6,67–72), das mit Judas besonders hart umgeht? Nur hier wird Judas – für die Wirkungsgeschichte so zentral – als habsüchtig-geldgieriger Wucherer gezeichnet. Wie starb Judas schließlich? Erhängte er sich, von Gewissensqualen zermartert, wie es die Evangelien schildern, oder stürzte er zu Boden und sein Leib barst auseinander, dass die Eingeweide herausfielen, wie es die Apostelgeschichte beschreibt? Fragen über Fragen, die diese Figur zum bleibenden Rätsel und damit zur schriftstellerischen Herausforderung machen, gerade weil im Blick auf das Schicksal des Judas auch das Schicksal Jesu im besten Sinne frag-würdig werden kann.

Zu Stereotypen geronnen sind dabei in der breiten literarischen Wirkungsgeschichte[5] vor allem drei Motive. Sie haben sich bis heute in volkstümlichen Spielen erhalten, die in grausamen »Judas-Puppen-Verbrennungen« ihren zweifelhaften Höhepunkt finden. Erstens: Judas als der archetypische Jude – eine schlimme antijüdische Sündenbockprojektion; zweitens und in enger Verbindung damit: Judas als der gierige Geldscheffler und Veruntreuer; schließlich drittens: Judas als der Zelot, der letztlich enttäuschte politische Freiheitskämpfer, der von Jesus die Errichtung eines irdischen Herrschaftsreiches Israel erwartete und ihn verriet, als er sah, dass Jesus etwas ganz anderes im Sinn hatte. Eine Variante dieses dritten Motivs: Mit dem Verrat als letztem Mittel wollte Judas Jesus dazu zwingen, sich – in die Enge getrieben – doch noch als politischer Messias zu offenbaren. In zahllosen Jesusromanen und literarischen Judasbearbeitungen finden sich diese Motive immer wieder.

Schalom Ben-Chorin: Judas Ischariot

Interessanter sind jene schriftstellerischen Ansätze, die versuchen Judas von den plakativen Beschuldigungen freizusprechen. Einen der ersten, vielleicht gar den ersten Versuch überhaupt, Judas nachträglich literarisch zu rechtfertigen und freizusprechen vom Schuldedikt der Geschichte möchte ich hier vorstellen. Der Sonettenkranz stammt von *Schalom Ben-Chorin*, dessen Rut-Gedicht wir bereits näher betrachtet haben (vgl. S. 111). Wie das Rut-Gedicht stammen auch diese Judas-Sonette[6] aus der Zeit, als Schalom Ben-Chorin noch unter seinem Geburtsnamen Fritz Rosenthal in München lebte und schrieb. Sie erschienen erstmals in der 1935 veröffentlichten Gedichtsammlung: »Das Mal der Sendung«.

JUDAS ISCHARIOT

I

Er war der Gläubigste von allen Jüngern,
die um den Nazarener sich geschart:
Er diente ihm mit ungelenken Fingern
und weinte nachts in seinen roten Bart.

Fast war er stumm und schien von seltner Art,
den Tieren gleich, die Ackers Werk verrichten. –
Er konnte nicht gleich dem Johannes dichten
und war nicht wie Matthäus hochgelahrt.

Doch war er fromm und deshalb größer
als irgendeiner in der Zwölferschar,
drum liebte ihn der leidende Erlöser,

von dessen Mantel er umfangen war;
der legte in des stillen Schülers Hut
das wenige, das ärmlich-heilige Gut.

II

Und als sie saßen in dem großen Saal,
da Jesus war im Weine und im Brote
und dunkle Worte sprach von seinem Tode,
hielt er sich fern vom letzten Abendmahl.

In seiner tauben Seele schrien Lust und Qual,
gebückt und scheuend stand der dumpfe Rote
wie ein Verstoßner und des Unheils Bote
und war doch ohne Weg und ohne Wahl.

Nur einmal war's, als ob der Menschensohn
ihn wie ein Vater milden Blicks umfing:
Da wusste er, nicht um den Silberling

verriet er ihn – allein um die Passion
und dass das Heil der Welt im Leid erkling,
tat er, was Not war, ohne Gunst und Lohn.

III

Da sich die Nacht zu ründen nun begann
und Jesus schrie zu Gott im Ölbaumgarten,
entsandte ihn der römische Tyrann,
des blutigen Dienstes ohne Zag zu warten.

Er küsste ihn – der Kuss war nicht Verrat,
war Abschied nur und Demut und Entsagen:
»Du musst das Kreuz – ich muss die Schande tragen,
doch unser, Meister, unser ist die Tat!«

Auf dass erfüllt sei, was geschrieben steht,
und sich die Welt im Blut des Lammes sühne,
tat all dieses, Judas, der Prophet.

Er aber frug ihn: »Was verrätst du mich?«
Und Judas schwieg im Gram und neigte sich,
doch war ein Lächeln in des Roten Miene.

IV

Dann hing sein Leben tot auf Golgatha.
Er stand von ferne, als der Vorhang riss;
da aber wusste er es ganz gewiss,
dass nur das Wort der Schrift an ihm geschah.

Der Lieblingsjünger war dem Kreuze nah
und hielt das Weib, das alle Kraft verließ.
Nur Judas, den die ganze Welt verstieß,
war einsamer als der auf Golgatha.

Und er ging hin, gleich wie der Menschensohn,
doch war kein Holz, das seiner sich erbarmte,
denn an ihm hing das Blut und hing der Lohn,

bis dass den Jünger Gott der Herr umarmte
und leise sprach in seinem Himmelston:
»Du bist nach ihm mein allerliebster Sohn.«

Ben-Chorin hält sich einerseits ganz eng und treu an die biblischen Vorlagen, noch ungetrübt von Nachfragen der historisch-kritischen Exegese, wenn er etwa andeutet, dass die Jünger Matthäus und Johannes auch die Autoren der ihnen zugeschriebenen Evangelien seien. Andererseits jedoch schiebt er in die biblischen Vorgaben eine radikal neue Deutung des Judas: nicht Verräter aus Boshaftigkeit, Geldgier oder Schwachheit – sondern »Prophet«, Mitwisser und Mittäter des Erlösungswerkes, schließlich Gottes zweitliebster Sohn! Hier wird tatsächlich eine wirkmächtige Umdeutung biblischer und vor allem wirkungsgeschichtlicher Stereotypik unternommen, verborgen im Gewande scheinbar traditionell-braver Sonette.

Das erste Sonett versucht Judas zu charakterisieren: Rothaarig und -bärtig sei er, dieses Merkmal übernimmt Ben-Chorin aus der Traditionsgeschichte und es stempelt Judas bereits zum Außenseiter, gezeichnet von der »Teufelsfarbe« rot. Außerdem ungelenk, ungeschickt, sprachlich wenig begabt, andererseits aber fromm und gläubig und deshalb von Jesus »geliebt«. Das zweite Sonett richtet den Blick auf die Abendmahlsszene. Judas war ausgeschlossen, ein Verstoßener und Verzweifelter, der doch »ohne Weg und ohne Wahl« war; er musste schlicht die Rolle ausfüllen, die ihm zugedacht war. Nicht Geldgier trieb ihn – das wird hier direkt zurückgewiesen –, sondern die Notwendigkeit, das Vorherbestimmte zu tun. Dritte Szene, drittes Sonett: Der Kuss! Hier findet sich die endgültige Umdeutung – nicht ein Verrat, sondern ein Abschied, im Bewusstsein, ein gemeinsames Werk zu tun. Auch Jesus spielt seine Rolle, indem er Judas zurechtweist, Judas wiederum weiß, das dies zu den »Spielregeln« gehört und kann deshalb lächeln. Letzte Szene: Der Tod. Während Jesus am Kreuz stirbt, wird Judas sich endgültig gewiss, das Notwendige getan zu haben. Nur so, über Verrat, Leiden und Tod, war das Erlösungswerk möglich, aber eben das *gemeinsame* Erlösungswerk von Judas und Jesus. Und während die Welt Judas auf ewig verdammt und verflucht, ist ihm himmlischer Lohn gewiss: Gott nimmt ihn an als zweitliebsten Sohn.

Judas als Miterlöser, der die ihm zugedachte Rolle im Heilsdrama spielt, weil es von Urzeiten an so festgelegt ist – faszinierend, wie instinktsicher Ben-Chorin aus der klassischen Vorstellung von Heilsgeschichte die Konsequenzen zieht. *Wenn* alles so vorherbestimmt war, *wenn* Erlösung nur über Auslieferung, Leiden, Tod und Auferweckung möglich war, dann ist seine Version die einzig plausible. Ungewollt entlarvt Ben-Chorin freilich zugleich die Absurdität einer solchen Vorstellung: Als wären Jesus und Judas nur Räder, die in vorgeprägten Radspuren ohnmächtig und ohne freien Willen liefen! Heilsgeschichte ist spätestens nach einem solchen Entlarvungsgedicht in derart einfachen Vorstellungen nicht mehr zu denken. Interessant jedoch, dass vierzig Jahre später *Walter Jens* in seinem Roman »Der Fall Judas« (1975) und noch einmal weitere vierzehn Jahre später in seinem Monolog »Ich, ein Jud. Verteidigungsrede des Judas Ischariot«[7] genau dieselbe Grundidee der Miterlöserschaft des Judas aufgreift und eindrucksvoll literarisch gestaltet.

Didaktische Verortung

Worin liegen die didaktischen Perspektiven dieses Sonettenkranzes? Grundsätzlich lassen sich an der Judas-Figur mehrere Dimensionen erschließen[8]: der Umgang mit Außenseitern, der Mechanismus des Sündenbocks als kollektiv-projektiver Umgang mit Schuld, aber auch ein provozierender Neublick auf Jesus selbst. Die Judas-Texte der Bibel ergeben kein stimmiges Bild, fordern gerade im Blick auf Jesus zu der Frage heraus: Kann das sein, dass Jesus einen seiner besten Freunde wissentlich in den Tod schickte; ist es denkbar, dass er Judas nur als Instrument missbrauchte? Für diese Fragen bieten die Texte von Ben-Chorin eine neue Perspektive.

Methodische Vorschläge

Da hier das klassische Judasbild infrage gestellt wird, legt sich eine Überprüfung an den Texten des Neuen Testamentes nahe. Bilder aus der Kunstgeschichte können dabei die Tendenz der Diabolisierung auf der einen, der antijüdischen Charakterisierung des Judas als »typischen Juden« auf der anderen Seite deutlich machen.

Als Vertiefung bietet sich schließlich der oben genannte Monolog von Walter Jens an, der den Grundgedanken dieser Sonette aufgreift, jedoch auf die Wirkungsgeschichte ausweitet: Hätte ein »Nein« des Judas zu der ihm zugedachten Rolle das Erlösungswerk gestoppt, gleichzeitig damit aber das Christentum gar nicht erst entstehen lassen, so jedoch auch die Unheilsgeschichte des christlichen Antisemitismus bis hin zu Auschwitz verhindert? Spekulativ-provokative Gedanken, die den Blick auf Jesus und das Christentum noch einmal neu schärfen können.

Peter Maiwald: Judas-Versionen

Das zweite Judas-Gedicht stammt von einem Lyriker der Gegenwart, von *Peter Maiwald* (*1946). Maiwald ist grundsätzlich dem Programm sozialistischer Literatur verpflichtet, versuchte zumindest in seinen frühen Lyrikbänden »Arbeiter-Literatur« zu schreiben. Mehr und mehr wendet er sich jedoch in den letzten Jahren eher klassischen Lyrikformen zu, öffnet sein Repertoire auch spielerischen Verfremdungen etwa der Bibel. So auch in seinem 1984 veröffentlichten Gedicht »Judas-Versionen«[9]: In diesem mit Aktualisierungen arbeitenden Gedicht spricht Judas selbst als lyrisches Ich und er gibt gleich zwei verschiedene Versionen zur Erhellung seiner Person: Judas, der Geldgierige, und Judas, der politische Eiferer. Diese Versionen werden hier nebeneinander gestellt, um die Fraglichkeit der klassischen Lesarten und Stereotype aufscheinen zu lassen.

JUDAS-VERSIONEN

1
Ich geb zu: ich war's.
Der Rest ist Legende. Die Silberlinge
warf ich in keinen Tempel, sondern
für einen überbezahlten Acker
in die Hand eines Wucherers.
Der mir zugesagte Strick
war meinem Ochsen angemessener
und die Geschichte meines Verrats
gab ich zum Besten den Zeitungen.
Die druckten, was überkam: das Papier
vergötzt den Fluch der bösen Tat.

2
Verräter nennen sie mich weil
ich sah dass die Sache schief ging
(von wegen: halt die andre Wange hin).
Ihn zu reizen, zurückzuschlagen
verriet ich ihn einzig
Petrus verstand meine Botschaft:
das abgeschlagne Ohr hörte
mehr als die unverletzten.
Die Silberlinge, die mir zur Last
gelegt wurden von der Geschichte
beschwerten meinen Strick, unwesentlich.

Gleich zu Beginn gesteht Judas hier lapidar zu: »Ich war's« – gemeint ist damit wohl: »Ich habe Jesus ausgeliefert.« Gleichzeitig wird jedoch jeglicher Versuch, diesem Verrat Tiefenbedeutung zu verleihen (auch eine solche wie bei Ben-Chorin) zurückgewiesen; das sei alles »Legende«. Er brauchte das Geld für die Rückzahlung einer Hypothek, außerdem verkaufte er seine »Story« vom vermeintlichen Verrat noch an die Presse, welche diese Art von Geschichten liebt. Doch nicht nur Geldgier trieb ihn, auch die Einsicht, »dass die Sache schief ging«: Gewaltlosigkeit schien ihm gerade ein Irrweg. Doch seine Provokation griff nur Petrus auf, als er einem Diener des Hohenpriesters das Ohr abschlug (Joh 18,10), niemand sonst, vor allem Jesus selbst nicht, dem die Provokation eigentlich galt. Judas aber – den Legenden gegenüber unempfindlich – kann hier mit seiner Last gut leben.

Didaktische Verortung

Das Gedicht von Maiwald bringt einen anderen Ton in die Annäherung an Judas und Jesus: alltäglich, lapidar, trocken. Verbunden mit der »inhaltlichen Zurechtrückung« kann gerade darin ein besonderer Reiz für Schülerinnen und Schüler liegen. Erneut geht es um jene didaktischen Dimensionen, die bei Ben-Chorin benannt wurden (vgl. S. 231). Auch hier steht der Kontrast von biblischem Text und literarischer Gegenversion im Zentrum. So wird über die Judas-Gestalt die vertiefte Rückfrage nach Jesus selbst und seinem Schicksal möglich.

29. Pilatus: Gerichteter Richter?

Seltsam, das Schicksal dieses römischen Präfekten Pontius Pilatus: Da wird er – eine mediokre historische Figur – in eine der undankbarsten Provinzen des Römischen Reiches geschickt: nach Palästina!, fällt dort in seiner Zeit als Statthalter von 26 bis 36 n. Chr. nicht weiter auf, kehrt nach Rom zurück und dort verliert sich seine Spur wieder im Dunst der Historie – und doch wird dieser Pilatus zu einem der berühmtesten Römer überhaupt. Neben Julius Caesar ist er jener Römer, dessen Name auch 2000 Jahre später noch am bekanntesten ist. Diese Berühmtheit verdankt sich der Aufnahme seines Namens in das christliche Glaubensbekenntnis: »gelitten unter Pontius Pilatus« – diesen Halbsatz sprechen, flüstern, beten Milliarden von Christen seit zwei Jahrtausenden.

Pilatus ist tatsächlich eine der wichtigsten Zugangsfiguren zum Jesusereignis. Da er zweifelsfrei die politische Verantwortung für die Kreuzigung Jesu trug, bleibt sein Schicksal als »Gegenspieler« Jesu genauso unklar wie das des anderen »Gegenspielers« Judas. Was für ein Mensch war dieser Pilatus in seiner Zeit und Gesellschaft; welche Rolle spielte er tatsächlich im Prozess Jesu; wie lebte er mit seiner Verantwortung für dessen Tod; und wurde seine bereits in den Evangelien erwähnte Frau tatsächlich zu einer der ersten Christinnen? Angesichts dieser Nachfragen und Ausdeutungspotenziale kann es nur wenig verblüffen, dass sich wie bei Judas zahlreiche eigenständige literarische Ausgestaltungen der Pilatus-Figur finden, zuletzt ergänzt um den Roman der Französin *Anne Bernet* »Ich, Pontius Pilatus. Die Memoiren eines Unschuldigen« (München 1999). Auch hier gilt wie bei Judas: Fast alle Romane, die sich auf Pilatus konzentrieren, sprechen ihn von seiner vermeintlichen Schuld frei, rehabilitieren ihn auf Kosten der traditionellen Lesart der Evangelien.

Georg Heym: Pilatus

In Gedichten finden sich jedoch nur wenige Spuren, die zu Pontius Pilatus führen. Sein Schicksal inspiriert offensichtlich eher Romane. Im Nachlass des früh verstorbenen *Georg Heym* (1887–1912), eines der bedeutendsten Lyriker des Frühexpressionismus, findet sich ein solches Gedicht über Pilatus[10], entstanden im Dezember 1911.

PILATUS

Ein Lächeln schiefen Grames, das verschwindet
Hinein in seiner Stirne weißes Tor.
Er sitzt auf seinem Stuhl. Seine Hände erhoben,
Brechen den Stab und fallen von oben.

Aber wie eine Blume voll grüner Helle
Leuchtet im Dunkel der Höfe der König der Juden,
Und die Stirn, die sie schattig mit Dornen beluden,
Brennt wie ein Stein in fahler Grelle.

Und der Gott steigt hinauf, von den Schultern gehoben
Riesiger Engel. Er singet, ein Schwan,
Leicht und klein fährt er auf, in strahlender Bahn,
und der Vater im Glanze wartet sein droben.

Aber der Richter am blauen Gebirge
Hänget im riesigen Mantel wie faltige Frucht.
Wilder kommt der Abend über die hallenden Öden,
Schweigsame Wasser fallen in grüner Schlucht.

Das wortgewaltige Vierstrophengedicht baut einen Gegensatz auf zwischen Pilatus auf der einen und Jesus Christus (hier »König der Juden« genannt, aber auch »Gott«) auf der anderen Seite. Die Pilatusstrophen eins und vier ummanteln dabei die Kernstrophen zwei und drei über Christus. Der Hauptgegensatz zwischen beiden liegt in der Bewegungsdynamik. Die Aussagen über Christus richten den Blick auf: Er »steigt hinauf« zu Gott, »fährt auf«, wird oben erwartet. Dagegen wird Pilatus mit der gegenläufigen Bewegung charakterisiert: Seine erhobenen Richterhände »fallen von oben« und das Schlussbild greift dieses Moment noch einmal auf: Die schweigsamen Wasser »fallen« , der Zusatz »in grüner Schlucht« verstärkt die Abgründigkeit dieser Bewegung. Die Spannung zwischen Pilatus und Jesus wird auch durch das Reimschema betont: Während in den »Pilatus-Strophen« jeweils zwei Zeilen ohne Reimpartner bleiben, sind die »Christus-Strophen« in vollendeter Harmonie im umschließenden Reim durchkomponiert. Die Farbmetaphorik verstärkt als drittes Element den Gegensatz: Während Christus als blühende »Blume voll grüner Helle« beschrieben wird, als Leuchtkraft, der »in strahlender Bahn« zum »Glanze« des Vaters auffährt, taucht das abendliche Schlussbild Pilatus in ein schattig-dunkles Blau und abgrunddunkles Grün.

Pilatus wird durch diese Gegensätze indirekt psychologisch ausgeleuchtet. Der »schiefe Gram«, der sich in seiner Stirn einnistet, wird in der Schluss-Strophe noch gesteigert: Der Richtermantel scheint ihm zu groß geworden, er selbst wirkt faltig zusammengeschrumpft. Seine Zukunft wird kurz angedeutet: »wilder« wird sie, einsam (»hallende Öden«), »schweigsam« und abgründig. Pilatus erscheint in diesem pathosgeladenen und symbolüberfrachteten Gedicht als Verlierer – Christus ist trotz oder gerade wegen seines Urteils aufgefahren in die göttliche Herrlichkeit, ihm selbst aber bleibt nur kummervolle Einsamkeit.

Methodische Vorschläge

Um der expressionistischen Sprachkraft dieses Textes nachzuspüren, empfiehlt es sich, das Gedicht Schülerinnen und Schülern zunächst als Lückentext zu präsentieren. Da Heym vor allem mit Adjektiven jene Stimmung erzeugt, die den Gegensatz Pilatus – Christus unterstreicht, sollte man diese Plätze zunächst als Leerstellen frei lassen (also: »schiefen«, »weißes«, »grüner«, »schattig«, »fahler«, »riesiger«, »leicht und klein«, »strahlender«, »blauen«, »riesigen«, »faltige«, »hallenden«, »grüner«). Die Schülerinnen und Schüler werden gebeten, zunächst den Text aufmerksam zu lesen, dann ihnen passend erscheinende Adjektive – nach Einfühlungsvermögen und struktureller Überlegung – einzusetzen. Nach dem Vergleich der Ergebnisse kann man per Abstimmung eine »Klassenversion« erstellen und diese mit Heyms Version vergleichen. Vor allem seine ungewöhnliche Farbmetaphorik wird sicherlich auffallen: Warum hat sich der Dichter wohl so entschieden? Welchen Effekt erzielt er durch seinen Text?

Didaktische Verortung

Didaktischer Ort eines Gedichtes zu Pontius Pilatus ist sicherlich vor allem eine Unterrichtseinheit zum Thema »Passion« mit der Fragestellung: Warum und wie wurde Jesus verurteilt, welche Rolle spielte Pilatus dabei? Um diese Frage persönlicher, emotionaler und existenzieller anzusprechen, kann ein Blick auf die – vor allem fiktiv erschließbare – Person des Pilatus hilfreich sein.

Kurt Marti: sub pontio et pilato

Dass Pilatus keineswegs nur als historische Figur betrachtet werden muss, sondern bis heute als idealtypisches Modell dienen kann, zeigt das zweite hier vorgestellte Gedicht. Die Aktualisierung stammt von dem Schweizer Dichterpfarrer Kurt Marti (vgl. S. 193). »sub pontio et pilatio«[11] erschien zuerst in dem frühen Gedichtband »geduld und revolte«, mit dem Marti 1963 erstmals ein größeres Lesepublikum auf sich aufmerksam machen konnte.

SUB PONTIO ET PILATO

gott
heißt es
lebt in unserer stadt

ich suchte
von pontius bis pilatus:
pontius hielt mich
für einen mormonen
pilatus
für einen zeugen jehovas –
beide beriefen sich
auf die kirchensteuer die sie entrichten
und baten mit nachdruck
in ruhe gelassen zu werden
da niemand wisse
was wahr sei

gott
heißt es
lebt in unserer stadt
sub pontio et pilato

Marti greift hier die gebräuchliche Redewendung »von Pontius zu Pilatus laufen« auf, mit der man ausdrückt, mühsam und letztlich vergeblich bei vielen Menschen um Unterstützung für sein Anliegen zu bitten. Dieses Anliegen ist hier – ungewöhnlich genug – die Suche nach Gott. Pilatus wird zum Prototyp des Kirchensteuerchristen, der sich die Frage nach Gott nicht mehr stellt, ja sich dagegen sträubt, danach überhaupt noch gefragt zu werden. Denn nur noch »Mormonen« oder »Zeugen Jehovas« wagen es, offen nach Gott zu fragen. Dass »Gott in unserer Stadt lebt«, wird so zur offenen Behauptung.

Didaktische Verortung

In dieser Aktualisierung wird ein bestimmtes Verhalten mit Pontius Pilatus assoziiert, das Sich-der-Gottesfrage-Verweigern. Dieses Verhalten findet sich sicherlich bei heutigen Schülerinnen und Schülern genauso wie in ihrem Umfeld. Mithilfe dieses Gedichtes kann genau diese Frage thematisiert werden:

Kennen wir Menschen, die sich so verhalten? Welche Gründe für ein solches Verhalten würden sie wohl anführen? Und welches andere Verhalten hätte der Dichter erwartet oder erhofft? Wie sollte »Christsein heute« aussehen? Die Frage nach der »Schuld des Pilatus« wird so zur Frage nach dem Leben heute.

30. Ostern: Auferstehungsspuren heute?

Jedes Jahr werden immer wieder neue Anthologien mit Ostertexten[12] publiziert. Wirklich gute literarische Texte zu Ostern sind jedoch äußerst selten. Offenbar entzieht sich das Ostergeheimnis der sprachlich-direkten Darstellung. Denn wie will ein Literat Ostern glaubwürdig in Sprache setzen: Als historischen Bericht? Als individuelles Erleben eines Zeitzeugen? Als bloß psychisches Erlebnis? Letztlich überzeugen können diese Vorschläge nicht. In historischer, rückwärts gewandter Erinnerung scheint das Osterereignis kaum glaubwürdig in literarischer Sprache aussagbar zu sein. Wie die Auferweckung Jesu sich vollzog, ist schon in theologischer Sprache kaum adäquat zu fassen, und auch die Evangelien schweigen sich über das konkrete »Wie« programmatisch aus: Auferweckung ist ein »Geheimnis«, dessen Sprache jeder Einzelne letztlich nur selbst sprechen und verstehen kann.

Diese Vorbemerkung darf jedoch nicht zu der Schlussfolgerung führen, dass man über Ostern schweigen müsste. Gerade Schriftstellerinnen unserer Zeit zeigen Wege auf, wie man angemessen von Auferweckung sprechen kann: in Aktualisierung, in persönlicher Rede davon, was Ostern hier und heute bedeuten kann, in der Rückgabe dieser Frage an die Leserinnen und Leser selbst.

Marie Luise Kaschnitz: Auferstehung

Der erste Text stammt von *Marie Luise Kaschnitz* (1901–1974). Tod, Auferweckung und Leben nach dem Tod gehören zu den wichtigsten Themen des schriftstellerischen Wirkens[13] der bekennenden evangelischen Christin, die sich freilich niemals als »christliche Dichterin« verstanden hat. Das hier aufgenommene Gedicht »Auferstehung«[14] stammt aus dem Gedichtband »Dein Schweigen – Meine Stimme« von 1962, der sich insgesamt vor allem mit dem Problem des Weiterlebens der Dichterin nach dem Tod ihres Ehemannes auseinander setzt.

AUFERSTEHUNG

Manchmal stehen wir auf
Stehen wir zur Auferstehung auf
Mitten am Tage
Mit unserem lebendigen Haar
Mit unserer atmenden Haut.

Nur das Gewohnte ist um uns.
Keine Fata Morgana von Palmen
Mit weidenden Löwen
Und sanften Wölfen.

Die Weckuhren hören nicht auf zu ticken
Ihre Leuchtzeiger löschen nicht aus.

Und dennoch leicht
Und dennoch unverwundbar
Geordnet in geheimnisvolle Ordnung
Vorweggenommen in ein Haus aus Licht.

Auferstehung ist in diesem Gedicht ein Ereignis, das sich nicht nach dem Tod, sondern mitten im Alltag ereignet. Es trifft uns »mit Haut und Haar«, ganz real, aber nicht so, dass sich die Welt deshalb sofort radikal verändern würde – davon sprechen die ersten drei Strophen des Gedichtes. Keine Flucht in ein vermeintliches »Paradies« (»Fata Morgana von Palmen«), keine biblische inspirierte Vision von zahm gewordenen Raubtieren – Auferstehung betrifft »nur das Gewohnte«. Kein Fallen aus der Zeit, sondern ein Bleiben in diesem Körper, in dieser raum-zeitlichen Wirklichkeit. Die Schluss-Strophe versucht schließlich nicht nur Absagen an »falsche« Auferstehungsbilder zu zeichnen, sondern eigene positive Setzungen auszuprobieren: »Leicht« fühlen und wissen sich Menschen, die solche Erfahrungen machen, »unverwundbar« und »geordnet« nach nicht von Menschen bestimmter Ordnung. Diese Leichtigkeit, Unverwundbarkeit und Ordnung ist gegründet in dem Gefühl, aufgenommen zu sein in ein »Haus aus Licht«, nicht im Sinne einer Entrückung, sondern im Gefühl einer »Vorwegnahme«. Mit diesem Begriff deutet die Lyrikerin auf eine andere Dimension. Zwar beschreibt ihre Auferstehung ganz und gar ein diesseitiges Ereignis im Alltag, in unserem Körper und unserem Umfeld, aber was dort erfahren wird, ist »Vorwegnahme« einer anderen Realität. Auferstehung im Leben ist so Vorerfahrung eines anderen Seins, das selbst nicht näher beschrieben wird.

Ist die beschriebene »Auferstehung« im Blick auf das christliche Credo eine Zurücknahme, eine Enttäuschung, ein »Zuwenig«? In dem thematisch ganz eng mit diesem Text verwandten Gedicht aus dem Band »Kein Zauberspruch« von 1972 mit dem Titel »Ein Leben nach dem Tode« weist Kaschnitz solche Anfragen zurück. Dort schildert sie in eigenen Bildern ihre Hoffnung auf ein »Jenseits«. Die Schlussverse des Gedichtes passen auch gut auf unseren Text: »Mehr also fragen die Frager / Erwarten Sie nicht nach dem Tode? / Und ich antworte / Weniger nicht.«[15]

Methodische Vorschläge

Das Gedicht »Auferstehung« von Kaschnitz könnte einigen Schülerinnen und Schülern irgendwie bekannt vorkommen. Das dürfte jedoch weniger an dem Text selbst als vielmehr an dessen Rezeptionsgeschichte liegen. Er war nämlich direkter Anstoß für ein Lied des »neuen religiösen Liedgutes«[16], das in kirchlichen Jugendkreisen weit verbreitet ist. *Alois Albrecht*, einer der wichtigsten Textschreiber in der Aufbruchsphase des »neuen religiösen Liedes« Anfang der siebziger Jahre, las Kaschnitz' Gedicht und war beeindruckt. Er griff die Grundidee auf und schrieb daraufhin sein Lied »Manchmal feiern wir mitten am Tag ein Fest der Auferstehung«. *Peter Janssens* schrieb die Melodie für die LP »Ihr seid meine Lieder«, die 1974 auf den Markt kam. Seitdem ist das Lied in unzähligen Vervielfältigungen erhältlich und bekannt.

Diese Rezeptionsspur vom Gedicht zum Lied bietet besondere Möglichkeiten für die Unterrichtgestaltung, die in einer thematischen Ostereinheit am besten platziert sein dürfte. Nach einem Blick auf die biblischen Auferstehungstexte erfolgt gewöhnlich der schwierige Brückenschlag in die Gegenwart: Was kann Auferstehung/Auferweckung heute bedeuten? Statt Schülerinnen und Schüler unstrukturiert ihre Vorstellungen äußern zu lassen, kann zunächst als Beispieltext das Gedicht von Kaschnitz vorgestellt werden: Was heißt für Kaschnitz Ostern? Überzeugt uns ihre Deutung? Von hierher bietet sich der Schritt zum Lied an: Wie deutet Albrecht seinerseits Ostern im Lichte des Gedichtes? Geht Ostern auf in »Stunden werden eingeschmolzen und ein Glück ist da« / »Sätze werden aufgebrochen und ein Lied ist da« / »Waffen werden umgeschmiedet und ein Friede ist da« / »Sperren werden übersprun-

Manchmal feiern wir mitten im Tag

T: Alois Albrecht
M: Peter Janssens

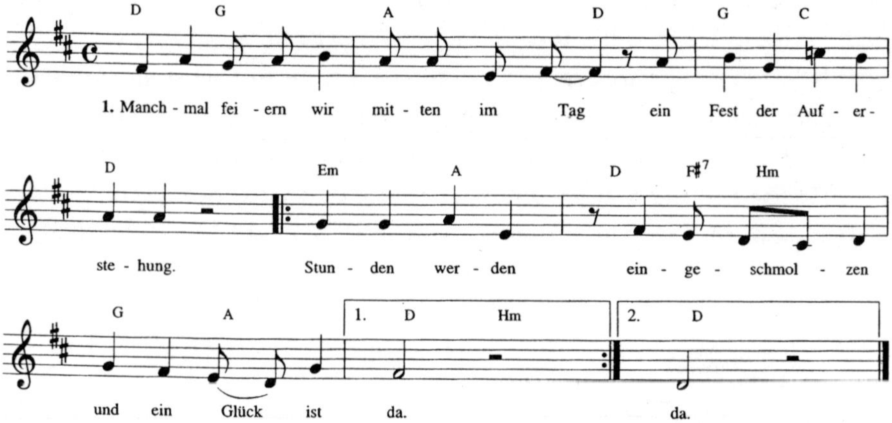

2. Manchmal feiern wir mitten im Wort / ein Fest der Auferstehung / Sätze werden aufgebrochen / und ein Lied ist da.

3. Manchmal feiern wir mitten im Streit / ein Fest der Auferstehung / Waffen werden umgeschmiedet / und ein Friede ist da.

4. Manchmal feiern wir mitten im Tun / ein Fest der Auferstehung. / Sperren werden übersprungen / und ein Geist ist da.

Aus: Ihr seid meine Lieder, 1974.

gen und ein Geist ist da« – so die verdeutlichenden Strophenverse des Liedes? Wie wirkt der gelesene Text, wie hingegen der gesungene? Wo überzeugt das Gedicht, wo das Lied?

Ingeborg Drewitz: Ostern

Der zweite Ostertext konfrontiert die Botschaft der Kirchen mit der Alltags- und Festtagswirklichkeit unserer Gegenwart. Er stammt von der Berliner Schriftstellerin *Ingeborg Drewitz* (1923–1986), die zunächst als Dramatikerin, später dann vor allem als Erzählerin und Lyrikerin immer wieder die Kontaktlosigkeit der Menschen im Großstadtbetrieb der Moderne thematisiert hat. Mehrfach griff sie dabei biblische Spiegelbilder zur Beleuchtung der Gegenwart auf. Ihr Gedicht »Ostern«[17] wurde 1978 erstmals veröffentlicht.

OSTERN

Vier freie Tage. Was reden sie
von Karfreitag und Kreuzigung
und dass einer auferstanden ist.
Auf den Autobahnen staut der Verkehr.

Übliche Unfälle, was reden sie
von Karfreitag und Kreuzigung?
Für die Ostertoten steht die Versicherung ein.
Was soll's, normale Opfer.

Und da sagt einer, wir verstehen ihn nicht,
er ist für die Menschen gestorben,
wie ein Verbrecher ans Kreuz geschlagen.
Richtig, sagen alle, wir verstehen das nicht.

Es geht uns nichts an, sagen sie, sagst du,
wahrscheinlich ein Spinner, aber wir
haben vier freie Tage vor uns.
Die Radio- und Fernsehprogramme spielen noch Ostern.

Das Gedicht arbeitet mit Gegensätzen: Auf der einen Seite stehen »sie«, diejenigen, die als Christen die Osterbotschaft im biblischen Sinne verkünden: »von Karfreitag und Kreuzigung« reden sie, und davon, »dass einer auferstanden ist«, dass er »wie ein Verbrecher ans Kreuz geschlagen«, dass er »für die Menschen gestorben« ist. Diese Auffassung wird – so die Schlusszeile – in den Medien immer noch »gespielt«, aber nur noch als Worthülse. Die religiösen Aussagen werden in diesem Gedicht von vornherein als die Überzeugungen anderer dargestellt, die von »nicht Betroffenen« wiedergegeben wird. Diese Distanzierung und Absetzung wird immer deutlicher: »Wir verstehen das nicht«, sagen »alle«, das ist doch nur die Geschichte von einem »Spinner«.

Die andere Seite der Festtagsmentalität ist realistisch gezeichnet: »vier freie Tage«, das ist wichtig; Kurzurlaubsreisen und Staus, das gehört zu den normalen Konsequenzen; Unfalltote – auch das gehört dazu; »Ostertote« wird hier neu definiert, getragen wird der Schaden durch die Versicherungen. Die Schluss-Strophe des Gedichts holt diesen grundsätzlichen Gegensatz von religiöser Osterbotschaft und realistischer Alltagsgestaltung näher an die Leserinnen und Leser heran. Dass uns diese Geschichte um Jesus nichts angeht, haben »alle« gesagt, dann aber wird betont: »sagst du«. Die Lesenden werden so direkt in diese Meinung eingeschlossen – und herausgefordert, das zuzulassen oder bewusst von sich zu weisen.

Didaktische Verortung und methodische Vorschläge

Diese dialogische Herausforderung macht das Gedicht auch für Schülerinnen und Schüler interessant. Der Text ist schon in der Sekundarstufe I problemlos einsetzbar, schildert er doch eine Lebensrealität, die vielen Schülerinnen und Schülern vertraut ist. Der Konflikt, der in diesem Text geschildert wird, und seine Absetzung von der christlichen Tradition nimmt die Position vieler Schülerinnen und Schüler auf und gibt ihr Wort. Und doch provoziert das »sagst du« die Nachfrage und das Nachdenken. Weisen wir die christliche Position wirklich so klar zurück? Ist das alles tatsächlich so völlig überholt? An diesem Punkt können sich Gespräche entzünden, in denen unterschiedliche Auffassungen Platz haben dürfen. Das Gedicht eignet sich so gut zu einem Einstieg in eine Unterrichtseinheit zur Frage nach Tod und Auferweckung. Nach einer biblischen Vertiefung kann am Ende ein Rückblick auf das Gedicht von Drewitz helfen, die Frage noch einmal aufzuwerfen: Sagst du, das »geht uns nichts an«?

Neunte Abteilung: Auf dem Weg zur Weltreligion

Die letzte Abteilung unseres Durchgangs durch die Bibel im Blick auf ihre Rezeption in Gedichten des 20. Jahrhunderts spannt den Bogen aus von der Ausformung und Ausbreitung des Christentums durch Paulus bis hin zu Gedanken über das Weltende im Bild der Apokalypse. Ein letztes Mal wird dabei die unlösbare Verkoppelung von Altem und Neuem Testament, von Judentum und Christentum deutlich: Paulus ist Jude von Herkunft, Jude im Glauben und Jude im Tod; die Apokalypse ist eine Vorstellung, die aus dem späten Judentum kommt, festgehalten vor allem im Danielbuch, und im Judentum zur Zeit Jesu und nach seinem Tod selbstverständliche Verbreitung fand.

31. Paulus: Jude bis zuletzt

Paulus wird in religionspädagogischer Hinsicht vor allem als Gestalt genutzt, an der man die Ausbreitung des Christentums aufzeigt und das spezifisch christliche Profil in Absetzung vom »Jüdischen« herausarbeitet. Dass Schaul – so der jüdische Name des Zeltmachers und Rabbi aus der Hafenstadt Tarsus – selbst Jude war und selbstverständlich blieb, gerät dabei viel zu häufig aus dem Blick. Nie stellt er die besondere und bleibende Bedeutung des Judentums infrage, nie weicht er von der Verkündigung des *einen* Gottes ab. Im Blick auf Christus wird ihm nur klar, dass das Heil vorbehaltlos allen Menschen offen steht. So wird man Paulus didaktisch nicht gerecht, wenn man ihn ausschließlich als Missionar der neuen Religion, ausschließlich als Theologen der Rechtfertigungslehre darstellt. Seine Gestalt ist viel zu spannend, eckig, widerspenstig und uneinheitlich, als dass man sie derart glattbügeln dürfte. Das Spektrum weiterer Anknüpfungsmöglichkeiten ist groß: Was heißt »Berufung« – Vision, Audition, Fantasie, Psychose,

Legitimationserfindung? Wie entwickelt sich theologisches Denken – schrittweise, assoziativ, situativ, kreativ, dialogisch, ohne Ewigkeitsanspruch? Was treibt einen Menschen zu einem solchen Lebenswerk? Wo trennen sich Standfestigkeit und Konfliktfähigkeit von Starrsinn, Egozentrik und Eitelkeit? Wie konstitutiv sind theologische Gedanken der Anfangszeit des Christentums? Was verbindet, was trennt Judentum und Christentum? Im Kontext all dieser Fragen erweist sich Paulus als eine der großen Gestalten der Menschheitsgeschichte.

Im Blick auf die künstlerische Rezeption[1] zeigt sich eine erstaunliche Zurückhaltung, was die Gestalt des Paulus betrifft. Als historische Figur ist Paulus sicherlich interessant, als theologische Figur hingegen äußerst komplex und schwierig. An diese Dimension des Paulus wagen sich gerade Schriftstellerinnen und Schriftsteller nur selten heran. Zwei Ausnahmen möchte ich hier jedoch aufnehmen.

Konrad Weiß: Wie Saulus

Das erste Gedicht stammt von dem heute nur noch wenig bekannten katholischen Lyriker *Konrad Weiß* (1880–1940). Als Redakteur der katholischen Kulturzeitschrift »Hochland« war ihm eine Verbreitung spezifisch katholischen Gedankengutes nicht nur in seinem journalistischen Schaffen wichtig, sondern gerade auch als Lyriker. Seine Gedichte voll mystischer Gedankentiefe und schwerblütiger Bildlichkeit entsprechen dabei dem Gefühl seiner Zeit, finden heute jedoch nur noch wenig Verständnis. Das Gedicht »Wie Saulus«[2] stammt aus dem Nachlass des Dichters und wird in den späten dreißiger Jahren als Spätwerk verfasst worden sein. In diesem pathosgefüllten Gedicht vergleicht Konrad Weiß sein eigenes Schicksal und das Schicksal der Menschen allgemein mit dem des Saulus vor der Berufung. Die biblische Gestalt wird hier zur hoffnungstragenden Identifikationsfigur auf der irrenden Wegsuche der Menschen:

WIE SAULUS

Mit blindem Angesicht
wir im naturverstörten Pfade
gerufen, stockend, stürzend zum Gericht,
wie ist der Weg in unsrer Brust gerade,
so dass wir nimmer
an einem finstern Ort des eignen Laufs
zurück ihn finden und des schweren Kaufs
der Seele nur bewusster vorwärts müssen;
wir sind nicht mächtig über unsern Füßen,
jedoch der Schimmer,
der uns geleitet, ohne zu ermatten,
vorwärts in unsern dunklen Schatten,
bleibt der barmherzig starke Strahl der Gnade.

Der Text, gebunden in ein kompliziert-unregelmäßiges Reimschema, treibt über mehrere Schachtelsätze dem Ende entgegen. Erst der Schlusspunkt ganz am Ende bringt die Dynamik der vielen »Komma-Sätze« zu einem Halt. Diese syntaktische Struktur spiegelt den Inhalt. »Wir« – die Menschen – treiben auf »naturverstörten Pfaden«, atemlos vorwärts getrieben, »blind«, »stockend«, »stürzend«, »nicht mächtig«. Was treibt uns voran durch diese düstere Welt der »dunklen Schatten«? Ein »Schimmer«, ein Hoffnungsfunken, schließlich aufgelöst als »der barmherzig starke Strahl« der göttlichen Gnade. Menschsein, das ist hier das Ausgesetztsein auf dem »natürlichen Pfad«, das haltlose Getriebensein, das allein durch die Kraft der göttlichen Gnade Sinn, Richtung und Hoffnung erhält. Schildert das Gedicht zu Beginn eine Art »Adamsexistenz« nach der Vertreibung aus dem Paradies, wird dieser Adam (= Mensch) am Ende aufgenommen in die Gnade. Hier liegt offensichtlich auch die Verbindung zu Saulus, die ja nur im Gedichttitel aufgerufen wird: Auch dieser ein Getriebener, Ausgesetzter, Gehetzter – bis sich ihm die göttliche Gnade offenbarte.

Methodische Vorschläge

Für Schülerinnen und Schüler ruft dieser Text in Form und Inhalt eine Welt auf, die vielen fremd sein wird. Fremdheit muss jedoch nicht in jedem Falle abstoßen, kann vielmehr auch zur näheren Auseinandersetzung herausfordern. Da das Gedicht die direkte Verbindung zu Saulus/Paulus nur im Titel nennt, bietet es sich an, den Text zunächst ohne Titel zu präsentieren. Im Kern der Betrachtung kann dabei vor allem das Menschenbild stehen: Wie wird hier Menschsein beschrieben? Welche Rolle kommt der Religion zu? Im zweiten Schritt können die Schülerinnen und Schüler Vorschläge für einen passenden Titel suchen, die diskutiert und gewertet werden, um so eine vertiefte Textbegegnung zu ermöglichen. Der tatsächliche Titel wird sicherlich überraschen. Von ihm aus wird ein Zugang zum biblischen Saulus/Paulus möglich: Was verbindet ihn mit der im Gedicht geschilderten Erfahrung? Das Gedicht kann so den Auftakt zu einer Unterrichtseinheit über Paulus in der Sekundarstufe II bilden.

Franz Werfel: Der Tod des Paulus

Während bei Konrad Weiß durch das Schema »radikale Verlorenheit« gegen »Gnade allein in Christus« ein impliziter Antijudaismus durchscheint, setzt das zweite hier aufgenommene Paulus-Gedicht einen ganz anderen Akzent. Es stammt von *Franz Werfel* (1890–1945), der sich als Jude wie wohl kein anderer Schriftsteller des 20. Jahrhunderts voller Sympathie mit dem Christentum auseinander gesetzt hat, ohne doch Christ zu werden. Vor allem als Romancier ist Werfel eine zentrale Größe der deutschsprachigen Literatur der ersten Hälfte im 20. Jahrhundert. Seine Gedichte, angefangen von den expressionistischen Texten bis hin zu fast liturgisch anmutenden Werken am Ende seines Wirkens, harren noch der Wiederentdeckung. Die intensive literarische Beschäftigung mit Paulus ereignet sich bei Werfel vor allem im Drama. 1926 veröffentlicht er das bis heute in Dramaturgie und Theologie höchst lesenswerte Drama »Paulus unter den Juden«, in dem er die epochale Schnittstelle zwischen Judentum und Christentum in der Person des Apostels zusammenführt. Der »Tod des Paulus«[3] – so der Titel eines Gedichts, das 1927 erstmals veröffentlicht wurde – entsteht sozusagen als »Randprodukt« dieser intensiven Auseinandersetzung mit Paulus, der für Werfel persönlich eine ideale Identifikikifationsfigur ist: eine Jude, der sein Jude-Sein in der Konfrontation mit Christus sprengt und doch ganz Jude bleibt.

Werfel versetzt seine lyrische Auseinandersetzung mit Paulus in die Arena der christlichen Märtyrer in Rom. Wie kann man sich das Ende dieses Getriebenen, Berufenen, Christus-Besessenen vorstellen?

DER TOD DES PAULUS

(Ein Epilog)

Auf seinem schwarzen Koffer, wie ihn Soldaten haben,
Hockt Rabbi Schaul, der Alte und schweigt vor sich her,
Doch die Andern, den Kopf im Tallis vergraben,
Nicken und beten, alte Juden, wie er.

Ihren Kerker durchsickern Romas Aborte.
Selbst der Krug und das Brot sind scheußlich befleckt.
Immer noch nichts! Sie warten auf die Kohorte,
Welche das Todesurteil Cäsars vollstreckt.

Schaul weiß nichts mehr von den durchmessenen Reichen,
Nichts von Damaskus, dem Anschrei des Feuerscheins,
Nichts von Verfolgung, von Schiffbruch, von Rutenstreichen,
Von den fünfmal Vierzig weniger eins.

Nur noch Straßen, grelle, rennen und drängen
Ihm vor den Augen, Straßen steinig und schlecht,
Straßen sieht er am Himmel des Kerkers hängen,
Seine Straßen, ein blendendes Blitzgeflecht.

Nun sich die anderen Stimmen steigern und paaren
Zu dem Segen, wie er geboten steht,
Wenn man auszieht, um heim nach Zion zu fahren,
Singt und nickt auch der Rabbi das heilge Gebet.

Und er sieht nach der Sonne, die hoch schon geklommen,
Wie ein Reisender ausschaut nach seinem Schiff,
Ungeduldig nach Hause, nach Haus zu kommen,
Heim zu Messias, zu Israels Inbegriff.

Das sechsstrophige Gedicht – konventionell gebaut in kreuzreimigen Vierversstrophen – malt ein psychologisch ausdeutendes Gemälde: Paulus, am Ende wieder »Schaul« genannt, blickt auf sein Leben zurück, ein Jude unter anderen Juden, weggesperrt in die schaurigen Verliese Roms, in Erwartung der Vollstreckung des Todesurteils in der Arena. Was bleibt vom Leben? – Ein »schwarzer Koffer« wie von einem Soldaten, einem »Soldaten des Glaubens«. Was bleibt an Erinnerungen? – Nicht die Faszination der bereisten Länder, nicht die Erinnerung an die Berufung, auch nicht an die Qualen. Allein ein Gewirr von Wegen und Straßen, die ihm wie ein »Blitzgeflecht« scheinen. Herausgerissen aus dieser krampfhaften Erinnerung wird er durch den Betgesang der anderen Juden, die den Betmantel (»Tallis«) umgebunden haben und ihr Gebet mit der messianischen Hoffnung auf eine Rückkehr nach Zion beschließen. Und Schaul – Jude unter Juden bis zuletzt – stimmt ein in das Gebet.

Methodische Vorschläge

Der Text füllt jene historische Lücke, die den Tod des Paulus betrifft. Wir wissen darüber nichts Genaues. Gerade hier setzt das Gedicht historisierend und psychologisierend ein, um die bleibende Beheimatung des Paulus im Judentum zu betonen. Dieser Punkt sollte auch für Schülerinnen und Schüler im Zentrum stehen. Methodisch ist es möglich, die sechs Strophen ungeordnet zu präsentieren mit der Aufforderung, die richtige Reihenfolge herzustellen, um so die Textbegegnung zu intensivieren. Zuvor sollten die Schülerinnen und Schüler jedoch selbst darüber nachdenken, was diesem Paulus – den sie zuvor näher kennen gelernt haben – am Ende seines Lebens wohl durch den Kopf gehen könnte. Nennen sie Aspekte aus Strophe drei, die Werfel zurückweist? Warum weist er diese Punkte zurück? Wie kommt Werfel zu seiner Schwerpunktsetzung? Am Ende einer Unterrichtseinheit zu Paulus kann so dessen bleibende Verwurzelung im Judentum noch einmal betont werden.

32. Apokalypse: Blick auf das Ende

Die apokalyptische Tradition der Bibel schaut in Visionen auf das Ende der Zeit. Obwohl dabei vor allem Untergangsbilder mit zum Teil blutrünstiger Fantasie gemalt werden, versteht sich die apokalyptische Tradition als Hoffnungsbotschaft. Apokalyptisches Gedankengut kommt immer dann auf, wenn jegliche diesseitige Hoffnung enttäuscht worden ist und auch künftig unmöglich erscheint. Hoffnung ist dann nur noch als radikal jenseitige Perspektive denkbar, die wiederum ein Ende des Diesseits voraussetzt. Derartige Bedingungen fanden sich etwa im Judentum zur Zeit des Danielbuches und bleiben bis über die Zeit Jesu hinaus präsent. In der deutschsprachigen Literatur[4] finden sich mehrere apokalyptische Schübe, die jeweils nur wenige Jahre spürbar wurden. Die erste »apokalyptisch fruchtbare« Periode fällt in die Zeit des Expressionismus, in die Jahre zwischen 1910 und 1920. Der Zusammenbruch des bürgerlichen Weltbildes und der Utopie der Machbarkeit, welche die Moderne ausgeprägt hatte, wurde von vielen jungen Sprach- und Bildkünstlern schon zu Beginn des Jahrhunderts wahrgenommen, noch bevor er sich im Ersten Weltkrieg grauenhaft ins allgemeine Bewusstsein drängen würde.

Hugo Ball: Das ist die Zeit

Im Folgenden soll ein eher weniger bekanntes, aber für Genre und Aussage absolut typisches Gedicht von *Hugo Ball* (1886–1927) betrachtet werden. Ball, später Konvertit zum Katholizismus, gilt vor allem als entscheidender Wegbereiter des expressionistischen Theaters und dann des Dadaismus. Als Lyriker ist er weniger bekannt. Aus der Zeit des Ersten Weltkriegs stammt sein Sonett »Das ist die Zeit«[5].

DAS IST DIE ZEIT

Das ist die Zeit, in der der Behemot
Die Nase hebt aus den gesalzenen Fluten.
Die Menschen springen von den brennenden Schuten
In grünen Schlamm, den Feuer überloht.

Die Seelen sind verkauft in Trödelbuden
Um weniges Entgeld und ohne Not,
Die Herzen ausgelaugt, die Geister tot.
Gesträubte Engel gehen um mit Ruten.

Sie dringen würgend in die Häuser ein,
Und ihrem Grimme widersteht kein Riegel,
Sie schwirren ums Gesims der Sakristein

Und reißen mit sich Lattenwerk und Ziegel,
Ihr Atem dampft. Ein schwarzer Sonnenschein
Hängt wie Salpeter überm Höllentigel.

Die apokalyptische Grundstimmung der Wirklichkeitszertrümmerung wird hier vor allem in biblischen Bildern ausgemalt. Typisch für den Expressionismus ist das Gedicht weniger in der dort eher selten gewählten Form des Sonetts als in seiner stark visionell geprägten, oft plakativen Bildlichkeit. Der im ersten Vers buchstäblich auf-tauchende »Behemot« ist – zusammen mit dem häufiger literarisch aufgegriffenen »Leviathan« – im Buch Ijob ein mythisches Meeresurtier, das die vor und neben Gottes Schöpfungsmacht existierenden Grundkräfte des Chaos verkörpert. Die Zeit des Behemot ist die Zeit des Untergangs, des Höllenfeuers, des Chaos, der Rückgewinnung jener Urzeit, die vor Gottes ordnendem Schöpfungswirken herrschte. Herbeigeführt wird der Untergang der Menschheit von jenen Rache- und Würgeengeln, von denen auch im biblischen Buch der Apokalypse, in der Offenbarung des Johannes, die Rede ist. Derartige endzeitliche Richterfiguren und Rachegestalten gehören zum festen Repertoire apokalyptischer Rede.

Schlechte Zeit für Menschen: Sie mögen aus ihren brennenden Booten (dafür steht das alte Wort »Schuten«) springen und sich im Schlamm verstecken, ihr Untergang ist doch gewiss: Verkauft sind ihre Seelen, verdorrt ihre Herzen, vertrocknet der Geist, so die zweite Strophe. Das unbarmherzige Wirken der dampfschnaubenden Todesengel wird im abschließenden Doppeldreizeiler beschrieben: Ob in Häusern oder Kirchen – es gibt kein Entkommen. So schließt das Sonett mit dem trostlosen Bild: Die Erde ein Höllenschlund, über ihr liegt giftig-ätzendes Gas, das Sonnenlicht ist paradoxerweise schwarz. Und all dies steht unter dem Motto des »Das ist die Zeit«: Jetzt ist sie da, die Apokalypse, das Weltende. Kein Warntext liegt hier vor, kein Mahngedicht; kein Hoffnungsausblick auf das Jenseits wird gestattet, nicht einmal ein Beklagen des Schicksals. Apokalyptisches Sprechen ist hier schlicht benennend-konstatierende Vision.

Didaktische Verortung

Didaktisch betrachtet fällt der Bereich der Apokalyptik in das große Feld der Eschatologie, dem Blick auf das Ende der Welt. Dieser Bereich ist wiederum eng verknüpft mit der Schöpfungstheologie, bilden doch Vorstellungen von Weltanfang und -ende den Rahmen für eine Betrachtung des irdischen Lebens. Diese Fragen nach dem Woher und Wohin des Seins – individuell wie allgemein – sind für Schülerinnen und Schüler immer dann interessant, wenn sie versuchen ihr eigenes Leben im Weltganzen zu verankern. Solche Fragen nach dem Sinn des Lebens und nach dem Ziel menschlichen Daseins sind also untrennbar mit den Grundfragen nach Schöpfung und Eschatologie verknüpft. Eines der Grundziele von Unterrichtseinheiten in diesem schwierigen, aber zentralen Bereich liegt sicherlich darin, dass Schülerinnen und Schülern erkennen: Alle Aussagen in diesem Bereich können immer nur Bildaussagen sein, Sehnsuchts- wie Hoffnungsbilder. Das ist schon in der Bibel selbst so, gilt aber umso mehr für heutige Aussagen. Nicht um eine Einschätzung von »richtig« oder »falsch« geht es also bei solchen Bildern, sondern um die Frage »hilfreich« oder »nichtssagend«, »erfahrungsgedeckt« oder »fantastisch«.

Methodische Vorschläge

Da es sich bei apokalyptischer Sprache um Bildsprache handelt, legt es sich nahe, neben biblischen Texten konkrete Bilder zur Veranschaulichung anzubieten: Bilder aus der Kunstgeschichte ebenso wie Bilder aus der Sprachgeschichte, der Literatur also. Interessant wäre hierbei eine genaue Analyse der Reaktionen: Was lösen optische Bilder aus, was sprachliche? Wo sind optische Bilder durch den Konsum von Horrorfilmen bis zur Lächerlichkeit verbraucht, wo produzieren Sprachbilder Visionen, die wiederum ihr Bildmaterial aus Filmen schöpfen? Schließlich: Warum greift die Bibel, warum greifen Künstler überhaupt zum apokalyptischen Ausdruck?

Das Sonett von Hugo Ball bietet sich für ein solches Verfahren geradezu an. Methodisch lässt sich hier gut mit dem Verfahren der kombinierten Text-Bildcollage arbeiten. Dazu wird das Sonett in die Mitte eines DIN-A3-Plakats geklebt. In Gruppen wird um den Text herum Bildmaterial aus aktuellen Zeitungen geklebt, zusätzlich können Bildelemente hinzugefügt werden (z.B. der zuvor erklärte »Behemot«). So wird apokalyptisches Gedankengut nicht nur rezipiert, sondern kreativ verarbeitet. In einer Schlussreflexion kann man gemeinsam überlegen: War das nur »Spaß«, »Pflichtübung«, »befremdlich«? Was löst das Arbeiten mit solchen Texten und Bildern aus? Das didaktische Ziel liegt dabei darin, die Dimension von Apokalypse als »Hoffnungssprache« im Sinne einer sperrig bleibenden Provokation nicht aus den Augen zu verlieren.

Hans Magnus Enzensberger: Vom Leben nach dem Tode

Eine zweite Welle apokalyptischer Gedanken erfasste vor allem dezidiert christliche Schriftsteller in den Jahren von 1933 bis 1945. Unter der Naziherrschaft bot ihnen ein Blick auf die biblische Apokalypse ein Deuteschema für die Zeitereignisse und damit zugleich die Möglichkeit, an einer letzten Hoffnung festzuhalten. Vor allem von Reinhold Schneider[6] – oben mit seinem Maria-Gedicht vorgestellt (S. 203) – liegen hierzu eindrückliche Texte vor. Die dritte und letzte apokalyptische Phase im 20. Jahrhundert wurde durch ökologische Katastrophen ausgelöst: »Tschernobyl« und »Ökozid« wurden in den achtziger Jahren zu Schlagworten des menschgemacht möglichen Untergangs. Einer der führenden Schriftsteller, der diese Entwicklung von Anfang an wahrgenommen und sprachlich immer wieder gestaltet hat, ist *Hans Magnus Enzensberger* (*1929), dessen Gedicht »Vom Leben nach dem Tode«[7] aus der 1995 vorgelegten Sammlung »Kiosk« dieses Buch beschließen soll.

Schon 1978 hatte Enzensberger eine apokalyptische »Komödie« vorgelegt, »Der Untergang der Titanic«, bestehend aus 33 Gesängen und 16 lyrischen Zwischentexten. Sie war als Kritik an den Fortschrittsutopien der westlichen wie kommunistischen Gesellschaften konzipiert. Im Zusammenhang mit diesem Drama entstand der programmatische Aufsatz »Zwei Randbemerkungen zum Weltuntergang«, wo er unter anderem schreibt: »Die Apokalypse gehört zu unserem ideologischen Handgepäck. Sie ist ein Aphrodisiakum.«[8] Enzensberger räumt somit ein: Die Rede vom Weltuntergang birgt gerade für den Schriftsteller durchaus stimulierende, erregende Momente. Im Verweis auf apokalyptische Sprache und Vorstellung eröffnen sich Literaten fruchtbare Chancen zur dichterischen Deutung ihrer Gegenwart. Dieser Aspekt wird auch in dem hier vorgestellten Gedicht deutlich.

VOM LEBEN NACH DEM TODE

Nachher, wenn die Turbinen stillstehen,
die Leuchtschrift erloschen ist,
wenn der erste Riß im Beton erscheint
und sich langsam, langsam verzweigt -
ein haarfeines Muster, unleserlich -;
wenn geflügelte Wesen herbeischwirren
und winzige Kapseln bringen,
Samen, Sporen, von weit her,
wenn Steinbrech die Gewerke sprengt,
Ameisen über geborstene Kabel klettern
und die verlassenen Schaltstellen
von riesigen Bäumen beschirmt sind,
wuchert das Leben wieder:
Ein eigentümlich erhabenes Schauspiel,
doch weit und breit ist kein Piranesi da,
dieses Angkor Wat zu bevölkern
mit Hirten und Kavalieren.

Der Titel des Gedichtes weist zunächst in die Irre, erwartet man doch so etwas wie eine religiöse Aussage über »ein Leben nach dem Tod« im Blick auf das Schicksal einzelner Menschen. Tatsächlich entwirft Enzensberger jedoch eine apokalyptische Szenerie, in der die Menschen als Gattungswesen ausgestorben sind. Das Leben der Natur, der »geflügelten Wesen«, Ameisen, Blumen und Bäume, geht jedoch weiter seinen Gang und überwuchert allmählich die Spuren der Menschheit. Diese Spuren – im Gedicht noch im Prozess des Verfalls sichtbar – verweisen auf ein hoch technisiertes urbanes Industrieszenario (»Turbinen«, »Leuchtschrift«, »Beton«, »Kabel«, »Schaltstellen«), das, so darf man vermuten, gerade als solches das menschliche Leben zerstört hat. Ursache, Verlauf und Grund der Katastrophe werden nicht erwähnt, sind für das entscheidende Aussageziel unwesentlich.

Das aus menschlicher Sicht einmalige dieses Szenarios wird in den Schlussversen deutlich. Zwar ist das Beschriebene ein »Schauspiel«, doch nicht mehr für menschliche Augen. Der erwähnte italienische Kupferstecher *Giovanni Battista Piranesi* (1720–1778) war berühmt für seine an der

Antike orientierten Archtikekturfantasien. Das gleichfalls genannte »Angkor Wat« war das im 12. Jahrhundert errichtete Meisterwerk der klassischen kambodschanischen Khmer-Architektur in der Hauptstadt Angkor, das 1431 völlig zerstört wurde. Warum ruft Enzensberger diese beiden bildungsbürgerlich anmutenden Topoi in Erinnerung? Unsere Zivilisation, so deutet das Gedicht an, wird genauso vergehen wie dieser Tempel, den heute kaum noch jemand kennt. Aber es gibt einen Unterschied: Während sich heute immerhin noch einige wenige an den Tempel erinnern – und sei es durch spätere Nachahmer, Ausschmücker und Fantasten wie Piranesi – da wird sich an den Menschen nach der Apokalypse niemand mehr erinnern, weil diese kein Mensch überleben wird. Enzensbergers Gedicht setzt hier also den Gedanken als Vision um, die Apokalypse könne allein menschliches Leben zerstören, die Natur als solche könne jedoch problemfrei weiterexistieren. Sein »Leben nach dem Tode« beschreibt genauer gesagt das »Leben der Natur nach dem Tode der Menschheit«. An dieser Stelle sollte auch die didaktisch-methodische Verortung erfolgen.

Methodische Vorschläge

Den Schülerinnen und Schülern – wie bei Hugo Balls Gedicht wohl frühestens ab Klasse 9 – wird zunächst nur die Überschrift des Gedichtes genannt. In freier Assoziation sollen sie mögliche Ausrichtungen eines Gedichtes nennen, das einen solchen Titel trägt. Die Vorschläge werden fixiert. Erst dann wird der Gedichttext – versehen mit erklärenden Zusätzen – vorgestellt. Da wir Leben oft selbstverständlich mit »menschlichem Leben« gleichsetzen, beschreibt der Text eine ungewöhnliche apokalyptische Vision: Das Leben geht ohne die Menschen weiter. Wie diese Vision wirkt, bleibt den Einzelnen überlassen: Ist das tröstlich, schockierend? Ist dieses Gedicht – im Gegensatz zu Balls Sonett – ein Mahntext, der zur Verhaltensänderung aufruft? Wie malen wir uns »das Ende« aus?

Nachwort

Dieses Buch ist das Ergebnis jahrelanger Sammlung, Sichtung, Deutung und praktischer Erprobung. Es verbindet meine bisherigen zwei Forschungsschwerpunkte: den Dialog von Theologie und Literatur auf der einen, die vor allem auf den schulischen Unterricht bezogene Religionsdidaktik auf der anderen Seite. Vorstufen und Zwischenergebnisse sind immer wieder an verschiedenen Orten publiziert worden; die wichtigsten habe ich in das Literaturverzeichnis aufgenommen. Zwei Zielperspektiven für dieses Buch schweben mir vor: Zunächst das zweckfreie Stöbern in dem erstaunlichen Reichtum an Gedichten zur Bibel – von dem nur ein kleiner Ausschnitt aufgenommen werden konnte; dann aber vor allem der Anreiz zur praktischen Erprobung der gemeinsamen Arbeit mit diesen Texten im Religionsunterricht, in der Erwachsenenbildung, in der Gemeindearbeit, im Theologiestudium. Auf Rückmeldungen von solchen praktischen Erprobungen bin ich gespannt.

Danken möchte ich Begleitern auf dem Weg der Arbeit an diesem Buch: Meiner Frau Annegret sowie Johanna und Kilian für ihr wunderbares Da-Sein; Winfried Nonhoff vom Kösel-Verlag für seine spontane Begeisterung für das Buchprojekt; Margarete Stenger für ihre intensive Lektoratsbetreuung; schließlich den langjährigen Wegbegleitern und Mitdenkern aus dem Tübinger »Arbeitskreis Theologie und Literatur« unter der Leitung von Professor Dr. Karl-Josef Kuschel. Widmen möchte ich das Buch meinen Theologie-Kollegen von der Pädagogischen Hochschule in Weingarten: Horst Klaus Berg, Rupert Feneberg, Herbert Rommel, Martin Rothgangel, Bruno Schmid und Edgar Thaidigsmann. In vorbildlicher ökumenischer Offenheit und kollegialer Freundschaft habe ich mit ihnen vier lehrreiche und schöne Jahre theologisch und religionspädagogisch arbeiten dürfen. Dafür bin ich dankbar, das wird meinen weiteren Weg prägen.

Weingarten, im Januar 2001 *Georg Langenhorst*

Anhang

Anmerkungen

Hinführung

1 *Stefan Heym:* Die Bibel als Stoff für Schriftsteller. Über Marxismus und Judentum, Gespräch mit Karl-Josef Kuschel, in: *Karl-Josef Kuschel:* Weil wir uns auf dieser Erde nicht ganz zu Hause fühlen. 12 Schriftsteller über Religion und Literatur (München/Zürich 1985), S.102–112, hier: S. 106.
2 *Wilhelm Gössmann:* Die Bibel als Buch der Weltliteratur, in: *ders. (Hrsg.)*, Welch ein Buch! Die Bibel als Weltliteratur (Stuttgart 1991), S. 10.
3 Vgl. *Albert Biesinger/Christoph Schmitt:* Gottesbeziehung. Hoffnungsversuche für Schule und Gemeinde (Freiburg/Basel/Wien 1998).
4 *Heinrich Schmidinger (Hrsg.):* Die Bibel in der deutschsprachigen Literatur des 20. Jahrhunderts, 2 Bde.: Formen und Motive /Personen und Figuren (Mainz 1999).
5 Ich greife hier auf Vorarbeiten zurück, vor allem: *Birgit Lermen:* »Ich begann die Geschichten der Bibel zu lesen: Ein Riss; und der Abgrund Mensch klaffte auf«. Rezeptionsformen der Bibel, in: *Heinrich Schmidinger (Hrsg.):* Die Bibel in der deutschsprachigen Literatur, Bd. 1: Formen und Motive, a.a.O., S. 48–88.
6 *Horst Klaus Berg:* Biblische Texte verfremdet. Grundsätze – Methoden – Arbeitsmöglichkeiten (München/ Stuttgart 1986), S. 31.
7 So in dem Erfolgsroman: *Gerald Messadié:* Ein Mensch namens Jesus [1]1988 (Berlin 1991). Kritisch dazu: *Georg Langenhorst:* Jesus ging nach Hollywood. Die Wiederentdeckung Jesu in Literatur und Film der Gegenwart (Düsseldorf 1998), S. 44–49.
8 So *Erich Garhammer:* »Sie werden lachen – die Bibel«. Bibel und moderne Literatur, in: *Hubert Frankemölle (Hrsg.):* Die Bibel das bekannte Buch – das fremde Buch (Paderborn 1994), S. 111–128, hier: S. 121.
9 *Horst Klaus Berg:* Methoden biblischer Texterschließung, in: *Gottfried Adam/Rainer Lachmann (Hrsg.):* Methodisches Kompendium für den Religionsunterricht (Göttingen 1993), S. 163–186, hier: S. 163.
10 *Horst Klaus Berg:* Ein Wort wie Feuer. Wege lebendiger Bibelauslegung (München/Stuttgart 1991), S. 17.

11 Vgl. *Horst Klaus Berg:* Ein Wort wie Feuer, a.a.O., S. 331–385.

12 *Franz W. Niehl:* Dialogische Exegese – oder: Eine Methode, mit der Bibel ins Gespräch zu kommen, in: *ders./Gabriele Miller:* Von Batseba – und anderen Geschichten. Biblische Texte spannend ausgelegt (München 1996) S. 227–236, hier: S. 233.

13 *Henning Schröer:* Spuren der Bibel in säkularer Poesie, in: *Godwin Lämmermann u.a. (Hrsg.):* Bibeldidaktik in der Postmoderne. Klaus Wegenast zum 70. Geburtstag (Stuttgart/Berlin/Köln 1999), S. 300–314, hier: S. 312. Unfassbar: In seinem Überblick über »Poesie und Bibel« ignoriert Schröer sämtliche katholischen Forschungsbeiträge, nennt – ohne Kenntlichmachung – ausschließlich die evangelische Tradition! Catholica non leguntur im 21. Jahrhundert?

14 Vgl. dazu: *Georg Langenhorst (Hrsg.):* Auf dem Weg zu einer theologischen Ästhetik. Eine Freundesgabe für Karl-Josef Kuschel zum 50. Geburtstag (Münster 1998); guter Überblick bei: *Kurt Zisler:* Ästhetik und Religionspädagogik, in: RpB 38 (1996), S. 43–60.

15 Kunst und Kultur in der theologischen Aus- und Fortbildung, Arbeitshilfe 115, hrsg. vom Sekretariat der deutschen Bischofskonferenz, Bonn 1993, S. 19.

16 *Christoph Gestrich:* Theologie und Dichtung – Evangelische Erörterung einer alten Beziehung, in: *Heike Krötke (Hrsg.):* »Ein Wort – ein Glanz, ein Flug, ein Feuer ...« Theologen interpretieren Gedichte (Stuttgart 1998), S. 271–290, hier: S. 271.

17 Vgl. aus der umfangreichen Literatur dazu: *Karl-Josef Kuschel*, Auf dem Weg zu einer Theopoetik, in: *ders.,* »Vielleicht hält Gott sich einige Dichter ...« Literarisch-theologische Porträts (Mainz [2]1996), S. 366–396.

18 So mit Recht *Magda Motté:* Religiöse Erfahrung in modernen Gedichten. Texte, Interpretationen, Unterrichtsskizzen (Freiburg/Basel/Wien 1972), S. 40.

19 *Dorothee Sölle:* Realisation. Studien zum Verhältnis von Theologie und Dichtung nach der Aufklärung (Darmstadt/Neuwied 1973), S. 77. Jetzt wieder verfügbar in: *dies.:* Das Eis der Seele spalten. Theologie und Literatur in sprachloser Zeit (Mainz 1996), S. 53.

20 So im Vorwort der ansonsten anregenden Sammlung: *Sigrid Mühlberger/Margarete Schmid (Hrsg.):* Verdichtetes Wort. Biblische Themen in moderner Literatur (Innsbruck/Wien 1994), S. 9.

21 So – in dem ansonsten instruktiven – Aufsatz: *Birgit Lermen:* Biblische Texte in der deutschen Gegenwartsliteratur, in: Stimmen der Zeit 210 (1992), S. 529–542, hier: S. 541.

22 *Friedrich Hahn:* Bibel und moderne Literatur. Große Glaubensfragen in Textvergleichen (Freiburg 1967), S. 5.

23 *Henning Schröer:* Moderne deutsche Literatur in Predigt und Religionsunterricht. Überlegungen zur Wahrnehmung heilsamer Provokationen (Heidelberg 1972), S. 25.

24 *Dietmar Mieth:* Braucht die Literatur(wissenschaft) das theologische Gespräch? Thesen zur Relevanz »literaturtheologischer« Methoden, in: *Walter Jens/Hans Küng/Karl-Josef Kuschel (Hrsg.):* Theologie und Literatur. Zum Stand des Dialogs (München 1986), S. 164–177, hier: S. 165.

25 *Brigitte Schwens-Harrant:* Erlebte Welt – Erschriebene Welt. Theologie im Gespräch mit österreichischer erzählender Literatur der Gegenwart (Innsbruck/Wien 1997), S. 13.

26 *Karl-Josef Kuschel* bestimmt drei derartige Dimensionen und nennt sie »Wirklich-

keits-, Sprach- und Erfahrungsgewinn«, in: *ders. (Hrsg.):* Der andere Jesus. Ein Lesebuch moderner literarischer Texte [1]1983 (München/ Zürich 1987).

27 *Hilde Domin:* Wozu Lyrik heute? Dichtung und Leser in der gesteuerten Gesellschaft [1]1968 (München 1981), S. 29.

28 *Hermann Timm:* Die Poesie der Theologie – Kreuz des Anfangs. Die Urpoesie in der dichter-theologischen Moderne, in: *Henning Schröer/Gotthard Fermor/Harald Schröter (Hrsg.):* Theopoesie. Theologie und Poesie in hermeneutischer Sicht (Rheinbach-Merzbach 1998), S. 49–62, hier: S. 51.

29 *Karl Rahner:* »Das Wort der Dichtung und der Christ«, in: *ders.:* Schriften zur Theologie, Bd. IV (Einsiedeln 1960), S. 441–454, hier: S. 448f.

30 *Alex Stock:* Drei poetische Lektionen zur Bibeldidaktik, in: Katechetische Blätter 105 (1980), S. 606–611, hier: S. 607.

31 *Magda Motté:* Religiöse Erfahrung in modernen Gedichten, a.a.O., S. 36.

32 *Ursula Baltz/Henning Luther:* Von der Angewiesenheit des Theologen auf literarische Kultur, in: Themen der praktischen Theologie – Theologia Practica 18 (1983), Heft 3/4, S. 49–54, hier: S. 50.

33 *Clauß Peter Sajak:* Exil als Krisis. Selbstkundgabe, Erinnerung und Realisation als Beitrag deutschsprachiger Exilliteratur zu einer narrativen Religionsdidaktik (Ostfildern 1998), S. 160.

34 *Hilde Domin:* Wozu Lyrik heute, a.a.O., S. 29.

35 *Horst Klaus Berg:* Ein Wort wie Feuer, a.a.O., S. 31.

36 *Peter Cornehl:* Zur Bedeutung von Literatur für Theologie und Ausbildung. Ein Statement, in: Themen der praktischen Theologie – Theologia Practica 18 (1983), Heft 3/4, S. 54–58, hier: S. 57.

37 *Sigrid Mühlberger:* Literatur im Religionsunterricht, in: Christlich-Pädagogische Blätter 93 (1980), S. 253–259, hier: S. 254.

38 *Brigitte Schwens-Harrant:* Trittbrett für die Verkündigung? Literatur im Religionsunterricht, in: Christlich-Pädagogische Blätter 1 (1998), S. 4–6, hier S. 4.

39 *Hilde Domin:* Wozu Lyrik heute, a.a.O., S. 135.

40 *Peter Biehl:* Religiöse Sprache und Alltagserfahrung. Zur Aufgabe einer poetischen Didaktik, in: Themen der praktischen Theologie – Theologia Practica 18 (1983), S. 101–109, hier S. 104f.

41 *Ernst Bloch:* Atheismus im Christentum. Zur Religion des Exodus und des Reichs [1]1968 (Frankfurt 1985), S. 23.

42 Peter Biehls Forderung nach einer »poetischen Didaktik«, in der »auf der Basis des Poetischen der spezifische Charakter religiöser Sprache sachgemäß zu erarbeiten« wäre, um letztlich »religiöse und dichterische Sprache in ihrem ursprünglichen Zusammenhang zu sehen, sodass das ›Noch-Mehr‹, das die religiöse Sprache einführt, in diesem Kontext erkennbar und das Verständnis des offenbarenden Charakters im theologischen Sinne vorbereitet wird« ist eine sinnvolle Utopie – im konkreten Religionsunterricht vor Ort wird sie nur selten einzulösen sein. Vgl. *ders.:* Religiöse Sprache und Alltagserfahrung, a.a.O., S. 105.

43 *Stefan Heil:* Die Rede von Gott im Werk Ödön von Horváths. Eine erfahrungstheologische und pragmatische Autobiografie- und Literaturinterpretation – mit einer religionsdidaktischen Reflexion (Ostfildern 1999), S. 314.

44 *Rainer Prachtl:* Fremder Sommer. Gedichte (Schöningh, Paderborn u.a. 1994), S. 27.

45 *Theodor Eggers:* Adam, Eva & Co. Ziemlich biblische Geschichten für den Religionsunterricht (Düsseldorf 1980), S. 23.
46 Grundlagenplan für den katholischen Religionsunterricht im 5. bis 10. Schuljahr, hrsg. von der Zentralstelle Bildung der Deutschen Bischofskonferenz (Köln 1984), S. 242
47 Vor allem in: *Georg Hilger/George Reilly (Hrsg.):* Religionsunterricht im Abseits? Das Spannungsfeld Jugend – Schule – Religion (München 1993).
48 *Franz Wendel Niehl:* Korrelation, in: *Gottfried Bitter/Gabriele Miller (Hrsg.):* Handbuch religionspädagogischer Grundbegriffe (München 1986), S. 750–754, hier: S. 753.
49 Vgl. *Karl-Josef Kuschel:* Theopoetik, S. 384f.
50 Begriff von *Dietmar Mieth:* Braucht die Literatur(wissenschaft) das theologische Gespräch?, a.a.O., S. 175.
51 *Theodor Eggers:* Adam, Eva & co, a.a.O., S. 23.
52 *Gerhard Röckel:* Die Arbeit mit Texten im Religionsunterricht. Grundlagen – Arbeitsmodelle – Beispiele (Stuttgart/München 1973), S. 129.
53 Vgl. dazu: *Georg Langenhorst:* Vom Umgang mit Texten im Religionsunterricht: Notwendiges Übel oder Chance zur kreativen Gestaltung?, in: ru. Ökumenische Zeitschrift für den Religionsunterricht 28 (1998), S. 140–144.
54 *Brigitte Schwens-Harrant:* Trittbrett für die Verkündigung, a.a.O., S. 4.
55 *Hilde Domin:* Wozu Lyrik heute, a.a.O., S. 13.
56 Vgl. dazu: *Günter Lange*, Umgang mit Kunst, in: *Gottfried Adam/Rainer Lachmann (Hrsg.)*, Methodisches Kompendium für den Religionsunterricht (Göttingen 1993), S. 247–261.
57 Zu Programm und Beispielen der mehrdimensionalen Bibelauslegung vgl.: *Gabriele Miller/Franz W. Niehl*, Von Batseba – und andere Geschichten. Biblische Texte spannend ausgelegt (München 1996).
58 Vgl. *Horst Klaus Berg:* Biblische Texte verfremdet, Bd. 1, a.a.O., S. 118–131.
59 Zahlreiche gute Ideen bei: *Franz W. Niehl/Arthur Thömmes:* 212 Methoden für den Religionsunterricht (München 1998), S. 111–144.
60 Vgl. ähnlich: *Peter Kliemann:* Vom Deutschunterricht lernen, in: *ders.*: Impulse und Methoden. Anregungen für die Praxis des Religionsunterrichts (Stuttgart 1997), S. 66–82.
61 *Helmut Kurz:* Methoden des Religionsunterrichts. Arbeitsformen und Beispiele (München 1984), S. 73–76.
62 *Ludwig Rendle u.a.:* Ganzheitliche Methoden im Religionsunterricht. Ein Praxisbuch (München 1996), S. 156–185.
63 *Franz Wendel Niehl/Arthur Thömmes:* 212 Methoden für den Religionsunterricht (München 1998).
64 *Alex Stock:* Umgang mit theologischen Texten. Methoden – Analysen – Vorschläge (Zürich/Einsiedeln/Köln 1974), S. 141f.

Erster Teil: Altes Testament

Erste Abteilung: Urgeschichte(n)

1 Vgl. *Helmut Braun:* »ich bin fünftausend Jahre jung«. Rose Ausländer. Zu ihrer Biografie (Stuttgart 1999).
2 *Rose Ausländer:* Ich höre das Herz des Oleanders. Gedichte 1977–1979 (S. Fischer, Frankfurt 1985), S. 102.
3 *Christa Peikert-Flaspöhler:* Heut singe ich ein anderes Lied. Frauen brechen ihr Schweigen (Rex, Luzern/Stuttgart 1992), S. 73.
4 *Christa Peikert-Flaspöhler:* Niemals mehr wollen wir sprachlos sein. Frauen der Bibel – Frauen heute (Limburg 1993), S. 8. Dort auch weitere Gedichte zur Schöpfungsgeschichte, zu Eva und anderen biblischen Frauengestalten.
5 *Christa Peikert-Flaspöhler:* Heut singe ich ein anderes Lied , a.a.O., S. 13.
6 *Christine Busta:* Der Himmel im Kastanienbaum. Gedichte, hrsg. von *Franz Peter Künzel* (Otto Müller, Salzburg 1989), S. 46, vgl. hier auch zum Kain-und-Abel-Motiv das Gedicht »Jenseits des Irrtums«, S. 42.
7 *Wolfgang Wiesmüller:* Das Gedicht als Predigt. Produktions- und rezeptionsästhetische Aspekte biblischer Motivik in Gedichten von Christine Busta, in: Sprachkunst. Beiträge zur Literaturwissenschaft, Bd. 20 (1989), S. 199–226, hier: S. 205.
8 *Walter Helmut Fritz:* Gesammelte Gedichte (Hoffmann und Campe, Frankfurt/Berlin/Wien 1981), S. 133.
9 303 (!) derartige Urerzählungen aus allen Erdteilen führt auf: *Johannes Riem:* Die Sintflut in Sage und Wissenschaft (Hamburg 1925)
10 Vgl. *Georg Langenhorst:* Einblick ins Logbuch der Arche! Noach in der Literatur unserer Zeit, in: Erbe und Auftrag 70 (1994), S. 341–364.
11 *Horst Bienek:* Gleiwitzer Kindheit. Gedichte aus zwanzig Jahren (C. Hanser, München/Wien 1976), S. 24.
12 Doré-Bibel. Auszüge aus dem Alten und Neuen Testament mit 230 Illustrationen von Gustave Doré (München 1995), S. 28–33. Zur Methode der durchdachten Bildbetrachtung vgl. *Günter Lange:* Umgang mit Kunst, in: *Gottfried Adam/Rainer Lachmann (Hrsg.):* Methodisches Kompendium für den Religionsunterricht (Göttingen 1993), S. 247–261.
13 *Günter Kunert:* Abtötungsverfahren. Gedichte (C. Hanser, München 1980), S. 67.
14 *Paul Konrad Kurz:* Apokalyptische Zeit. Zur Literatur der mittleren 80er-Jahre (Frankfurt 1987).
15 Vgl. *Franz W. Niehl:* Der misslungene Turmbau (Gen 11,1–9), in: *ders./Gabriele Miller (Hrsg.):* Von Babel bis Emmaus. Biblische Texte spannend ausgelegt (München 1993), S. 13–28.
16 *Johannes R. Becher:* Gesammelte Werke, Bd. VI: Gedichte 1949–1958 (Aufbau, Berlin/Weimar 1973), S. 40.
17 *Hans Mayer:* Der Turm von Babel. Erinnerung an eine Deutsche Demokratische Republik [1]1991 (Frankfurt 1993), S. 261.
18 *Rose Ausländer:* Wir wohnen in Babylon. Gedichte (Fischer TB, Frankfurt 1992), S. 8.

Zweite Abteilung: Männer, die Geschichte(n) schrieben

1 Vgl. dazu: *Karl-Josef Kuschel:* Streit um Abraham. Was Juden, Christen und Muslime trennt – und was sie eint (München 1994).
2 Vgl. *Peter Tschuggnall:* Das Abraham-Opfer als Glaubensparadox. Bibeltheologischer Befund – Literarische Rezeption – Kierkegaards Deutung (Frankfurt 1990).
3 *Jakob Hessing:* Else Lasker-Schüler »... die größte Lyrikerin, die Deutschland je hatte« (München 1987), S. 125.
4 *Else Lasker-Schüler:* Gedichte 1902–1943 (Suhrkamp, Frankfurt 1986), S. 292.
5 *Werner Hegglin:* Else Lasker-Schüler und ihr Judentum (Zürich 1966), S. 76.
6 Zur Biografie vgl.: *Ruth Dinesen:* Nelly Sachs. Eine Biografie (Frankfurt 1992).
7 *Nelly Sachs:* Fahrt ins Staublose. Gedichte (Suhrkamp, Frankfurt 1988), S. 88f.
8 In *Nelly Sachs:* Zeichen im Sand. Die szenischen Dichtungen der Nelly Sachs (Frankfurt 1962), S. 93–122.
9 *Karl-Josef Kuschel:* Streit um Abraham, a.a.O., S. 23.
10 So *Birgit Lermen* in: *dies./Michael Braun:* Nelly Sachs – »an letzter Atemspitze des Lebens« (Bonn 1998), S. 151. Dort ausführlich zu diesem Gedicht: S. 150–164.
11 Vgl. die Grafik in: *Hans Küng:* Das Judentum (München/Zürich 1991), S. 60.
12 Vgl. *Georg Schirmers:* Uriel Birnbaum: Anmerkungen zu Leben und Werk, in: Uriel Birnbaum 1894–1956. Dichter und Maler. Universitätsbibliothek Hagen 15. Januar bis 28. Februar 1990, S. 1–36.
13 Ebd., S. 12.
14 *Uriel Birnbaum:* Gedichte. Eine Auswahl (Origio, Bern 1957), S. 583.
15 *Eva Zeller:* Ein Stein aus Davids Hirtentasche. Gedichte (Herder, Freiburg/Basel/Wien 1992), S. 24.
16 Vgl. zu diesen Auslegungstraditionen: *Horst-Klaus Berg:* Ein Wort wie Feuer. Wege lebendiger Bibelauslegung (München/Stuttgart 1991); *ders.:* Altes Testament unterrichten. Neunundzwanzig Unterrichtsentwürfe (München/Stuttgart 1999), S. 120–186.
17 *Konrad Huber:* Die Könige Israels: Saul, David und Salomo, in: *Markus Öhler (Hrsg.):* Alttestamentliche Gestalten im Neuen Testament. Beiträge zur Biblischen Theologie (Darmstadt 1999), S. 161–183, hier: S. 166.
18 Vgl. *Stefan Heym:* Der Köng David Bericht [1]1972 (Frankfurt 1974). Dazu: *Georg Langenhorst:* Von heiligen Tänzern und Tempelbauern. Israels Könige, in: *Heinrich Schmidinger (Hrsg.):* Die Bibel in der deutschsprachigen Literatur, Bd. 2: Personen und Figuren, a.a.O., S. 151–176, hier: S. 171–175.
19 *Ricarda Huch:* Gesammelte Werke, fünfter Band: Gedichte, Dramen, Reden, Aufsätze und andere Schriften, hrsg. von *Wolfgang Emrich* (Kiepenheuer & Witsch, Köln/Berlin 1971), S. 126–128.
20 *Else Lasker-Schüler.* Gedichte 1902–1943 (dtv, München 1986), S. 299.
21 So *Jakob Hessing:* Else Lasker-Schüler. »... die größte Lyrikerin, die Deutschland je hatte« (München 1992), S. 115.
22 Vgl. *Georg Langenhorst:* »Der magische Tänzer«. Literarische Transformationen der Davidsgestalt, in: Erbe und Auftrag 69 (1993), S. 468–488.
23 *Nelly Sachs:* Fahrt ins Staublose. Gedichte (Suhrkamp, Frankfurt 1988), S. 104f.
24 *Nelly Sachs:* Der magische Tänzer. Versuch eines Ausbruchs, [1]1955, in: *dies.*: Simson

fällt durch die Jahrtausende und andere szenische Dichtungen (München 1967), S. 75–84.

25 *Peter Michel:* Mystische und literarische Quellen in der Dichtung der Nelly Sachs (Freiburg 1981), S. 38.

26 *Albrecht Goes:* Zehn Gedichte (Frankfurt 1961), S. 16f. Wiederabgedruckt in: *ders.:* Leicht und schwer. Siebzig Jahre im Gedicht (Fischer TB, Frankfurt 1998), S. 173f.

27 Vgl. *Hans Küng:* Das Judentum, a.a.O., S. 111.

Dritte Abteilung: Frauen, die Geschichte(n) schrieben

1 Ich passe mich der Schreibweise der Einheitsübersetzung an. In der literarischen Rezeptionsgeschichte ist die Schreibweise jeweils mit »h« üblich: Ruth, Esther, Judith. Originale werden nicht verändert.

2 Vgl. aber die Beiträge in: Religionspädagogische Beiträge 43/1999: »Religionspädagogik feministisch«.

3 Ideen dazu etwa bei: *Regina Törnig-Grohe:* Die Frau in der Bibel, hrsg. vom Institut für Religionspädagogik der Erzdiözese Freiburg (Herbst 1996).

4 *Magda Motté:* »Dass ihre Zeichen bleiben«. Frauen des Alten Testaments, in: *Heinrich Schmidinger (Hrsg.):* Die Bibel in der deutschsprachigen Literatur, Bd. 2 a.a.O., S. 205–258, hier: S. 206. Vgl. auch: *dies.:* Maria von Magdala und die anderen Frauen des Neuen Testaments, ebd., S. 454–491.

5 *Uriel Birnbaum:* Gedichte. Eine Auswahl (Origo, Bern 1957), S. 553f.

6 Etwa in: Materialbrief Folien 2/94: Thema: Biblische Frauengestalten, hrsg. vom Deutschen Katecheten-Verein, München.

7 *Dietmar Mieth:* Die »Umsetzung« biblischer Sprache im Werk Ingeborg Bachmanns, in: *Johann Holzner/Udo Zeilinger (Hrsg.):* Die Bibel im Verständnis der Gegenwartsliteratur (St. Pölten/Wien 1988), S. 61–69, hier: S. 68. Vgl. auch: *Marie-Luise Habbel:* »Diese Wüste hat sich einer vorbehalten«. Biblisch-christliche Motive, Figuren und Sprachstrukturen im literarischen Werk Ingeborg Bachmanns (Altenberge 1992).

8 *Ingeborg Bachmann:* Sämtliche Gedichte (Piper, München/Zürich [2]1987), S. 165.

9 Vgl. dazu: *Jürgen Ebach:* Fremde in Moab – Fremde aus Moab. Das Buch Ruth als politische Literatur, in: *ders./ Richard Faber (Hrsg.):* Bibel und Literatur (München 1995), S. 277–304.

10 *Horst Klaus Berg:* Altes Testament unterrichten. Neunundzwanzig Unterrichtsvorschläge (München/Stuttgart 1999), S. 204. Hier zwei ausgearbeitete Unterrichtsentwürfe zu Rut.

11 Vgl. aber die – nur schwer lesbare und letztlich nicht überzeugende – Dissertation: *Birgit Hartberger:* Das biblische Ruth-Motiv in deutschen lyrischen Gedichten des 20. Jahrhunderts (Altenberge 1992). Die hier genannten Beispieltexte zu Rut werden dort nicht einmal erwähnt.

12 *Schalom Ben-Chorin:* Aus Tiefen rufe ich. Biblische Gedichte (Reich, Hamburg-Bergstedt 1966), S. 33.

13 Vgl. *Georg Langenhorst:* Im Zwiespalt von Spiritualität und lyrischer Qualität? »Christliche Lyrik« in den 90er-Jahren, in: Theologie und Glaube 86 (1996), S. 66–81.

14 *Drutmar Cremer:* Dein Atemzug holt Zeiten heim. Gedichte zu Bildern der Bibel von Marc Chagall (Lahn, Limburg 1984), S. 84–87, hier auch das Bild.

15 Vgl. *Christoph Goldmann:* Bild-Zeichen bei Marc Chagall. Alphabetische Enzyklopädie der Bildzeichen (Göttingen 1995), S. 165f.: Stichwort »Strahlenbündel am Kopf des Mose«.

16 Vgl. *Joachim Maier:* Ester – ein »historischer Roman« in vier Akten. Unterrichtseinheit für das 7./8. Schuljahr, in: *ders./Gerhard Büttner:* Maria aus Magdala – Ester – Debora. Modelle für den evangelischen und katholischen Religionsunterricht Sekundarstufe I (Stuttgart 1994), S. 51–75.

17 Vgl. *Georg Langenhorst:* »Das aber war nicht Liebe«. Esther im Spiegel moderner Literatur, in: Erbe und Auftrag 71 (1995), S. 396–412.

18 Zur grundsätzlichen Bedeutung der Religion im Werk von Rilke vgl.: *Karl-Josef Kuschel:* Rainer Maria Rilke und die Metamorphosen des Religiösen, in: *ders.:* »Vielleicht hält Gott sich einige Dichter ...«. Literarisch-theologische Porträts (Mainz 1991), S. 97–163.

19 *Rainer Maria Rilke:* Werke in sechs Bänden, Bd. I.2: Gedicht-Zyklen (Insel, Frankfurt 1986), S. 326f.

20 *Gertrud Kolmar:* Weibliches Bildnis. Sämtliche Gedichte (dtv, München 1987), S. 71f.

21 Entstanden im Zusammenhang mit den weiteren biblisch motivierten Gedichten »Thamar und Juda«, »Mose im Kästchen« und »Dagon spricht zur Lade«, vgl. Marbacher Magazin 63/1993: Gertrud Kolmar 1894–1943, bearbeitet von *Johanna Woltmann*, S. 180. Vgl. auch: *Beatrice Eichmann-Leutenegger:* Gertrud Kolmar. Leben und Werk in Texten und Bildern (Frankfurt 1993).

22 Vgl. *Georg Langenhorst:* Pech gehabt, Holofernes: Auch Tyrannenmacht ist endlich, in: *Konrad Baumgartner/Erich Garhammer (Hrsg.):* Adam, wer bist du? Männer der Bibel bringen sich ins Wort (München 1999), S. 78–86.

23 Vgl. *Monika Hellmann:* Judit – eine Frau im Spannungsfeld von Autonomie und göttlicher Führung. Studie über eine Frauengestalt des Alten Testamentes (Frankfurt 1992).

24 *Dagmar Nick:* Zeugnis und Zeichen [1]1969 (Rimbaud, Aachen 1990), S. 23.

25 *Lioba Happel:* Der Schlaf überm Eis. Gedichte (Schöffling, Frankfurt 1995), S. 18f.

26 Bilder etwa bei *Monika Hellmann* oder in: Große Frauen der Bibel in Bild und Text (Freiburg/Basel/Wien 1993), S. 206–219.

Vierte Abteilung: Propheten, Männer mit Durchblick

1 Vgl. dazu: *Günter Biemer/Albert Biesinger (Hrsg.):* Christ werden braucht Vorbilder. Beiträge zur Neubegründung der Leitbildthematik in der religiösen Erziehung und Bildung (Mainz 1983).

2 *Jochen Klepper:* Unter dem Schatten deiner Flügel. Aus den Tagebüchern der Jahre 1932–1942, hrsg. von *Hildegard Klepper* [1]1956 (Gießen 1997), S. 67. Eintrag vom 23.6.1933.

3 Ebd., S. 126. Eintrag vom 31.3.1934.

4 Vgl. dazu: *Klaus Baumann:* Die Bedeutung der Bibel in Theorie und Wirklichkeit der Dichtung bei Jochen Klepper. Zum Problem der Einheit von Glaube und Wortkunst (Diss. Hamburg 1967).

5 *Jochen Klepper:* Ziel der Zeit. Die gesammelten Gedichte (Luther, Bielefeld 1977), S. 18.

6 *Erich Fried:* Gesammelte Werke. Gedichte 1, hrsg. von *Volker Kaukoreit* und *Klaus Wagenbach* (K. Wagenbach, Berlin 1993), S. 275f.

7 Vgl. dazu: *Volker Kaukoreit:* Vom Exil bis zum Protest gegen den Krieg in Vietnam. Frühe Stationen des Lyrikers Erich Fried. Werk und Biografie 1938-1966 (Darmstadt 1991), S. 286–305: »Exkurs: Religion, Bibel und Jesus-Bild«.

8 Vgl. zur Dialektik von Schweigen und Schreien angesichts der Shoa: *Reinhold Boschki:* Der Schrei. Gott und Mensch im Werk von Elie Wiesel (Mainz 1995).

9 *Rainer Maria Rilke:* Werke in sechs Bänden, Bd. I.2: Gedicht-Zyklen (Insel, Frankfurt 1986), S. 323f. Vgl. dort auch das Gedicht »Der Prophet«, S. 322f.

10 Dazu zählt man: Jer 11,18–12,6; 15,10–21; 17,12–18; 18,18–23; 20,7–18. Vgl. dazu: *Siegfried Hermann:* Jeremia. Der Prophet und sein Buch (Darmstadt 1990), S. 129–139.

11 *Karl-Josef Kuschel:* Rainer Maria Rilke und die Metamorphosen des Religiösen, in: *ders.:* »Vielleicht hält Gott sich einige Dichter ...«, a.a.O., S. 97–163, hier: S. 144.

12 Vgl. dazu: *Walter Groß/Karl-Josef Kuschel:* »Ich schaffe Finsternis und Unheil!« Ist Gott verantwortlich für das Übel (Mainz 1992)

13 *Eva Zeller:* Ein Stein aus Davids Hirtentasche. Gedichte (Herder, Freiburg/Basel/Wien 1992), S. 22f.

14 Vgl. dazu: *Uwe Steffen (Hrsg.):* Jona – Sinnbild gegenwärtiger Existenz. Gedichte und Grafiken des 20. Jahrhunderts (Breklum 1974). Eine für die Praxis gute Textauswahl findet sich bei: *Simone Frieling (Hrsg.):* Der rebellische Prophet. Jona in der modernen Literatur (Göttingen 1999).

15 *Dietrich Bonhoeffer:* Von guten Mächten. Gebete und Gedichte, interpretiert von *Johann Christoph Hampe* [1]1976 (Chr. Kaiser/Gütersloher Verlagshaus, Gütersloh [10]1996), S. 32.

16 Vgl. dazu: *Georg Langenhorst:* Trösten lernen? Profil, Geschichte und Praxis von Trost als diakonischer Lehr- und Lernprozess (Ostfildern 2000), S. 310–313.

17 So *Johann Christoph Hampe*, in: *Dietrich Bonhoeffer:* Von guten Mächten, a.a.O., S. 71.

18 Zur Didaktik der Jona-Gedichte allgemein vgl. schon: *Erwin Menne:* Jona-Dichtungen im Religionsunterricht der Sekundarstufe II, in: Religionsunterricht an höheren Schulen 18 (1975), S. 133–148.

19 Ein gut geeignetes Vorbild findet sich etwa in: Katechetische Blätter 112 (1987), S. 9, 15, 23, 33, 35. Zeichner *Peter Schimmel* nach einer Idee von *F. Steinmann* und *D. Kohl.*

20 Vgl. *Karl-Josef Kuschel:* Das »metaphysische Bedürfnis« ist unerfüllt. Gespräch mit Günter Kunert, in: *ders.:* »Ich glaube nicht, dass ich Atheist bin«. Neue Gespräche über Religion und Literatur (München/Zürich1992), S. 26–44.

21 Vgl. *Günter Kunert:* Ninive, in: *ders.:* Tagträume in Berlin und andernorts. Kleine Prosa – Erzählungen – Aufsätze (München 1972), S. 66; *ders.:* Jonas, in: *ders.:* Camera obscura (München/Wien 1978), S. 99.

22 *Günter Kunert:* Im weiteren Fortgang. Gedichte (C. Hanser, München 1974), S. 81.

Fünfte Abteilung: Weisheit in der Krise

1 Vgl. dazu: *Christoph Gellner:* Weisheit, Kunst und Lebenskunst. Fernöstliche Religion und Philosophie bei Hermann Hesse und Bertolt Brecht (Mainz 1997).

2 *Paul Konrad Kurz:* Psalmen vom Expressionismus bis zur Gegenwart (Freiburg/Basel/Wien 1978), S. 312.

3 *Paul Konrad Kurz:* Höre Gott! Psalmen des Jahrhunderts (Zürich/Düsseldorf 1997), S. 270.

4 Vgl. *Ingo Baldermann:* Wer hört mein Weinen? Kinder entdecken sich selbst in den Psalmen (Neukirchen 1986).

5 *Peter Huchel:* Die Gedichte (Suhrkamp, Frankfurt 1997), S. 157. Vgl. aus demselben Band den Text »Winterpsalm«, ebd. S. 154f. sowie ein weiteres Psalm-Gedicht aus dem Frühwerk, ebd. S. 319f.

6 *Paul Celan:* Gesammelte Werke in fünf Bänden, Bd. 1 (Suhrkamp, Frankfurt 1986), S. 225.

7 Vgl. dazu: *Inka Bach/Helmut Galle:* Deutsche Psalmendichtung vom 16. bis zum 20. Jahrhundert. Untersuchungen zur Geschichte einer lyrischen Gattung (Berlin/New York 1989), S. 378-407.

8 Vgl. *Arnold Stadler:* Das Buch der Psalmen und die deutschsprachige Lyrik des 20. Jahrhunderts. Zu den Psalmen im Werk Bertolt Brechts und Paul Celans (Köln/Wien 1989).

9 So etwa *John Felstiner:* Paul Celan. Eine Biografie (München 1997), S. 222.

10 Für den Hinweis danke ich Herrn StR *Georg Fröhlich*, Rottweil.

11 Vgl. dazu ausführlich: *Georg Langenhorst:* Hiob unser Zeitgenosse. Die literarische Hiob-Rezeption im 20. Jahrhundert als theologische Herausforderung (Mainz 1994); Texte und didaktische Erörterungen in: *ders. (Hrsg.):* Hiobs Schrei in die Gegenwart. Ein literarisches Lesebuch zur Frage nach Gott im Leid (Mainz 1995).

12 *Johannes R. Becher:* Gesammelte Werke, Bd. VI: Gedichte 1949–1958 (Aufbau, Berlin/Weimar 1973), S. 43.

13 Vgl. *Georg Langenhorst:* »Zuviel warum gefragt«. Die Hiobsgestalt bei jüdischen Dichtern unserer Zeit, in: *Gotthard Fuchs (Hrsg.):* Angesichts des Leids an Gott glauben? Zur Theologie der Klage (Frankfurt 1996), S. 187–226.

14 *Peter Henisch:* Hamlet, Hiob, Heine. Gedichte (Otto Müller, Salzburg/Wien 1989), S. 66f.

15 Vgl. dazu hilfreiche Vorschläge bei: *Rainer Oberthür:* Kinder fragen nach Leid und Gott. Lernen mit der Bibel im Religionsunterricht (München 1998), S. 83–131; *Horst Klaus Berg:* Altes Testament unterrichten, a.a.O., S. 312–329.

16 *Christine Busta:* Lampe und Delphin. Gedichte, ^{1}1955 (Otto Müller, Salzburg ^{4}1995), S. 86.

17 *Heinz Piontek:* Helldunkel. Gedichte (Herder, Freiburg/Basel/Wien 1987), S. 13.

Zweiter Teil: Neues Testament

Sechste Abteilung: Herkunftsdeutungen

1 Vgl. *Georg Langenhorst:* Im Zwiespalt von Spiritualität und poetischer Qualität? »Christliche Literatur« in den 90er-Jahren, in: Theologie und Glaube 86 (1996), S. 66–81.

2 Ich nenne nur zwei gute »Fundgruben«: *Walter Jens (Hrsg.):* Es begibt sich aber zu der Zeit. Texte zur Weihnachtsgeschichte (Stuttgart 1988); *Christine Razum (Hrsg.):* Nach Bethlehem – wohin denn sonst? Weihnachtstexte aus unserer Zeit (Basel/Berlin 1995).

3 So die Texte von *Marie Luise Kaschnitz,* »Dezembernacht«; *Wolfdietrich Schnurre,* »Anbetung« und *Peter Huchel,* »Dezember 1942«, die *Karl-Josef Kuschel* für seine literarische Weihnachtsdeutung heranzieht. Vgl. *ders.:* Jesus in der deutschsprachigen Gegenwartsliteratur ^{1}1978 (München/Zürich 1987), S. 267–275.

4 *Erich Fried:* Gesammelte Werke, Bd. 1, hrsg. von *Volker Kaukoreit/Klaus Wagenbach* (K. Wagenbach, Berlin 1993), S. 552.

5 *Christine Lavant:* Gedicht erstveröffentlicht in: *Ingeborg Teuffenbach:* Christine Lavant – »Gerufen nach dem Fluß«. Zeugnis einer Freundschaft (Ammann, Zürich 1989), S. 101f.

6 *Christine Lavant:* Spindel im Mond. Gedichte ^{1}1959 (Otto Müller, Salzburg ^{5}1995), S. 136.

7 *Georg Maurer:* Werke in zwei Bänden, Bd. 2 (Mitteldeutscher Verlag, Halle/Leipzig 1987), S. 299.

8 *T. S. Eliot:* Gesammelte Gedichte 1909–1962, hrsg. und mit einem Nachwort versehen von *Eva Hesse* (Suhrkamp, Frankfurt 1988), S. 159–161.

9 Etwa: Doré-Bibel: Auszüge aus dem Alten und Neuen Testament mit 230 Illustrationen von *Gustave Doré* (München 1995), S. 333. Oder: Die Bibel in Bildern. 240 Darstellungen erfunden und auf Holz gezeichnet von *Julius Schnorr von Carolsfeld* (Neuhausen/Stuttgart 1990), S. 183.

10 *Adam Zagajewski:* Mystik für Anfänger. Gedichte, übertragen von *Karl Dedecius* (C. Hanser, München/Wien 1997), S. 56f.

11 Vgl. *Josef Ernst:* Johannes der Täufer – Der Lehrer Jesu? (Freiburg/Basel/Wien 1994).

12 *Christian Morgenstern:* Gesammelte Werke in einem Band (Piper, München/Zürich 1989), S. 118f.

13 Wieder abgedruckt in: *Johannes Kühn:* Meine Wanderkreise. Gedichte (Verlag »Die Mitte«, Saarbrücken 1990), S. 128.

Siebte Abteilung: Lebensspuren in Galiläa

1 Vgl. dazu ausführlich: *Georg Langenhorst:* Jesus ging nach Hollywood. Zur Wiederentdeckung Jesu in Literatur und Film der Gegenwart (Düsseldorf 1998).

2 *Kurt Marti:* Abendland. Gedichte (Luchterhand, Darmstadt/Neuwied 1980), S. 45f.

3 *Robert Schneider:* Gegengebet. Gedichte (»Bibliothek der Provinz«, Weitra o. J. – 1995), S. 19f.

4 Vgl. dazu: *Georg Langenhorst:* Verhüllung im Dienst der Kenntlichmachung. Patrick Roths literarische Annäherung an Jesus, in: Diakonia 30 (1999), S. 189–195.
5 Vgl. *Karl-Josef Kuschel:* Und Maria trat aus ihren Bildern. Literarische Texte (Freiburg/Basel/Wien 1990); *ders.:* Maria in der deutschen Literatur des 20. Jahrhunderts, in: *Wolfgang Beinert/Heinrich Petri (Hrsg.):* Handbuch der Marienkunde, Bd. 2 (Regensburg ²1997), S. 215–269.
6 Vgl. den Überblick bei *Christoph Gellner:* Weisheit, Kunst und Lebenskunst. Fernöstliche Religion und Philosophie bei Hermann Hesse und Bertolt Brecht (Mainz 1997), S. 46–61.
7 *Bertolt Brecht:* Werke, Große kommentierte Berliner und Frankfurter Ausgabe, Bd. 13 (Suhrkamp, Frankfurt a.M. 1988)
8 Vgl. *Georg Langenhorst:* Brecht im Religionsunterricht? Allgemeine didaktische Hinführungen, in: rhs 41 (1998), S. 313–317.
9 *Reinhold Schneider:* Gesammelte Werke in zehn Bänden, Bd. 5 (Insel, Frankfurt a.M. 1981), S. 89.
10 *Reinhold Schneider:* Tagebuch 1930–1935, hrsg. von *Edwin Maria Landau* (Frankfurt 1983), S. 245.
11 Vgl. etwa *Susan Haskins:* Die Jüngerin. Maria Magdalena und die Unterdrückung der Frau in der Kirche (Bergisch Gladbach 1993); *Ingrid Mauch:* Maria Magdalena. Zwischen Verehrung und Verachtung. Das Bild einer Frau im Spiegel der Jahrhunderte (Freiburg 1996). Dort jeweils auch Bildmaterial aus der Kunstgeschichte.
12 Vgl. *Magda Motté:* Maria von Magdala und die anderen Frauen des Neuen Testaments, in: *Heinrich Schmidinger (Hrsg.):* Die Bibel in der deutschsprachigen Literatur, Bd. 2, a.a.O., S. 454–491.
13 *Agnes Miegel:* Wie Bernstein leuchtend auf der Lebenswaage. Gesammelte Balladen (Diederichs, München 1988), S. 16f.; Zeilensatz nach: *dies.:* Frühe Gesichte (Stuttgart 1939), S. 78f.
14 *Christa Peikert-Flaspöhler:* Niemals mehr wollen wir sprachlos sein. Frauen der Bibel – Frauen heute (Lahn, Limburg 1993), S. 117f.
15 Vgl. dazu: *Karl-Josef Kuschel:* Stellvertreter Christi? Der Papst in der zeitgenössischen Literatur (Zürich/Köln/Gütersloh 1980).
16 *Heinz Piontek:* Die Rauchfahne. Gedichte (Bechtle, später: Schneekluth, München 1983), S. 22f.
17 *Rudolf Otto Wiemer:* Ernstfall. Gedichte (Steinkopf, Kiel 1963), S. 72.
18 Doré-Bibel. Auszüge aus dem Alten und Neuen Testament mit 230 Illustrationen von Gustave Doré (München 1995), S. 417.

Achte Abteilung: Deutungen von Passion und Auferweckung

1 Vgl. *Georg Langenhorst:* Die Absurdität von Kreuz, Kreuzigung und Gekreuzigtem – Auf den Spuren der Gegenwartsliteratur, in: Renovatio 53 (1997), S. 39–51.
2 *Hilde Domin,* Unter Akrobaten und Vögeln. Fast ein Lebenslauf, in: *dies.,* Abel steh auf. Gedichte, Prosa, Theorie (Stuttgart 1979), S. 11.
3 *Hilde Domin:* Gesammelte Gedichte (S. Fischer, Frankfurt 1987), S. 345.

4 *Reiner Kunze:* Auf eigene Hoffnung. Gedichte [1]1981 (Fischer TB, Frankfurt 1987), S. 38.
5 Vgl. *Bernhard Dieckmann:* Judas als Sündenbock. Eine verhängnisvolle Geschichte von Angst und Vergeltung (München 1991); *Matthias Krieg/Gabrielle Zangger-Derron (Hrsg.):* Judas. Ein literarisch-theologisches Lesebuch (Zürich 1996). Dort auch gutes Bildmaterial zu Judas.
6 *Schalom Ben-Chorin:* Aus Tiefen rufe ich. Biblische Gedichte (Reich, Hamburg-Bergstedt 1966), S. 64–66.
7 In: *Walter Jens:* Zeichen des Kreuzes. Vier Monologe (Stuttgart 1994), S. 21–39. Ben-Chorin selbst nahm in seinem Buch »Bruder Jesus« (1967) die Grundidee seines Gedichts wieder auf und vertieft sie theologisch.
8 Vgl. dazu: *Wolfgang Fenske:* Brauchte Gott den Verräter? Die Gestalt des Judas in Theologie, Unterricht und Gottesdienst (Göttingen 2000).
9 *Peter Maiwald:* Balladen von Samstag auf Sonntag. Gedichte (DVA, Stuttgart 1984), S. 85.
10 *Georg Heym:* Dichtungen und Schriften, hrsg. v. *K. L. Schneider*, Bd. 1: Lyrik (Ellermann, Hamburg/München 1964), S. 486.
11 *Kurt Marti:* geduld und revolte. Die gedichte am rand [1]1963 (Radius, Stuttgart 1995), S. 59.
12 Gut sind: *Herbert Vinçon (Hrsg.):* Osterspaziergänge. Erzählungen und Gedichte zum Ostergeschehen (Gütersloh 1995); *Christine Razum (Hrsg.):* Nach Golgatha – um der Hoffnung willen. Passions- und Ostertexte aus unserer Zeit (Basel 1997).
13 Vgl. dazu: *Ulrike Suhr:* Poesie als Sprache des Glaubens. Eine theologische Untersuchung des literarischen Werkes von Marie Luise Kaschnitz (Stuttgart/Berlin/Köln 1992), S. 186–224.
14 *Marie Luise Kaschnitz:* Gesammelte Werke, Bd. 5: Die Gedichte, hrsg. von *Christian Büttrich/Norbert Miller* (Suhrkamp, Frankfurt 1985), S. 306.
15 *Marie Luise Kaschnitz:* ebd., S. 505.
16 Vgl. dazu: *Peter Hahnen:* Das »Neue Geistliche Lied« als zeitgenössische Komponente christlicher Spiritualität (Münster1998).
17 *Ingeborg Drewitz:* Samtvorhänge. Erzählungen – Szenen – Berichte (Gütersloher Verlagshaus Gerd Mohn, Gütersloh 1978), S. 124.

Neunte Abteilung: Auf dem Weg zur Weltreligion

1 Vgl. *Georg Langenhorst:* Paulus – Mann der bleibenden Widersprüche. Spurensuche in der modernen Literatur, in: Erbe und Auftrag 73 (1997), S. 119–137; *ders.:* »Alte Juden, wie er«. Wie jüdische Dichter Paulus heimholen, in: ru 30 (2000), S. 98–100.
2 *Konrad Weiß:* Gedichte 1914–1939 (Kösel, München 1961), S. 460.
3 *Franz Werfel:* Das lyrische Werk, hrsg. von *Adolf D. Klarmann* (S. Fischer, Frankfurt 1967), S. 577f.
4 Vgl. *Georg Langenhorst:* Bleibende Schatten. Weltuntergangsvisionen in der deutschsprachigen Literatur des 20. Jahrhunderts, in: *Michael N. Ebertz/Reinhold Zwick*

(Hrsg.): Jüngste Tage. Die Gegenwart der Apokalyptik (Freiburg/Basel/Wien 1999), S. 161–183.

5 *Hugo Ball:* Gesammelte Gedichte (Schifferli, Zürich 1963), S. 20.

6 Vgl. vor allem den Zyklus: *Reinhold Schneider:* Apokalypse 1945, in: *ders:* Gedichte. Gesammelte Werke Bd. 5 (Frankfurt 1981), S. 147–165.

7 *Hans Magnus Enzensberger:* Kiosk. Neue Gedichte [1]1995 (Suhrkamp, Frankfurt 1997), S. 128.

8 *Ders.:* Zwei Randbemerkungen zum Weltuntergang [1]1978, in: *ders.:* Politische Brosamen (Frankfurt 1985), S. 225.

Literaturverzeichnis

Aufgenommen ist nur für das Buch relevante allgemeine Forschungsliteratur zur Bibeldidaktik und zum Beziehungsfeld von Bibel und Literatur. Literaturhinweise zu den einzelnen Gedichten oder Autorinnen und Autoren finden sich in den Anmerkungen.

Baltz-Otto, Ursula: »Religion« und »Literatur«. Theologie und Literaturwissenschaft. Hermeneutische und didaktische Perspektiven, in: Jahrbuch der Religionspädagogik 4 (1987), S. 21–41

dies.: Poesie wie Brot. Religion und Literatur: Gegenseitige Herausforderung (München 1989)

Berg, Sigrid und Horst Klaus (Hrsg.): Biblische Texte verfremdet. 12 Bde. (München/Stuttgart 1986–1990)

Berg, Horst Klaus: Ein Wort wie Feuer. Wege lebendiger Bibelauslegung (München/Stuttgart 1991)

ders.: Grundriss der Bibeldidaktik. Konzepte – Modelle – Methoden (München/Stuttgart 1993)

Bocian, Martin: Lexikon der biblischen Personen mit ihrem Fortleben in Judentum, Christentum, Islam, Dichtung und Kunst (Stuttgart 1989)

Ebach, Jürgen/Richard Faber (Hrsg.): Bibel und Literatur (München 1995)

Eggers, Theodor (Hrsg.): Adam, Eva & co. Ziemlich biblische Geschichten für den Religionsunterricht (Düsseldorf 1980)

Garhammer, Erich: »Sie werden lachen – die Bibel«. Bibel und moderne Literatur, in: *Hubert Frankemölle (Hrsg.):* Die Bibel. Das bekannte Buch – das fremde Buch (Paderborn u.a. 1994), S. 111–128

ders.: Die Heilige Schrift im Spiegel von Schriftstellern, in: *ders:* Verkündigung als Last und Lust. Eine praktische Homiletik (Regensburg 1997), S. 36–85

Gössmann, Wilhelm: Welch ein Buch! Die Bibel als Weltliteratur (Stuttgart 1991)

Hahn, Friedrich: Moderne Literatur im Kirchlichen Unterricht (München 1963)

ders.: Bibel und moderne Literatur. Große Lebensfragen in Textvergleichen (Stuttgart 1966)

Hakel, Hermann (Hrsg.): Die Bibel in deutschen Gedichten (München 1968)

Holzner, Johann/Udo Zeilinger (Hrsg.): Die Bibel im Verständnis der Gegenwartsliteratur (St. Pölten/Wien 1988)

Krieg, Matthias/Gabrielle Zangger-Derron (Hrsg.): Judas. Ein literarisch-theologisches Lesebuch (Zürich 1996)

Krötke, Heike (Hrsg.): »Ein Wort – ein Glanz, ein Flug, ein Feuer...«. Theologen interpretieren Gedichte (Stuttgart 1998)

Kurz, Paul Konrad (Hrsg.): Psalmen vom Expressionismus bis zur Gegenwart (Freiburg/Basel/ Wien 1978)

ders. (Hrsg.): Wem gehört die Erde? Neue religiöse Gedichte (Mainz 1984)

ders. (Hrsg.): Höre Gott! Psalmen des Jahrhunderts (Zürich/Düsseldorf 1996)

Kuschel, Karl-Josef: Jesus in der deutschsprachigen Gegenwartsliteratur [1]1978 (München/ Zürich 1987)

ders. (Hrsg.): Der andere Jesus. Ein Lesebuch moderner literarischer Texte [1]1983 (München/Zürich 1987)
ders.: Weil wir uns auf dieser Erde nicht ganz zu Hause fühlen. 12 Schriftsteller über Religion und Literatur (München/Zürich 1985)
ders. (Hrsg.): Und Maria trat aus ihren Bildern. Literarische Texte (Freiburg/Basel/Wien 1990)
ders.: »Vielleicht hält Gott sich einige Dichter ...«. Literarisch-theologische Porträts (Mainz 1991)
ders.: »Ich glaube nicht, dass ich Atheist bin«. Neue Gespräche über Religion und Literatur (München/Zürich 1992)
ders.: Im Spiegel der Dichter. Mensch, Gott und Jesus in der Literatur des 20. Jahrhunderts (Düsseldorf 1997)
ders.: Jesus im Spiegel der Weltliteratur. Eine Jahrhundertbilanz in Texten und Einführungen (Düsseldorf 1999)
Kutzleb, Gero (Hrsg.): Biblische Balladen. Gedichte zu Geschichten aus dem Alten und Neuen Testament (Frankfurt 1985)
Langenhorst, Georg: »Der magische Tänzer«. Literarische Transformationen der Davidsgestalt, in: Erbe und Auftrag 69 (1993), S. 468–488
ders.: Hiob unser Zeitgenosse. Die literarische Hiob-Rezeption im 20. Jahrhundert als theologische Herausforderung (Mainz 1994)
ders.: Literarische Texte im Religionsunterricht? Grenzziehungen, Orientierungshilfen und Verdeutlichungen, in: Katechetische Blätter 119 (1994), S. 318–324
ders.: Einblick ins Logbuch der Arche! Noach in der Literatur unserer Zeit, in: Erbe und Auftrag 70 (1994), S. 341–364
ders.: (Hrsg.): Hiobs Schrei in die Gegenwart. Ein literarisches Lesebuch zur Frage nach Gott im Leid (Mainz 1995)
ders.: »Das aber war nicht Liebe« – Esther im Spiegel moderner Literatur, in: Erbe und Auftrag 71 (1995), S. 396–412
ders.: Bibel und moderne Literatur: Perspektiven für Religionsunterricht und Religionspädagogik, in: rhs 39 (1996), S. 288–300
ders.: Die Absurdität von Kreuz, Kreuzigung und Gekreuzigtem – Auf den Spuren der Gegenwartsliteratur, in: Renovatio 53 (1997), S. 39–51
ders.: Paulus – Mann der bleibenden Widersprüche. Spurensuche in der modernen Literatur, in: Erbe und Auftrag 73 (1997), S. 119–137
ders.: Jesus ging nach Hollywood. Die Wiederentdeckung Jesu in Literatur und Film der Gegenwart (Düsseldorf 1998)
ders. (Hrsg.): Auf dem Weg zu einer theologischen Ästhetik. Eine Freundesgabe für Karl-Josef Kuschel zum 50. Geburtstag (Münster 1998)
ders.: Vom Umgang mit Texten im Religionsunterricht: Notwendiges Übel oder Chance zur kreativen Gestaltung?, in: ru 28 (1998), S.140–144
ders.: Bleibende Schatten. Weltuntergangsvisionen in der deutschsprachigen Literatur des 20. Jahrhunderts, in: *Michael N. Ebertz/Reinhold Zwick (Hrsg.):* Jüngste Tage. Die Gegenwart der Apokalyptik (Freiburg/Basel/Wien 1999), S. 161–183
ders.: »Alte Juden, wie er«. Wie jüdische Dichter Paulus heimholen, in: ru 30 (2000), S. 98–100
ders.: Trösten lernen? Profil, Geschichte und Praxis von Trost als diakonischer Lehr- und Lernprozess (Ostfildern 2000)

Lermen, Birgit: Bibel und Literatur, in: *Wolfgang Langer (Hrsg.):* Handbuch der Bibelarbeit (München 1987), S. 61–68
dies.: Biblische Texte in der Gegenwartsliteratur, in: Stimmen der Zeit 210 (1992), S. 529–542
Link, Franz (Hrsg.): Paradeigmata. Literarische Typologie des Alten Testaments, 2 Bde. (Berlin 1993)
Motté, Magda: Religiöse Erfahrung in modernen Gedichten. Texte, Interpretationen, Unterrichtsskizzen (Freiburg/Basel/Wien 1972)
dies.: Auf der Suche nach dem verlorenen Gott. Religion in der Literatur der Gegenwart (Mainz 1996)
Mühlberger, Sigrid: Literatur im Religionsunterricht, in: Christlich-Pädagogische Blätter 93 (1980), S. 253–259, 320–328; 94 (1981), S. 257–260
dies./Margarete Schmid (Hrsg.): Verdichtetes Wort. Biblische Themen in moderner Literatur (Innsbruck/Wien 1994)
Niehl, Franz W. (Hrsg.): Der Fremde aus Nazareth. Ein Lesebuch (München 1993)
ders./Arthur Thömmes: 212 Methoden für den Religionsunterricht (München 1998)
Schmidinger, Heinrich (Hrsg.): Die Bibel in der deutschsprachigen Literatur des 20. Jahrhunderts, 2 Bde. (Mainz 1999)
Röckel, Gerhard: Die Arbeit mit Texten im Religionsunterricht. Methoden – Arbeitsmodelle – Beispiele (Stuttgart/München 1973)
ders.: Umgang mit dem Medium Text. Elementare Arbeitstechniken im Religionsunterricht der Sekundarstufe II, in: rhs 34 (1991), S. 306–311
Schröer, Henning: Moderne deutsche Literatur in Predigt und Religionsunterricht. Überlegungen zur Wahrnehmung heilsamer Provokation (Heidelberg 1972)
ders./Gotthard Fermor/Harald Schroeter (Hrsg.): Theopoesie. Theologie und Poesie in hermeneutischer Sicht (Rheinbach-Merzbach 1998)
ders.: Spuren der Bibel in säkularer Poesie, in: *Godwin Lämmermann u. a . (Hrsg.):* Bibeldidaktik in der Postmoderne. Klaus Wegenast zum 70. Geburtstag (Stuttgart/Berlin/Köln 1999), S. 300–314
Schwens-Harrant, Brigitte: Erlebte Welt – erschriebene Welt. Theologie im Gespräch mit österreichischer erzählender Literatur der Gegenwart (Innsbruck/Wien 1997)
dies.: Trittbrett für die Verkündigung? Literatur im Religionsunterricht, in: Christlich-Pädagogische Blatter, Heft 1 (1998), S. 4–6
Sölle, Dorothee: Das Eis der Seele spalten. Theologie und Literatur in sprachloser Zeit (Mainz 1996)
Stock, Alex: Drei poetische Lektionen zur Bibeldidaktik, in: Katechetische Blätter 105 (1980), S. 606–611
Theologie – Literatur – Literaturwissenschaft: Themenheft, Themen der Praktischen Theologie – Theologia Practica 18 (1983)
Tschuggnall, Peter (Hrsg.): Religion – Literatur – Künste. Aspekte eines Vergleichs (Anif/Salzburg 1998)

Verzeichnis der Autoren und Gedichte

Ausländer, Rose
Adam 49
Lehmbrot 68

Bachmann, Ingeborg
Mirjam 107

Ball, Hugo
Das ist die Zeit 250

Becher, Johannes R.
Turm von Babel 66
Hiob 156

Ben-Chorin, Schalom
Ruth 111
Judas Ischariot 228

Bienek, Horst
Avant nous le déluge 60

Birnbaum, Uriel
Moses auf dem Sinai 81
Wie Mosis Schwester 102

Bonhoeffer, Dietrich
Jona 143

Brecht, Bertolt
Maria 200

Busta, Christine
Abel verteidigt Kain 55
Über dem Buch des Predigers Salomo 162

Celan, Paul
Psalm 152

Cremer, Drutmar
Lichtgehörn am Tor von morgen 114

Domin, Hilde
Ecce homo 221

Drewitz, Ingeborg
Ostern 242

Eliot, Thomas Stearns
Die Reise aus dem Morgenland 180

Enzensberger, Hans Magnus
Vom Leben nach dem Tode 254

Fried, Erich
Ein Prophet 134
Weihnachtslied 168

Fritz, Walter Helmut
Kain 57

Goes, Albrecht
Davids Traum 98

Happel, Lioba
Judith 129

Henisch, Peter
Hiobs Psalm 158

Heym, Georg
Pilatus 234

Huch, Ricarda
Saul 88

Huchel, Peter
Psalm 150

Kaschnitz, Marie Luise
Auferstehung 239

Klepper, Jochen
Der Prophet 2 133

Kolmar, Gertrud
Esther 123

Kühn, Johannes
Johannes der Täufer 190

Kunert, Günter
Vor der Sintflut 64
Jonah 146

Kunze, Reiner
Auf dem Kalvarienberg bei Retz 224

Lasker-Schüler, Else
Abraham und Isaak 73
Saul 91

Lavant, Christine
Es geht der Stern von Bethlehem mir nah 172
Am Tag der Unschuldigen Kinder 175

Maiwald, Peter
Judas-Versionen 232

Marti, Kurt
Jesus 194
sub pontio et pilato 237

Maurer, Georg
Herodes 177

Miegel, Agnes
Magdalena 206

Morgenstern, Christian
Der Täufer 188

Nick, Dagmar
Judith 127

Peikert-Flaspöhler, Christa
Freispruch für Eva 51
Maria aus Magdala 210

Piontek, Heinz
Der Prediger Salomo. Das 12. Kapitel 164
Der Jünger 214

Prachtl, Rainer
Am Steinkreuz 32

Rilke, Rainer Maria
Esther 118
Jeremia 137

Sachs, Nelly
Abraham 76
David 95

Schneider, Reinhold
An die Mutter des Herrn 203

Schneider, Robert
Wo steht? 197

Weiß, Konrad
Wie Saulus 246

Werfel, Franz
Der Tod des Paulus 248

Wiemer, Rudolf Otto
Der Hahn 216

Zagajewski, Adam
Die drei Könige 185

Zeller, Eva
Moses 83
Jeremiade 140

Verzeichnis der Gedichtanfänge

Abraham baute in der Landschaft Eden 73
Alles ist eitel. Aber noch ist das Licht 162
Am Tag der Unschuldigen Kinder 175
Ammenmärchen! – Holt Wein! – Ah! Histria bleibt Histria 177
Auch der weinstock ist ein gekreuzigter 224
Auf seinem schwarzen Koffer, wie ihn Soldaten haben 248

Das aber war nicht Liebe. Die in Abendländern spricht 123
Das ist der Turm von Babel 66
Das ist die Zeit, in der der Behemot 250
Dass aus dem Samen des Menschen 150
Der andern Mirjam möcht' ich dich vergleichen 102
Die Dienerinnen kämmten sieben Tage 118
Die Nacht ihrer ersten Geburt war 200
Dieser Narr 134
Du Kurzbeiniger mit den vollendeten Augen 197

Ein Lächeln schiefen Grames, das verschwindet 234
Ein Rauchzeichen hat ihn verwirrt 55
Eine Streu von Stroh 169
Einmal war ich weich wie früher Weizen 137
Er bittet nicht, dass Gott sein Leiden wende 156
Er geht nicht mehr 57
Er war der Gläubigste von allen Jüngern 228
Es geht der Stern von Bethlehem mir nah 172
Eva, Frau in der Frühe der Zeit 51

gott / heißt es 237

Häuser zusammengerückt / klettern übereinander 68

Ich geb zu: ich war's 232
In den Abendbäumen 64

Jeremias, Sohn 140
Jesus im Fadenkreuz 32
Jetzt hat er Sehnsucht nach ihr bekommen 129

Kein Prophet sprach: »Mich Geweihten sende!« 133
Klingt der Palasthof 214
Komm zu mir, komm 127

Manchmal stehen wir auf 239
Misstrauen / einzige Macht 210
Mit blindem Angesicht 246
mit einer schar von freunden (freundinnen auch) 194
Moses soll ein 83

Nach Erkenntnis von Ninives nahem Ende 146
Nachher, wenn die Turbinen stillstehen 254
Nicht zur Ruhe gekommen 158
Niemand knetet uns wieder aus Erde und Lehm 152

O du / aus dem mondversiegelten Ur 76

Rot brütet Wüste um erhabene Steine 81

Samuel sah 95
Sie schrien vor dem Tod, und ihre Leiber krallten 143
Sie stand inmitten des Gesindes 111
Sie wussten längst 60
Siehe! Das ist Gottes Lamm 188

Täufer, / es schreckt mich dein Heuschreckenessen 190
Tiere / zahm auch die wilden 49

Über Juda liegt der große Melech wach 91
Unaufhörlich / füllt / Tanz 114

Verdammter Hahn. Jede Nacht 216
Vier freie Tage. Was reden sie 242
Von den rosigen Zehen 206

Wären da nicht die Wüste, das Gelächter und die Musik 185
Was wusst ich schon von all den bösen Tagen 164
Weniger als die Hoffnung auf ihn 221
Wenn ohne Trost dahin die Seelen schwinden 203
Wie unterm Sternenheer der Morgenstern 88
Woher hast du dein dunkles Haar genommen 107
Wohin, die mich trug und erhellte 98
Wohl einen kalten Anweg hatten wir 180